María Dolores Pradera
Déjame que te cuente

María Dolores Pradera

Déjame que te cuente

Aguilar y Cabrerizo

Rocaeditorial

Primera edición: abril de 2024

© 2024, Santiago Aguilar y Felipe Cabrerizo
© 2024, Roca Editorial de Libros, S. L. U.
Travessera de Gràcia, 47-49. 08021 Barcelona

Roca Editorial de Libros, S.L .U., es una compañía
del Grupo Penguin Random House Grupo Editorial que apoya la protección del *copyright*.
El *copyright* estimula la creatividad, defiende la diversidad en el ámbito de las ideas y el conocimiento,
promueve la libre expresión y favorece una cultura viva. Gracias por comprar una edición autorizada
de este libro y por respetar las leyes del *copyright* al no reproducir, escanear ni distribuir ninguna
parte de esta obra por ningún medio sin permiso. Al hacerlo está respaldando a los autores
y permitiendo que PRHGE continúe publicando libros para todos los lectores.
Diríjase a CEDRO (Centro Español de Derechos Reprográficos, http://www.cedro.org)
si necesita fotocopiar o escanear algún fragmento de esta obra.

Printed in Spain – Impreso en España

ISBN: 978-84-10096-49-3
Depósito legal: B-1879-2024

Compuesto en Grafime, S. L.

Impreso en Liberdúplex
Sant Llorenç d'Hortons (Barcelona)

RE 9 6 4 9 3

*Vaya por delante nuestro agradecimiento
a Fernando Fernán-Gómez Fernández,
que mantiene viva la llama del recuerdo.
También a María Serrano, Luis Alegre, Arancha Moreno
y el personal de la Filmoteca Española.*

Índice

1. Doña Petronila, viuda de Berúlez 11
2. Habitantes de una casa deshabitada 21
3. Vida en sombras 41
4. Nuevo rumbo 61
5. Inés, Roxana, Silvia, Iñasi 83
6. Escenarios y platós 111
7. Gran teatro, pequeña pantalla 129
8. Zafiro 141
9. José Luis Alonso y alrededores 153
10. Adiós a las tablas 169
11. Santiago y Julián 189
12. Giras, galas, discos 209
13. La gran dama de la canción 229
14. Amarraditos 251

Apéndices 279
Notas 303

1

Doña Petronila, viuda de Berúlez

> Mi hermano pequeño y yo, que debíamos de tener doce y diez años, nos fuimos a un cine del centro que daban... no sé si era *La isla de los barcos perdidos* o algo así; una cosa de aventuras. Nos fuimos y cayó un bombazo y estuvimos dos o tres días debajo de los escombros, imagínate, hasta que nos sacaron. Llorábamos, teníamos mucho miedo. Había unas vigas, pero en un hueco quedamos, con mucha suerte. Mi hermano se desmayó. Yo fui más valiente porque le llevaba un año y él era el pequeño y se me desmayó varias veces. Salimos absolutamente ilesos, pero muy traumatizados.[1]

Reveló por primera vez María Dolores Pradera este recuerdo de infancia en 2007, pasada ya la barrera de los ochenta años. Volvería a rescatarlo posteriormente en varias ocasiones, ubicándolo unas en el Cine de la Flor, otras en el Carretas, estirando o acortando la duración de la angustiosa espera para conseguir salir de los escombros. Sea donde fuere, durara lo que durase aquel entierro en vida, ¿no es metáfora idónea de una infancia que se desenvolvió entre los efectos de una guerra terrible y las ensoñaciones que creaba la oscuridad de unas salas de cine que suponían la única escapatoria posible al horror de aquellos años?

María Dolores Fernández Pradera había nacido en Madrid un 29 de agosto. El de 1924, aquel «año que no la empieza a divertir en demasía», según dirían décadas después los periodistas cuando, coqueta, comenzara a ocultarlo al público.[2] Vive con su madre en un piso alquilado de la calle General Oraá esquina con Hermanos Bécquer, linde del barrio de Salamanca y el paseo de la Castellana; zona acomodada de la capital. La familia ha podido asentarse allí gracias a los negocios del padre, Antonio Fernández Cuervo, figura ausente en la vida cotidiana de sus hijos por haber emigrado a América años atrás.

> Mi padre nació en Madrid pero su origen era asturiano y se crio en Asturias. Cuidaba ganado, que no era de él, por supuesto. Era muy chiquito e iba hasta los acantilados, veía el mar y aquello le empujaba a saber qué había allí detrás, y pensaba: «Cuando yo sea grande me iré», y con trece o catorce años emigró a América.[3]

La decisión había llegado tras quedar huérfano y encontrarse con poco más que un futuro lleno de incertidumbre en los bolsillos. Al llegar al nuevo continente desde su Tineo natal, el joven Antonio sobrevivió gracias a todo tipo de trabajos, como vender periódicos o barrer las calles, moviéndose por diferentes países hasta acabar asentándose en el entorno de las ciudades de Iquique y Antofagasta, al norte de Chile. «A los dieciocho ya era patroncito. Un hombre muy listo que hizo de todo, se cultivó, aprendió idiomas, leyó cosas que necesitaba leer y se formó».[4] En su escala madrileña antes de marchar a América ha conocido a Carmen Pradera Fuster, una joven de origen vascofrancés, «inteligente, muy alegre y divertida. Sus padres habían tenido catorce hijos y perdieron a los catorce. Ella nace cuando mi abuela tiene cincuenta y dos años».[5] Carmen y Antonio se casarán a finales de la década de 1910, pero ni ella se marcha a Chile ni él se queda en España. Imposible desatender su trabajo en la industria salitrera y el floreciente negocio de fabricación de maletas y baúles que con tanto esfuerzo ha levantado allá. En una dinámica conyugal en absoluto extraña en aquellos años, el matrimonio establece una convivencia guadianesca: «Nos fabricaban en Chile y nacíamos en España»,[6] bromeaba María Dolores Pradera para explicar el nacimiento de los cuatro hijos —dos chicos, dos chicas; ella, la tercera— que tendrá la pareja con absoluta regularidad entre 1920 y 1926.

Doloritas no tardará en cruzar el Atlántico. En muchas ocasiones recordaría que lo había hecho por primera vez dentro del vientre de su madre, que tras quedar embarazada en América regresó a España para dar a luz. Volverá a cumplir el recorrido en sentido inverso y ya de manera consciente seis años más tarde, en un viaje que le dejará imágenes imborrables: la sirena de los barcos en el puerto de Vigo, la larga travesía marítima de más de un mes de duración, el terror al ver desde cubierta peces y tomarlos por tiburones, la expectación de atravesar el canal de Panamá, la sorpresa de tomar tierra en un lugar tan remoto, tan exótico, tan diferente a todo lo que había conocido. También otro de no menor importancia: el de la primera canción que recordaba haber cantado. Se trataba de una composición infantil escuchada de labios de un hombre que se acompañaba con una suerte de organillo ante un telón donde había pintado un gran tecolote, una especie autóctona de búho: «Tecolote, ¿qué haces ahí / Apoyado en esa pared? / Esperando a mi tecolota / Que me traiga de comer». «¡Un búho gigoló!», apostillaría años después con un sentido del humor que será rasgo principalísimo de su carácter durante toda su vida.[7]

Aquellos recuerdos legendarios de América serían un imán permanente desde bien temprana edad.

> Cuando era pequeñita era bastante revoltosilla y a lo mejor mi madre me regañaba. Siempre tuve mucho amor propio para eso de las regañinas, no me gusta que se me mangonee. Y entonces yo hacía un hatillo, tenía cinco o seis años, empezaba a andar por la calle Serrano y un día llegué casi hasta la Puerta de Alcalá. Yo decía que me iba a Chile. Sabía que por ahí se iba a la estación del Norte, y en la estación del Norte se tomaba un tren y se iba a Galicia, de donde salían los barcos. Pero un poco antes de llegar, que a mí se me hizo lejísimos, apareció una pareja de la Guardia Civil, de aquellos con tricornio, y me llevaron muy serios a casa.[8]

Los negocios no van bien. El colapso financiero de 1929 ha afectado gravemente al comercio de salitre procedente del Norte Grande chileno y Antonio se ve obligado a vender su empresa transatlántica e invertir el producto en acciones mineras en León. No tendrá tiempo para comprobar el resultado de la aventura: una infección no controlada le provoca un absceso diabético repentino y la muerte le alcanza inesperadamente antes de cumplir los cuarenta y nueve años. María Dolores tiene tan solo once, pero no lo siente como una tragedia personal. La convivencia apenas ha existido y el padre no dejaba de resultar una persona un tanto extraña, un tanto idealizada. El fallecimiento, sin embargo, sí marcará profundamente a la familia, porque la viudedad condena a Carmen a una difícil situación anímica que se prolongará durante años y porque con él desaparecen de un plumazo los ingresos que permiten mantener un nivel de vida que debe reformularse a marchas forzadas. La primera determinación, un obligado cambio de domicilio a un piso en el número 71 de la calle Viriato, pleno barrio de Chamberí, de carácter eminentemente popular. Y de rebote, también otro de colegio. Si los primeros años de escolarización se habían cumplido en el Instituto-Escuela, un moderno centro que aplicaba los preceptos de la Institución Libre de Enseñanza y fomentaba la creatividad y la personalidad de sus alumnos —hijos de la burguesía ilustrada madrileña, desde Julio Caro Baroja hasta Gonzalo Menéndez Pidal, Aurora Bautista, María Casares o el futuro director de cine Arturo Ruiz Castillo—, la nueva situación conducirá a María Dolores a un mucho más modesto y tradicional colegio de monjas del que conservará siempre un grato recuerdo.

Pero ninguno de estos cambios resultará relevante en comparación con el que depararán los meses siguientes. El 17 de julio de 1936 el ejército se subleva en África contra el Gobierno del Frente Popular. Le siguen intentonas en Barcelona, Zaragoza, Madrid, Sevilla, Burgos. Gracias a la ayuda militar de la Alemania nazi y la Italia mussoliniana, el general Francisco Franco cruza con sus tropas el Estrecho. Como respuesta, las organizaciones sindicales forman milicias de defensa. La pequeña Doloritas ve interrumpida su actividad escolar a punto de cumplir los doce años. Alejada del colegio, su vida pasa a ser eminentemente doméstica, salpimentada con las obligadas estrategias de supervivencia en un Madrid que el 7 de noviembre pierde su estatus de capital porque el Gobierno se traslada a Valencia ante la inminente entrada de los rebeldes. Sus recuerdos de estos años de guerra serán tan vivos como los de todos aquellos que vivieron la contienda en primera persona, aunque no siempre tan dramáticos como el de permanecer enterrada bajo los escombros de una sala de cine. Pesarán, y no poco, el hambre y el miedo, pero la guerra también va penetrando en el día a día con la naturalidad con que los niños suelen aceptar los cambios, y aquella nueva realidad no tarda en integrarse en su vida cotidiana. En ocasiones incluso como un juego más, al igual que tantos otros que realizaba con sus hermanos riendo y cantando: así recordaría las habituales salidas de casa para recoger astillas de las persianas reventadas por los bombardeos con las que poder encender el fuego en aquellos crudos inviernos sin carbón. También para cocinar los alimentos que llegaban con cuentagotas al Madrid asediado.

En el piso de Viriato los niños conviven con su madre, con la tata Matilde y con su abuelo, un hombre de luengas barbas y apariencia respetable —«muy parecido a Unamuno»—[9] que ejercía de garante de su educación.

> Siempre hubo libros en casa y recuerdo, especialmente, la biblioteca de mi abuelo. Creo que los libros eran una de las pocas cosas que nos dábamos. Toda mi vida he sentido debilidad por ellos. [...] Tal vez fui una niña un poco «monstruo» porque me gustaba El Quijote o Ramón Gómez de la Serna. También Saroyan, cuando era adolescente.[10]

Como «familia ilustradilla y finolis, pero sin un duro»,[11] fue el abuelo quien se adjudicó el trabajo de encender la llama de la lectura y de transmitirles los códigos de educación y de lo que por aquel entonces todavía se denominaba «urbanidad», como aquellas estrictas normas de protocolo para sentarse a la mesa que tan extrañas resultaban a los niños cuando nada había que comer. Y paradójicamente fue aquella carestía lo que despertó en la pequeña María Dolores algo que ya podríamos definir como una cierta vocación.

El ingenio, aguzado por la necesidad y el tiempo libre que no escasea para una cría sin nada que hacer a lo largo del día, la lleva a realizar unas primerizas actuaciones. La niña ya había probado el teatro en el Instituto-Escuela, donde el arte escénico era considerado fundamental en la formación pedagógica. También había desarrollado afición por las exposiciones y los conciertos, incluso había comenzado a practicar ballet. La música era habitual en casa, donde siempre hubo un piano que su madre solía tocar en celebraciones familiares a las que no era extraño que se uniera su hermano a la guitarra. Uno de los espectáculos favoritos de la pequeña durante su primera niñez había sido observar a los gitanos que paraban en su calle para tocar la trompeta y hacer subir a la cabra por la escalera, deslumbrada ante la fantasía de unirse a ellos en su vida nómada. Un día, al romperse un diente, sorprende a la familia exclamando: «¡Oh, Dios mío! ¡Ya no puedo ser artista!».[12]

Le gusta cantar y sus hermanos deciden sacar partido a su afición, cobrando una perra chica a los amigos del barrio a cambio de un repertorio conformado por las melodías de moda: canciones de Imperio Argentina, tangos de Gardel, el pasodoble «Mi jaca», que suena por todos lados en voz de Estrellita Castro. El espectáculo no tarda en hacerse popular entre las vecinas de Viriato: «¡Que venga Doloritas!», gritan desde el rellano de la escalera para reclamarla y hacerle interpretar aquel primer repertorio. El número más habitual consiste en esconderse en un cajón al que han acoplado una manivela para fingir que es un gramófono. El de mayor éxito, uno titulado «La rosa y la alfombra», que interpreta extendiendo una vieja estera en el suelo y desplegando una flor de juguete que se abre accionando un mecanismo: «Cuando la fiesta cesó / Cerca del amanecer / Llevaba yo puesto mi amor / En una rosa de té / El torbellino del vals / Desde mi pecho la arrancó / Y de la alfombra temblando / Mi mano la recogió». Tocada con una peluca negra y ataviada con ropas viejas de su madre o de alguna de sus tías, la pequeña Doloritas se convierte en Doña Petronila, viuda de Berúlez, especie de Mata Hari que combina sus labores de espionaje con la interpretación de pequeños números y cuplés que ella misma inventa con su hermano mayor, Juan Antonio. Aquellos primeros espectáculos se pagaban con aplausos, claro, pero también con un puñadito de arroz, uno de lentejas, un trozo de pan.

No parecía ser más que un mero entretenimiento hasta que, en una de aquellas largas noches de bombardeos, de miedo, de hambre y de frío, María Dolores cumple con su costumbre de darse una ducha antes de acostarse, cantando como solía, y un vecino se asoma al patio gritando a voz en cuello: «¡Esa radiooooo!». «Y me dije: "Anda, debo cantar bien porque tengo voz de radio"».[13] Y así, de repente, «comprendí que con canciones, o haciendo teatro, podía ganarme la vida».[14]

Y finalizó marzo de 1939, y con él la guerra en Madrid. Y la ciudad amaneció diferente a la que había sido hasta entonces. María Dolores pudo comprobarlo cuando, al enterarse de que había aprendido a coser durante la contienda —una afición que conservó toda la vida—, las vecinas recurrieron a ella para intentar adaptarse contrarreloj a unos tiempos que ya estaban allí: «Al terminar la guerra todas habían ofrecido un hábito y les hice yo uno. Todas iguales, tanto la señora que no creía como la que creía».[15] Una mutación que poco tenía que ver con los anhelos de sus habitantes y con la vida cotidiana que respiraba bajo aquella capa de oscuridad. María Dolores Pradera vivió en primera persona un ejemplo de aquella lucha colectiva por la supervivencia frente a tantas dificultades que, pensaba, nos definía a la perfección:

> Mi madre tenía una amiga que se llamaba Conchita Gil y trabajaba en la Dirección General de Seguridad. Y cuando daban esas cosas que se llamaban «los paseos» —entonces era durante la guerra en Madrid y a los que se querían cargar era a los nacionales—, mi madre me mandaba patinando con una lecherita y dentro los nombres y la dirección de unas personas, para que se fueran... Eso, durante la guerra. Cuando la guerra termina Conchita es depurada, sigue en la Dirección General de Seguridad, ¡y sigue haciendo lo mismo, entonces ya con los milicianos![16]

Y allí siguió Doloritas, vestida ahora de flecha, con su boina roja y su camisa azul, salvando vidas y patinando con su lecherita por aquel Madrid que todavía no conocía los coches. Porque, pese a todo, «fue una niñez feliz. Corta pero feliz».[17]

2

Habitantes de una casa deshabitada

Aquellos juegos en los que María Dolores Pradera se había embarcado durante la contienda terminaron despertando en ella una dedicación a la que su madre no dudaría en empujarla. También esta, de joven, había soñado con ser artista, y siempre lamentó haber abandonado esa ilusión, incapaz como se había sentido de luchar contra el radical veto impuesto por su familia. La única condición que exige a su hija, eso sí, es que concluya el bachillerato. Hasta que un buen día, inesperadamente esperado, llega la oportunidad. «Vi un anuncio que decía que se necesitaban extras con pinta de estudiantes. Tenía yo quince años y me presenté».[1] Con una recomendacioncita, como mandaban los tiempos: el origen vasco de su abuelo le había permitido conocer años atrás a Tomás de Bordegaray, un empresario que tras pasar su infancia y juventud en Chile había regresado a España para reintegrarse a la dirección del Banco de Vizcaya. Y quiere la tímida industria cinematográfica autárquica que el Banco de Vizcaya sea la entidad que está detrás de los renacidos estudios Chamartín, listos para haber sido inaugurados el verano de 1936 pero que, por razones obvias, no iniciarán su actividad hasta una vez concluida la guerra.

La película es *Tierra y cielo* (Eusebio Fernández Ardavín, 1941). He aquí a María Dolores por primera vez en la pantalla: una universitaria más en el Museo del Prado, rubia, modosita, zapato bajo, vestido negro con guantes, pañuelo y collar de cuentas blancos, haciendo como que escucha la perorata que les endilga un catedrático sobre *La niña,* de Murillo. Un encuadre la individualiza junto a otra compañera de figuración. Es un instante, apenas el arranque de una panorámica que nos conduce a través de unos cuantos rostros anónimos hasta la auténtica estrella de la función, Maruchi Fresno. La figurantita se muestra aparentemente atenta pero en su mundo, acaso ya un poco aburrida por unas repeticiones ante la cámara cuya mecánica aún no comprende. Cuando las estudiantes salen al paseo del Prado y entonan «Quiera un día que lleguemos a pintar / Con colores permanentes nuestra felicidad / Juventud en flor que a la gloria vas / Canta feliz una canción primaveral», ella ya no está allí. Se ha desvanecido en el tránsito del rodaje en interiores al día soleado en el Retiro.

Esta, tan modesta, fue la puerta de entrada al cine para la joven actriz. Y con ella el fin de sus estudios reglados, cursados desde la conclusión de la guerra en una academia donde no alcanzará a superar el quinto curso de Bachillerato. Las películas se sucederán a buen ritmo, o al menos al que permite la tambaleante industria cinematográfica española, que busca a la desesperada remontar la situación catastrófica en la que ha quedado tras la guerra: estudios de rodaje bajo mínimos, carencia de celuloide y muchos, muchísimos técnicos y actores represaliados o camino del exilio.

Entre 1941 y 1942 puede encontrarse su rostro en *Porque te vi llorar,* de Juan de Orduña, en *¡A mí no me mire usted!,* de José Luis Sáenz de Heredia, en *Escuadrilla,* de Antonio Román, en *Fortunato,* de Fernando Delgado y, casi, en *Dilema,* de Ramón Quadreny. Casi, decimos, porque este melodrama protagonizado por una millonaria caprichosa, una muchacha huérfana y un guía de montaña quedó inacabado. A decir del responsable de CEA, la distribuidora que se había hecho con los derechos de la película, el productor Juan Bautista Renzi había abandonado «los negocios cinematográficos y en la actualidad se ignora su paradero».[2]

Los de María Dolores son invariablemente papeles modestísimos, con los que cumple sin conocer siquiera el guion, que resuelve en una o dos sesiones, limitándose a llevar de casa el vestuario requerido y a obedecer las escuetas indicaciones del ayudante de dirección. Cometidos de escasa enjundia pero que, no obstante, le permiten aprender a moverse por los estudios, hacerse ver en los platós y tratar personalmente con otros jóvenes en la misma situación con los que compartir expectativas de futuro.

Al rodaje de *Porque te vi llorar* la acompaña su hermano, sin la más mínima vocación de actor pero sí de colaborar como sea en la muy mermada economía familiar. A ella la localizamos vestida de noche en una fiesta de sociedad al lado de otra debutante, María Asquerino, que también se rueda como figurante mientras su madre, Eloísa Muro —una de las intérpretes de la película—, intenta esconder a la desesperada su corta edad: «Me tuvo que poner unos pechos postizos para que me dejaran trabajar».[3] En *Fortunato* con quien se cruza es con un jovencísimo Paco Rabal, que a sus dieciséis años acaba de entrar en los estudios Chamartín como aprendiz de electricista por mediación del párroco del barrio. El chaval ha decidido aprenderse de memoria todos los papeles masculinos de la cinta, convencido de que algún día uno de los actores caerá enfermo y podrá sustituirlo frente a los focos, ambición espoleada por el hambre a la que el tiempo dará razón. Sus armas, la apostura, el talento en bruto y la perseverancia. Las de su amiga María Dolores, la juventud, un físico nada frecuente y la habilidad para confeccionarse su propia ropa, algo que, en unos años en los que la vocación de actor solo era posible si se poseía un baúl con vestuario a medida, no era poca cosa. En los estudios se encuentra con su ídolo de infancia, Imperio Argentina, que allí está rodando *Goyescas* (Benito Perojo, 1942). Es una estrella de primera magnitud que ha trabajado en Francia, en Alemania y en Italia, y que ha conseguido con sus películas un éxito sin precedentes en ambas orillas del Atlántico. La jovencísima María Dolores la asedia con su admiración. La actriz consagrada es sensible al halago y se muestra cariñosa con su admiradora, pero cuando esta insiste más de la cuenta le suelta: «¡Ay, qué niña tan pesada!».[4]

En *Fortunato*, su director, el falangista Fernando Delgado, le brinda dos primeros planos como secretaria de la compañía de seguros La Previsión Industrial. Sin diálogo, claro. Pero toda una tarjeta de visita para quien pretende llamar la atención en el mundo del cine y buscar la remuneración del papelito con frase; la convocatoria, incluso, para varias jornadas y un personaje con una mínima continuidad. Y María Dolores comienza a contemplar la posibilidad de buscar su espacio también sobre las tablas, que siempre ofrecen mejores oportunidades de lucimiento para una debutante.

La ocasión surge precisamente durante el rodaje de este *Fortunato* que tantas cosas terminará trayendo a la joven actriz. Durante aquella sesión en Chamartín —o sesiones; dos a lo sumo— se fija en ella su protagonista, Antonio Vico, que le ofrece entrar como meritoria sin sueldo en Los Cuatro Ases, la compañía en la que, como tan frecuente era en el teatro de posguerra, comparte titularidad con su mujer, Carmen Carbonell, y con la pareja formada por Concha Catalá y Manolo González. Su compromiso inmediato pasa por alguno de los montajes que la Gran Compañía de Comedias de los cuatro cómicos pone en escena ese otoño en el Teatro de la Zarzuela. No sabemos cuál. Pudo ser la comedia de Jacinto Benavente *La melodía del jazz-band*, una cita importante: Benavente, con su polémico Nobel a cuestas, había sido uno de los dramaturgos de mayor peso en la España prebélica, y el montaje suponía el regreso a las tablas de una comedia estrenada antes de la contienda. Aunque de ser así tampoco se vio obligada a volver demasiadas veces a la Zarzuela: en aquel rígido Madrid de primerísima posguerra la obra aún mantenía su aroma republicano y en apenas un par de semanas cayó de la programación para ser sustituida por *La diosa ríe*, de Carlos Arniches. ¿Debutaría María Dolores en esta tragedia grotesca sobre un hortera enamoradizo? ¿O quizá lo hiciera en la comedia de costumbres de Francisco Serrano Anguita *Manos de plata*, que la sucedió a finales de octubre en la cartelera?

Todo es nuevo para la joven actriz, tanto como para que, tras completar su fugaz aparición de meritoria con una única frase, no se presentara al día siguiente en el coliseo de la calle Jovellanos, pues pensaba que aquello era como en el cine, que con hacerlo una vez bastaba.[5] Cuando en años venideros le recordaban su metedura de pata solía retrucar: «¡Yo inventé la función única!».[6]

Vico la anima a perseverar, convencido de que su buena disposición y su parecido con la actriz Joan Fontaine terminarán abriéndole todas las puertas.[7] Lo intenta de nuevo junto a Guadalupe Muñoz Sampedro, que prepara el estreno el 12 de diciembre de 1942 en el Teatro de la Comedia de una obra que resultará crucial para su futuro: *Madre (el drama padre)*, de Enrique Jardiel Poncela. La crítica madrileña la tildará de inmoral y Jardiel cargará contra el colectivo en su prólogo a la inmediata edición del texto en Biblioteca Nueva,[8] donde la andanada resultará tan monográfica que no cabrán en ella alusiones al reparto, a las excentricidades de Guadita ni a la presencia de una meritoria que acaso tuviera un par de frases. Como en los seriales, lo de la «crucialidad» de su encuentro con Jardiel lo resolveremos unas páginas más adelante. Sigamos ahora con nuestro relato.

La solvencia a la hora de afrontar esta sucesión de papelitos tanto en el cine como en el teatro terminará dando fruto. *Mi vida en tus manos* (Antonio de Obregón, 1943) será la película que le permita salir definitivamente del túnel de la figuración. De manera todavía humilde: su papel es de escasa relevancia, pero consigue no solo que su voz se escuche por primera vez en la pantalla, sino aparecer consignada en los títulos de cabecera aunque solo sea como penúltima de los intérpretes de la cinta. Encarna a la hija de los guardeses de un palacio a la que Ernestina (Isabel de Pomés) arrastra en sus travesuras y lecturas románticas antes de que caiga enamorada de un joven escultor (Julio Peña) que ha acudido al castillo para realizar el busto de su excéntrica tía (Guadalupe Muñoz Sampedro). Un drama con ribetes de humor que destaca sobre la producción española de aquellos años, entre otras cosas por estar ambientado en el París de la III República, algo que fuerza a un empeño de ambientación histórica poco habitual en la maltrecha industria de aquellos años y que permite desplegar un trabajo de lustre al figurinista Víctor Manuel Cortezo, alias Vitín, al que los títulos acreditan como tal y como responsable de la «interpretación de la época», ni más ni menos. La anómala base literaria en un cuento del periodista y humorista francés Edmond About, la fotografía del italiano Enzo Riccioni y los lujosos decorados de Amalio M. Gari ayudan a conformar este conjunto con vocación de fresco histórico *de qualité* y de cinta de peso en el relanzamiento de la cinematografía de la «Nueva España».

Pone en pie *Mi vida en tus manos* una de las figuras fundamentales del aparato de la Falange, Antonio de Obregón, que acaba de participar en Italia en las primeras coproducciones entre la España de Franco y la Italia de Mussolini, con rodaje en los flamantes estudios de Cinecittà cuando los platós españoles, en gran parte desmantelados por la guerra, se encuentran bajo mínimos. De allí se había traído Obregón una referencia fundamental para su película, *Tiempos pasados* (*Piccolo mondo antico*, Mario Soldati, 1941), una ambiciosa cinta que había llevado a su punto culminante el denominado «caligrafismo», género impulsado por el Estado fascista por su plasmación minuciosa de un momento histórico, el de la unificación italiana y el Risorgimento, que Mussolini había tomado como base fundacional de su ambicionado imperio.

María Dolores Pradera se encuentra además con un pequeño regalo. Su papel es modesto, no más de cinco o seis escenas sin apenas diálogo, pero es la encargada de cerrar la cinta y ve cómo el metraje concluye con un plano suyo. Esto le proporciona cierta visibilidad y posiblemente facilitó que poco después de su estreno le llegara la propuesta de un papel de mayor peso en *Antes de entrar, dejen salir* (Julio de Flechner, 1943).

Una película, esta *Antes de entrar, dejen salir*, que si algo no ocultaba era su vocación comercial. Con guion escrito por el prolifiquísimo y exitosísimo Antonio Paso en colaboración con su hermano Enrique, imbricada en el humor astracanesco que popularizó durante la década de los veinte Pedro Muñoz Seca, la cinta está pensada para el potencial cómico de Valeriano León, con el que María Dolores Pradera ya ha coincidido en *¡A mí no me mire usted!* Todo un logro para la aspirante, aquí en un papel de suficiente entidad como para ver su rostro y su nombre en tipografía grande en los carteles —como «Dolores Pradera»: el «Fernández» lo ha dejado definitivamente de lado como homenaje a su madre; el «María» regresará pronto— y con el reto de precisar de preparación específica, ya que su rol incluía varias escenas en las que debía montar a caballo:

> Me gustaba mucho. Había montado de chica, en el campo, y me perfeccioné un poquito. Y resulta que necesitaban que la protagonista de esa película supiera montar a caballo. Me entrené como loca, pasé la prueba caballística y entonces hice la película. [...] Era uno de los cinco o seis personajes más importantes.[9]

La joven actriz superó la prueba con nota. La hípica, la económica y también la artística, pues en el rodaje se ganó quince mil pesetas del ala[10] y la confianza plena de la pareja protagonista, Valeriano León y Rafaela Rodríguez, que se convertirían en sus principales apoyos profesionales durante aquellos primeros años. Incluso se topó con la satisfacción de que la cinta contara con el impulso promocional de inaugurar el Cine Paz de la madrileña calle Fuencarral. Corría noviembre de 1943 y no puede decirse que el estreno discurriera entre honores: comercialmente resultó un fiasco y la crítica se mostró recelosa ante su resultado, pero sí le facilitó la satisfacción de ver por primera vez su nombre recogido en las reseñas. Porque un crítico pasó muy por encima la interpretación de los protagonistas, pero centró sus comentarios en la de la debutante:

> De tan absoluto naufragio solo se salva —muy dignamente, por cierto— María Dolores Pradera, que en un papelín incoloro y sin nervio actúa con sencilla naturalidad, precisa de gesto y emocionada de voz. He aquí una actriz con muy buenas posibilidades —belleza, fotogenia, soltura interpretativa— que podrá lucir en manos de un buen director.[11]

Ahora sí, *Antes de entrar, dejen salir* le permite tocar con la punta de los dedos la profesionalización al ponerla ante la puerta de entrada a una rápida sucesión de trabajos durante los dos o tres siguientes años con papeles ya de cierta entidad. La confianza que despierta su fiabilidad profesional queda patente en que no se trata de aventuras aisladas, sino que serán varias las productoras que recurran a su labor. La más constante, Ediciones Cinematográficas Faro, que volverá a contar con ella para su siguiente proyecto, *Yo no me caso* (Juan de Orduña, 1944), remedo autóctono de las comedias sentimentales ambientadas entre la alta burguesía que por esos mismos años triunfan en Italia bajo el sello «películas de teléfonos blancos». Cuenta además con el apoyo en la distribución del gran emporio cinematográfico del momento, Cifesa, lo que permite todo un *all-star cast* del cine español: Luis Peña, intérprete principal de *Antes de entrar, dejen salir*; Marta Santaolalla, que acaba de rodar con Orduña *La vida empieza a medianoche* (1944); Raúl Cancio, icono del cine franquista más beligerante tras haber encarnado en apenas un año a los héroes cuarteleros de *¡Harka!* (Carlos Arévalo, 1941), *Escuadrilla* (Antonio Román, 1941) y la mismísima *Raza* (José Luis Sáenz de Heredia, 1942). Y como contrapunto cómico, el siempre infalible Manolo Morán. Más allá del papel que le ha sido encomendado, mero auxiliar del personaje interpretado por Santaolalla, María Dolores Pradera sigue subiendo en su escalafón artístico, capaz de mostrar su versatilidad sin quedar enterrada ante aquella avalancha de rostros estelares y de mostrar un sorprendente sentido del tempo cómico, rápida en las réplicas, resolutiva en su personaje de chica topolino, perfectamente imbricada en la sucesión de equívocos y suplantaciones de identidad que conforman la espina dorsal de la película. Quizá un poco timorata, pero que no hace ascos al baile ni al coqueteo cuando es menester. Así lo reconocerán los cronistas al incluirla dentro del conjunto de intérpretes «bien seleccionados y dirigidos» que «cumplen adecuadamente su papel»[12] en la película.

Con estos dos antecedentes, Ediciones Cinematográficas Faro no va a dudar en volver a contar con la actriz para su siguiente proyecto, por mucho que este ponga el listón mucho más alto que cualquiera de sus trabajos anteriores. Porque la cinta histórica *Inés de Castro* (*Inês de Castro*, José Leitão de Barros, 1944) va a ser una coproducción con el Portugal de Salazar, otra dictadura en una compleja situación de supervivencia. Y en el proyecto deberán dirimirse no pocas complicaciones estéticas y sobre todo políticas, que en tantas ocasiones suelen resultar una misma cosa.

Recapitulemos. Y hagámoslo remarcando la importancia que tendrá la película para el cine favorecido por el régimen franquista, patente en el hecho de que, pese a que la dirección efectiva de la cinta corresponda a un portugués de plena confianza del Gobierno de Salazar como José Leitão de Barros, la versión española va a estar supervisada por Manuel Augusto García Viñolas, no un cineasta cualquiera sino una figura clave del aparato cultural de la Falange, responsable de reconstruir la industria cinematográfica española siguiendo la senda marcada por el fascismo mussoliniano. María Dolores Pradera tendrá un papel secundario pero no por ello menor, el de Constanza, la joven noble española hija del príncipe de Villena que a mediados del siglo XIV se trasladó a Portugal para desposarse con el infante don Pedro, hijo del rey Alfonso IV (Antonio Vilar), y establecer así una sólida alianza entre los dos países. Algo metafórico de lo que estaba sucediendo en el momento del rodaje y que se materializa simbólicamente en el intento de la película por mostrar una cierta autarquía conjunta, dado que el curso de la contienda mundial dificulta la colaboración que ambos países habían establecido hasta entonces con laboratorios y estudios alemanes e italianos.

Proyecto, por lo tanto, de carácter prácticamente oficial, pero no por ello exento de dificultades. Comenzando por las que supuso encontrar una historia que sirviera para las intenciones propagandísticas de ambas dictaduras sin resultar ofensiva para ninguna de ellas, un encaje de bolillos que ni tan siquiera facilitó la ambientación en una época remota. La solución salomónica fue realizar dos montajes diferentes, uno para cada país, donde pudieron limarse todos aquellos planos y secuencias que incomodaban a los rígidos sistemas de ambas censuras. Que, por cierto, no fueron pocos.[13]

El procedimiento de tomas alternas, esto es, el rodaje de dos versiones diferentes de una misma escena cuando las diferencias políticas lo hicieran necesario, fue profusamente empleado para solventar la primera dificultad, la de determinar el protagonismo de la película, privilegiando según apetencias nacionales a unos personajes respecto a otros y amoldar así el punto de vista del hecho histórico según querencias de una u otra dictadura. Añádase a esta táctica el recurso habitual a una voz en *off* que permitía orientar el foco adecuadamente cuando la imagen no bastaba por sí sola para ello. Pues bien, ni así: el complejo puzle no libró a la versión española de varias alteraciones en escenas que resultaban incómodas y que le restaron algunos minutos de metraje respecto a la portuguesa. Las razones, diversas. Algunas de ellas, de índole moral, asunto mucho menos laxo para el nacionalcatolicismo que para el más tolerante Portugal: al ser el adulterio asunto rigurosamente vetado en las pantallas hispanas, cayó del metraje español el segmento en el que el infante don Pedro besa por primera vez a doña Inés, «peligroso» de por sí y no digamos ya con el agravante de que en el mismo instante en el que la mujer se abandona a la pasión muestra a cámara un hombre desnudo, procacidad que bajo ningún concepto podría permitir la censura franquista. Otro tanto sucederá en el siguiente encuentro entre los amantes, truncado antes del correspondiente beso en la versión española y rodado también mediante el sistema de tomas alternas, pues en la conversación que mantienen los amantes puede apreciarse una distancia física mucho mayor en la versión española que la que ofrece la portuguesa. Las susceptibilidades morales y religiosas afectaron incluso al propio clímax de la película, cuando don Pedro, convertido ya en rey, exige a los cortesanos que rindan honores al cadáver de doña Inés. El inevitable tono macabro de la escena debe reducirse sin paliativos en la versión española, desapareciendo de su metraje los desmelenados planos cortos, sí presentes en la portuguesa, en los que los nobles besan la mano momificada del fiambre como castigo por haberla hecho asesinar. Y debió de resultar también excesiva aquella otra escena donde se mostraban los sepulcros con estatuas yacentes del monasterio de Alcobaza, que puede que para un observador medianamente cabal no fuera más que una exhibición de una de las grandes joyas del gótico portugués, pero para los guardianes de la moral españoles resultó una secuencia intolerable y, como tal, eliminada radicalmente del montaje.

Tanto las interpretaciones como los decorados y la fotografía —firmada por el alemán establecido en España Enrique Guerner y muy deudora de la pintura historicista del xix— preludian los intentos en este género de Cifesa. Contribuyen a ello las maquetas y los *matte paintings* realizados por Pierre Schild. Aparte de estos valores plásticos, queda el montaje paralelo en la escena del asesinato de Inés y, sobre todo, el jolgorio necrófilo final, que demuestra que Orduña contaba con un punto de referencia claro cuando dirigió a Aurora Bautista asumiendo el registro del alucinado Antonio Vilar en su *Locura de amor* (1948).

Esto, a grandes rasgos, porque si bajamos al barro del detalle no es difícil encontrar múltiples cortes destinados a no molestar a las todopoderosas autoridades eclesiásticas: el juramento del rey poniendo su mano sobre los Evangelios, el del beso entre los amantes que es sustituido por un juego de siluetas sin beso alguno, el inserto del báculo obispal golpeando el suelo cuando el prelado se desmaya. Con esta capacidad de detalle, podría sorprender comprobar cómo, a cambio, la censura española no tuvo ningún problema a la hora de mantener íntegra la secuencia del traslado del cadáver de doña Inés escoltada por una comitiva iluminada por antorchas. Para los espectadores locales la escena no podía menos que evocar la aún reciente ceremonia del traslado de los restos de José Antonio Primo de Rivera desde

Alicante hasta el monasterio del Escorial, reflejada en un documental, *¡Presente!* (1939), producido por el Departamento Nacional de Cinematografía que entonces dirigía el propio García Viñolas y que se había visto profusamente en las salas de cine de la primera posguerra.

El espinoso rodaje se prolongó entre mayo y noviembre de 1944 y la Pradera participó tanto en los interiores recreados en los madrileños estudios Roptence como en los exteriores filmados en Portugal. No parece sencillo centrarse en un mero cometido actoral en medio de este galimatías diplomático, pero queda en el mérito de la actriz haber sido capaz de resolverlo con eficacia: así se le reconoció en la versión española, donde su nombre figura tercero en los títulos de cabecera, solo por detrás de las dos grandes estrellas de la función, Alicia Palacios y Antonio Vilar. Y ello pese a que aparecía únicamente en la primera mitad del metraje, ya que su muerte abisagra la cinta por su mismo centro. Comparar su interpretación en *Inés de Castro* con los dos anteriores trabajos realizados para Ediciones Cinematográficas Faro nos permite analizar el abanico de posibilidades que ofrece la actriz todavía primeriza frente a la joven contemporánea que había encarnado invariablemente hasta entonces, bien en la vis cómica de *Antes de entrar, dejen salir*, bien en versión equidistante entre la cierta timidez con los hombres y los apuntes de coquetería que muestra en *Yo no me caso*. Aquí, sin embargo, asume un personaje histórico de más edad, con gesto y decir dolientes, arrastrado por una inesperada pasión romántica no correspondida y, más tarde, por la fiebre puerperal. La iconografía que modela tanto su imagen como su interpretación es la de la *mater dolorosa*, toca mediante; incluso hay una escena inspirada directamente en la *Piedad,* de Miguel Ángel. El carácter de coproducción supuso también un nuevo reto: el reparto mixto provocó que se optara por un rodaje sin sonido directo y María Dolores Pradera asumió su propio doblaje, lo que nos permite verla interpretando una antigua cantiga galaicoportuguesa atribuida al rey Dionisio I de Portugal: «*Ai, flores, ai, flores do verde ramo / Se sabedes novas do meu amado / Ai, Deus, e u é?*».

Estos trabajos para Faro no serán los únicos en los que intervenga en este periodo. Maruchi Fresno, con la que ha establecido amistad en el rodaje de *Tierra y cielo*, insistirá al director Gonzalo Delgrás en que le haga una prueba para *Altar mayor* (1943), una adaptación de la novela de Concha Espina financiada por la compañía Procines. Y se le reserva en ella un papel ya no tan secundario, el de una joven aristócrata —marquesa de Avilés, ahí es nada— a quien su madre quiere casar con el protagonista, interpretado nuevamente por su antiguo compañero en *Mi vida en tus manos* y *Yo no me caso*, Luis Peña. Su personaje se desenvuelve en un universo esencialmente femenino supeditado en todo momento a su madre y su novia, dos perfiles dibujados con rasgos intrigantes y clasistas, odiosos cuando no crueles, algo particularmente patente en la escena en la que Leonor (Pradera) demanda imperativamente a Teresina (Fresno) que le venda un dedal de oro. Estos amores interclasistas sirvieron a la pareja de cineastas conformada por Delgrás y su esposa Margarita Robles tanto para las comedias deudoras de las novelas románticas como para este drama, donde la trama de ascenso social se mezcla inverecundamente con varias peroratas sobre el patriotismo y la supremacía de la raza en pleno entorno asturiano.

Ante semejante batiburrillo, el cronista de *Hoja del Lunes* solo puede congratularse con cierta retranca «de que, por una vez, un tema de marcado perfil y sabor regional no nos hiera con sus resabios de trasnochada zarzuela», aunque también apunta los méritos de «dos excelentes debutantes: María Dolores Pradera y José Suárez, a los que espera, sin duda, un fácil camino de triunfos».[14] Algo que imaginamos también deseaba pese a su escaso fervor el crítico del diario *Imperio*, que tras apalear bien apaleada la película concluía su reseña apuntando a la Pradera como «una joven promesa de nuestro cine aunque aquí haga un cadáver tan convencional».[15]

Julio de Flechner, director en *Antes de entrar, dejen salir*, vuelve a reclamarla para poner rostro a una de las tres mujeres con las que ha compartido su vida el protagonista de la comedia romántica *Noche decisiva* (1944). En su caso, una chica de buena familia que no le ofrecerá más que un personaje puramente convencional, o que al menos se intuye como tal, pues el papel no ocupa más de minuto y medio en la pantalla que muy posiblemente completó en una única sesión y que hace que el aparatoso sombrero que luce durante su escena termine resultando lo más memorable de su aparición. Incluso para la propia intérprete, que preguntada por su papel cuarenta años más tarde reconocía no recordar absolutamente nada de aquel trabajo.[16]

Pero más allá del fulgor del cine, la devoción de la actriz ha comenzado a volcarse hacia el teatro, al que, tras aquellas primeras intervenciones como comparsa, vuelve en cuanto encuentra oportunidad. No solo por ambición artística: un estreno que se consolide en la cartelera garantiza unos ingresos estables que el cine dista de ofrecer salvo a las primeras estrellas, tan inalcanzables. Y es en este empeño cuando vuelve a cruzarse en su camino Enrique Jardiel Poncela. *Los habitantes de la casa deshabitada*, su nueva apuesta por el teatro inverosímil, es la encargada de inaugurar la temporada 1942-43 en el Teatro de la Comedia. Entre bastidores pulula un joven actor que no está particularmente contento con el reparto de papeles, pues parece interrumpir el tan ambicionado camino hacia la primera línea a la que precisamente Jardiel lo había lanzado tras verlo como simple meritorio en su *Eloísa está debajo de un almendro*. En su actitud y en aquel físico singular el comediógrafo había encontrado un potencial que decidió explotar en su siguiente comedia, ampliando uno de los papeles de *Los ladrones somos gente honrada*, amoldándolo a la vis cómica del actor e incluso cambiando el nombre del personaje por el Pelirrojo para ajustarlo a aquel color de pelo tan poco habitual. La cosa había funcionado a la perfección y el autor le seguiría ofreciendo papeles de progresivo lucimiento en sus siguientes obras, pero a Fernando Fernán-Gómez, que así se llama el intérprete, su rol en *Los habitantes de la casa deshabitada* le ha caído como un jarro de agua fría, porque Jardiel le ha ofrecido uno «corto, feo y, encima, de esqueleto».[17] Los dos primeros adjetivos resultarían execrables para cualquier actor, pero lo que a él le resultaba realmente doloroso era lo del esqueleto.

> Acababa de enamorarme de una chica de la compañía. ¿Cómo iba a pasarme tres o cuatro meses por los camerinos, por los pasillos, ante ella, hablando con ella, enamorándola, vestido de esqueleto, yo que, por si fuera poco, tenía un físico tan adecuado para dicho personaje; yo, que si me atrevía a cortejarla era porque pensaba que podríamos hacer el amor a oscuras?[18]

La chica de la compañía era, claro está, María Dolores Pradera, que ya conocía al actor porque habían coincidido en la universidad de la calle San Bernardo, donde él estaba matriculado y ella acudía ocasionalmente como oyente. Aunque tampoco se requerían demasiadas coincidencias porque no era precisamente Fernán-Gómez una persona que pasara desapercibida, más teniendo en cuenta que era hijo de una de las grandes actrices del teatro de preguerra, Carola Fernán-Gómez. Y sin padre conocido, algo que marcaba a cualquiera en unos años donde no había espacio para todo aquello que no fuera un matrimonio *comme il faut* bajo los dictados de la santa madre Iglesia. Torturado ante el esquelético panorama sentimental, Fernán-Gómez recordaba que «si no hubiera perdido mis creencias religiosas, me habría pasado aquellos días rezando para que ocurriese un milagro». Y como los milagros ocurren, poco antes de comenzar los ensayos de *Los habitantes de la casa deshabitada* el actor recibió una llamada de la gran compañía cinematográfica del momento, Cifesa. «Aquello era como decir Hollywood, para nosotros, los actorcitos españolitos que estábamos viniendo al mundo de la posguerra».[19] La propuesta, un papel en la película *Cristina Guzmán* (Gonzalo Delgrás, 1943), no solo permitió al actor librarse de lucirse ante María Dolores de tamaña guisa, sino incluso soñar con una estabilidad económica gracias a los fastos sugeridos por la palabra «Cifesa» que un raquítico sueldo en el Teatro de la Comedia no le proporcionaría nunca. Aceptó, faltaría más.

> Tenía prisa. Me había enamorado. De aquella chica rubia que apareció por el teatro como meritoria o comparsa cuando me repartieron el papel de esqueleto. Me había enamorado y era necesario que el tiempo corriese. Que corriese a su velocidad normal. No con la lentitud con que lo estaba haciendo.

Porque yo necesitaba ser alguien. [...] Lo que quería eran éxitos, fama, no por los éxitos y la fama en sí, sino para que me proporcionasen dinero y me librasen de ser un pobre ridículo. ¿Cómo iba un pobre ridículo a llevarse a la chica rubia?[20]

No estaban las oportunidades lucrativas para perderlas en aquellos años cuarenta, y no tanto por la copartícipe sino por el entorno social y la familia.

Mi futura suegra intentó hacérmelo comprender un día que me citó en un bar que hoy en mis recuerdos se me aparece como lóbrego, nauseabundo, y lo sería por la pobreza, la miseria, la precariedad de aquellos años. No se atrevió a echarme en cara mis defectos para que renunciase a la chica y exhibió los defectos de ella, para que yo huyese espantado.[21]

Fue un noviazgo de los de entonces. De esperarse a la salida del trabajo, de tardes de paseos y sesiones de cine, de cafés, muchos cafés, y por supuesto de nulo contacto carnal de contrabando. Una familiar de los Pradera que vivía exiliada en Francia pasa un buen día por Madrid y les comenta cómo las españolas estaban allí muy solicitadas por ser mucho más clásicas, «de besito en el ascensor». Fernando se indigna: «¿De besito en el ascensor? ¡Lo malo es que María Dolores tiene un ascensor que no funciona nunca!».[22] Y seguirá sin funcionar hasta el verano de 1945, cuando la pareja acuerde casarse y trasladarse a la casa familiar del recién estrenado marido, la misma de la calle Álvarez de Castro donde este había pasado la guerra y que quedaría minuciosamente reflejada en su obra teatral *Las bicicletas son para el verano*.

Cuatro años de noviazgo ya eran demasiados. María Dolores Pradera, entonces mi novia, cumple años el 29 de agosto y yo el 28 del mismo mes. Elegimos para la boda el 28 porque en ese día yo le llevaba cuatro años en vez de tres y nos parecía bien que en la pareja el hombre fuera mayor que la mujer.[23]

Así se hizo. El hombre mayor cumplía aquel día veinticuatro años, la novia estaba a punto de alcanzar los veintiuno. De rebote, al firmar los papeles ella adquiere automáticamente la condición de súbdita de la República Argentina que mantenía su marido, inscrito allí en el censo al nacer durante una gira teatral de su madre. Ni tan siquiera la muerte tres días antes de la abuela del novio, esa abuela omnipresente en su recuerdo y también en sus memorias *El tiempo amarillo*, impidió la celebración: «Cuando salimos de la iglesia, María Dolores y yo fuimos al cementerio y dejamos sobre su tumba el ramo de azahar».[24]

3

Vida en sombras

La de María Dolores y Fernando era una pareja que distaba de pasar inadvertida. Tan alejados de todo lo que era la España de aquellos años, elegantes, actores, con un físico particular y un sentido del humor similar..., tan diferentes y al mismo tiempo tan parecidos, casi complementarios: solía recordar ella cómo Lola Flores y Paco Rabal los tomaron por hermanos en sus primeras apariciones por el Gijón. Cuando Eugenia Serrano hace la crónica de la ronda de tertulias del Gran Café incluye a cónyuges que se pasaban por allí por obligación —el marido de Josefina Carabias, la mujer de Lorenzo López Sancho— y las parejas comanditarias, como Amelia de la Torre y Enrique Diosdado o, por supuesto, ellos dos.[1] Eso sí, con el hándicap del carácter siempre desbordante de Fernán-Gómez: «Yo era muy calladita. Eran casi monólogos. Fernando tenía tal personalidad que me apabullaba».[2]

La mímesis propiciará que no tarden en trabajar juntos en el cine. Lo harán en la cinta biográfica *Espronceda* (Fernando Alonso Casares, 1945) y en dos adaptaciones de su amigo común Enrique Jardiel Poncela, *Es peligroso asomarse al exterior / É perigoso debruçar-se* (Arthur Duarte y Alejandro Ulloa, 1946) y *Los habitantes de la casa deshabitada* (Gonzalo Delgrás, 1946). En la primera, la acción de la comedia original se expande por escenarios de comedias sofisticadas y novelas rosa: el Lusitania Expreso, los fastuosos transatlánticos, Buenos Aires y Nueva York... Otra escena clásica de estas cintas —el baño de espuma de la protagonista— será inapelablemente amputada por la censura, por mucho que en la conversación telefónica que allí se desarrollaba se produjera la petición de matrimonio del personaje interpretado por Fernán-Gómez, que ya había intervenido en la comedia teatral en un papel de menor enjundia. La reclamación de la productora habla a las claras del clima moral en el que se desenvolvía la industria cinematográfica por aquellos años:

> La escena suprimida ni de cerca ni de lejos roza la linde pecaminosa, pues todos los fotogramas de la escena son de una moralidad perfecta, a tal punto que, aprobadas por esa misma comisión, hay más de cuatro películas extranjeras que se exhiben hoy en España en las que aparecen escenas no semejantes, sino iguales a la que nos ocupa.[3]

En cuanto a *Los habitantes de la casa deshabitada*, en la que María Dolores Pradera desempeñaba un papel de mayor envergadura, valga decir que solo se estrenaría en sesión doble compartiendo cartel con una película de Abbott y Costello para hacernos una idea de su valoración por parte de crítica y público.

Habrá también otras películas que quedarán en simple proyecto y harán a Fernán-Gómez buscar su revancha ante las cámaras. Porque por grande que fuera cualquier ambición artística o económica, la mísera realidad de la industria cinematográfica española de posguerra se terminaba imponiendo. Con Cifesa el actor encuentra continuidad en sus rodajes, pero, lejos de hacerlo bajo la soñada cornucopia de la abundancia, sus contratos no le aportarán más que una apenas perceptible mejoría económica que dista de sacar de apuros al joven matrimonio. Quizá la situación hubiera sido diferente en las grandes superproducciones que la compañía realizaba en los estudios madrileños, pero esta había decidido ubicar al actor en la mecánica de sus producciones B, aquellas realizadas con presupuestos poco más que ínfimos en la unidad de producción barcelonesa de Aureliano Campa. Aunque los regresos de la pareja a Madrid serán continuos, el ritmo de trabajo que impone Cifesa hará que poco a poco vayan instalándose en la ciudad. Y allí fue donde comenzó la pelea por la supervivencia.

Fernán-Gómez ya había trabajado con Ramón Quadreny en dos películas, *La chica del gato* (1943) y *Una chica de opereta* (1944), que más que por lo anodino del papel por lo exiguo del salario le habían despertado el mismo interés (esto es, ninguno) que la siguiente, *Mi enemigo y yo* (1944). Si terminó aceptando esta fue solo porque pactó con el productor que María Dolores tuviera también un papelito que les permitiera redondear un tanto los ingresos familiares. Pero en vísperas del inicio del rodaje su contrato no se había firmado aún: descubrió entonces que el papel reservado a María Dolores iba a ser cubierto por otra actriz. Indignado, aunque sin posibilidad de abandonar la producción tras haberse comprometido en ella, decidió sabotear la película desde dentro…

ensayar mis intervenciones lo mejor que pudiera y, en el momento de rodar, no hacer nada, no interpretar, y limitarme a decir el texto. […] Como es natural, el director, Ramón Quadreny, interrumpió la toma. Me preguntó qué me pasaba, que si no me había dado cuenta de que se estaba rodando. Le dije que sí. Volvió a intentar hacer otra toma. La interpreté de la misma manera; o sea, sin interpretar. El director cuchicheó con su ayudante. No se atrevían a hablarme. Los demás actores y técnicos me miraban en absoluto silencio. El director se dispuso a rodar otro plano en el que yo no intervenía. Al enterarse de que el productor había llegado al estudio fue a hablar con él y le pidió que presenciara mi actuación. Me comporté de igual forma y los dos se fueron a hablar al despacho. A los cinco minutos, el director estaba de vuelta y rodó el plano tal como se había ensayado: los demás actores interpretaban sus personajes y yo, simplemente, decía mis frases de manera plana y con absoluta inexpresividad. Luego supe que el productor había dicho que comprendía cuál era la causa de mi actitud y que no cabía más que resignarse.[4]

No fue ninguno de ellos papel de relumbrón, mucho menos ninguna de ellas película llamada a encabezar el ansiado renacimiento del cine español, pero aquella etapa en Barcelona supuso una cierta continuidad en la pantalla que poco a poco fue abriendo a la pareja un hueco en el imaginario de los espectadores. A él, la interpretación se le ha empezado a quedar chica y comienza a pensar en ampliar su radio de acción artística. Ella logra algún reconocimiento público, como ser invitada por la Delegación Provincial de Madrid del Sindicato del Espectáculo a la becerrada con la que se homenajea a los productores en la Fiesta de Exaltación del Trabajo. La joven actriz es parte de la presidencia de honor del festejo taurino entre «bellísimas y populares estrellas del cine español»[5] como Amparo Rivelles, Antoñita Colomé o Ana Mariscal, así como otros astros masculinos a los que suponemos no tan bellísimos pero sí igualmente populares como Luis Peña, Rafael Durán o Antonio Casal. El que entre los becerreadores figuren Edgar Neville, José López Rubio o Alfredo Marquerie no puede sino exaltar nuestra fantasía. Pero al margen de estas bizarras pasarelas promocionales, lo cierto es que ni el trabajo de María Dolores Pradera ni los rodajes que Fernán-Gómez encadena en Barcelona y Madrid —principalmente a las órdenes de José Luis Sáenz de Heredia, con quien establece una colaboración que se extenderá a lo largo de los años— conseguirán acercarlos ni remotamente a esa vida de opulencia tan soñada por el actor. «Cuando cometí la osadía de casarme no había echado bien las cuentas y me encontré al año siguiente con que el dinero que ganaba un protagonista de películas españolas no era suficiente para mantener a una mujer y a un hijo, que nos llegó excepcionalmente sin un pan debajo del brazo».[6] Porque el primer vástago de la pareja, Fernando, no había tardado en llegar, y el orgulloso padre había rubricado el nacimiento con un sentido poema titulado «El milagro»:

Quiero que sepas, hijo mío, / Que tú no has nacido fácilmente, / Como los otros niños. / Tú no has nacido vulgarmente / Una mañana debajo de una col. / Ni te ha traído, como a tus amigos, / Una solícita cigüeña desde otros cielos. […] / Tú eres algo más. / Eres hijo del Milagro. […] / Tú no has nacido de la col, ni de París, ni de la cigüeña, ni de un rayo de sol. / Tú has nacido extrañamente / Del tremendo milagro del dolor de tu madre / Cuyas entrañas una noche se rompieron / Porque otra me amó quizás demasiado. / Tú has nacido del romperse de su vientre. / De su hidrópica enfermedad / Sobre la que el beso de Dios hizo el milagro. […] / No eres hijo, como todos, / De la col, de la cigüeña, de París, de la Paloma… / Eres hijo del milagro / Que ocurrió poco antes de la aurora.[7]

Pero sí, como señalaba Fernán-Gómez la criatura había llegado sin ningún pan debajo del brazo y ni tan siquiera su primer éxito en el cine, *Botón de ancla* (Ramón Torrado, 1948), permitirá a la pareja salir de apuros. «Y eso que la mujer, al ser de mi oficio, no tenía problema respecto al trabajo femenino. [...] Ella aportaba lo suyo, mas a pesar de esa comunidad de esfuerzos, en el hotel, en alimentos y en el pediatra se nos iba todo, y aún nos faltaba».[8] Aunque a falta de ingresos siempre quedará el consuelo de las inquietudes artísticas, y de ellas ambos andarán sobrados porque en Barcelona coincidirán con los autodenominados «telúricos», un grupo de jóvenes cineastas —la palabra «escuela» resultaría demasiado ampulosa para este apenas grupúsculo— formados en la crítica durante la República y en los cineclubs madrileños durante la posguerra que, a la espera de conseguir renovar estéticamente el agreste panorama del cine español que ha dejado la contienda, se foguean en la industria realizando labores subalternas en producciones ajenas. Su núcleo originario había tenido lugar en 1944 en la tertulia del Café de la Elipa, donde dos envenenados por el cine llamados Carlos Serrano de Osma y José González de Ubieta habían conocido a Pedro Lazaga, joven como ellos pero que a sus veinticinco años acumulaba un currículum de aúpa: haber sido divisionario en Rusia y contar con un guion que adaptaba la novela de Miguel de Unamuno *Abel Sánchez*, que el grupo logrará llevar a la pantalla en 1946. Para ello se trasladarán a Barcelona, donde Serrano y el jefe de producción José Antonio Martínez de Arévalo entran en contacto con el productor Fernando Butragueño y el técnico de sonido Antonio Gómez. Con las iniciales de sus cuatro apellidos se compone el nombre de la productora, Boga Films, que dará cobertura administrativa a tres películas rodadas en rápida sucesión.[9] Escribía entonces el realizador del grupo:

> El cine es equipo. Colaboración. De nada sirve el entusiasmo aislado sin la efusión colectiva. Lograr esto no es tan difícil. Lo mágico es contagioso. (Tengo la dicha personal de haber acoplado en Barcelona un equipo mágico. O *telúrico*, en nuestro lenguaje familiar).[10]

La mecha de la amistad ya había prendido en Madrid, en La Elipa y en la redacción de la revista *Cine Experimental*; el reencuentro con los telúricos tendrá lugar en Los Caracoles, el local de la calle Escudellers donde el orondo propietario Antonio Bofarull fía a los actores en dificultades y sobrecarga la minuta de los que pasan por un buen momento económico. La inquietud artística, que tampoco falta, será el preámbulo de apasionadas colaboraciones conjuntas. También ruinosas, todo sea dicho:

> Fue la primera vez que me encontré, dentro del cine, a algunos hombres que tenían una preocupación más puramente cinematográfica, más relacionada con lo intelectual, aunque luego sus logros no estuvieran a la altura de lo que ellos querían. Pero sí me encontré por primera vez en un ámbito en el que se podían intercambiar ideas.[11]

La primera de estas colaboraciones será *Embrujo* (Carlos Serrano de Osma, 1946), una particularísima película que cayó como un meteorito en la España de mediada la década de los cuarenta. Butragueño y Antonio Gómez pretendían que aquello fuera una mera cinta folclórica que aprovechara el tirón comercial de la pareja formada por Manolo Caracol y Lola Flores, pero al caer en manos de Serrano de Osma va a terminar convirtiéndose en uno de los experimentos formales más sorprendentes de aquella posguerra donde tan difícil resultaba, en el cine y fuera de él, salirse de los cauces establecidos. El proyecto se remontaba a 1943. Había sido entonces cuando el empresario Adolfo Arenzana acudió a una taberna de la calle Sierpes de Sevilla acompañado por una cantaora de apenas veinte años con la que se rumoreaba que mantenía una relación no solo profesional. Con una fortuna bien asentada, Arenzana quería proponer a Caracol unirse a un gran espectáculo que estaba montando para la joven en cuyos carteles, le advirtió, su nombre quedaría relegado a una tipografía menor porque la de gran estrella quedaría reservada para ella, Lola Flores. Caracol lo entendió como un insulto: a sus treinta y cuatro años él era toda una leyenda del flamenco que había compartido tablas con estrellas como Pastora Imperio o Concha Piquer, pero los cien duros por función que ofrecía Arenzana le hicieron tragarse cualquier asomo de orgullo. Y además el proyecto era serio, de un lujo inusitado. Lola, ambiciosa, había encontrado en el empresario la plataforma de lanzamiento para su carrera y no iba a cejar fácilmente en el empeño: según ella misma confesaría, había regalado una noche de amor furtivo a Arenzana a cambio de cincuenta mil pesetazas y aquel montaje no era sino una extensión de la transacción. Porque lo que entre ambos se traían entre manos era uno de los espectáculos con mayor longitud de miras que había conocido España tras el final de la contienda: decorados del pintor José Caballero, canciones como puñales de Quintero, León y Quiroga —«¡Qué grande es la pena mía!», «La salvaora» o, por encima de todas, «La niña de fuego»— y ahora, como añadido, el respaldo de un cantaor del que no podía decirse

VIDA EN SOMBRAS

que fuera el mejor de España porque hacía tiempo que ese encuadre le había quedado estrecho.

Serrano entrará en el engranaje mucho más tarde, cuando Lola y Caracol lleven ya tres años girando por toda España y hayan convertido *Zambra* en un éxito apoteósico. Trasladar todo aquello a la pantalla parecía un paso lógico, y lo hubiera sido de haber seguido el cineasta su idea inicial de filmarlo tomando como modelo directo la reputadísima *Ha nacido una estrella* (*A Star Is Born*, William A. Wellman, 1937) y convertir así *Zambra* en una réplica autóctona de un musical de Broadway. Y por supuesto aprovechando aquella aura mitológica que para entonces rodeaba a Lola y Manolo, que se interpretarían a sí mismos sin necesidad siquiera de buscar nombres ficticios para sus personajes. Y es que para entonces Caracol ya había demostrado su carácter de mujeriego acercándose a una Lola que no había tardado en caer rendida ante el derroche de genio que el cantaor desplegaba cada noche sobre los escenarios. En aquella España donde nada parecía permitido, las canciones de amor prohibido que ambos interpretaban sobre las tablas funcionaban como trasunto exacto de una relación devorada por la pasión y los celos, donde sin esconderse ante nadie la pareja se amaba con una intensidad alimentada por la gasolina de los tragos de cazalla, los tiros de cocaína, las noches interminables en tablaos y fritangas y una continua avalancha de golpes mutuos de ida y vuelta. Y eso por no hablar del aliño experimental que estaba maquinando el director sin el productor saberlo. Porque a aquel conjunto, extraño de por sí, Serrano le añadiría durante el rodaje una auténtica avalancha de planos constructivistas, escenas que más parecían salidas del cine expresionista, secuencias de baile comidas por la niebla y escenarios espectrales de antorchas y fuegos fatuos.

49

¿Qué pintan Fernán-Gómez y María Dolores Pradera en semejante cóctel? Pues él es el amigo fiel del hombre abandonado que mata su pena con cantes quebrados por el coñac y el vinazo de las tabernas más inmundas, en tanto que ella es la bailarina moderna, confidente de la estrella y un poco filósofa cuando reflexiona sobre la fama:

> Yo creo que, aunque alguna vez lleguemos a ser unas viejas carcamales, siempre seremos un poco jóvenes porque tendremos detrás de nosotras toda una vida dedicada al arte y, con ella, los recuerdos, que son... deben de ser otro bello modo de vivir.

En el haber de la película, se fragua en este rodaje una amistad entre María Dolores, Fernando y Lola Flores que perdurará a lo largo de los años. En el debe, que la cinta resultará, claro, de difícil digestión para aquella España de primerísima posguerra, y no digamos ya para el público potencial que podía tener una película folclórica. La demostración de que así era fue inmediata: la misma noche del estreno, en un cine de Badajoz, todo un delegado provincial abandonó indignado la sala calificando aquello ni más ni menos que de «borrón caído sobre el arte cinematográfico español».[12] Con todas las alarmas disparadas, la película quedó abocada a un apresurado remontaje a espaldas de su director para intentar limar sus muchas asperezas fílmicas, mientras la propia Lola, a la que nunca le gustó jugar a caballo perdedor, no tardó en descolgarse de todo aquello hablando públicamente de la película como de un «camelo sin pies ni cabeza» y aclarando vehementemente que a ella y a Caracol «eso del surrealismo ni nos gusta ni nos va».[13] Añádase a ello que Serrano tampoco escondió a nadie que no aceptaba los cambios de montaje impuestos por los productores y el resultado fue una película que no convenció ni a unos ni a otros, cuyo estreno en Madrid se retrasó y no poco, y que cuando llegó a la capital y, como tal, al radar de la crítica, pasó completamente desapercibida y quedó condenada a engrosar las filas del batallón de las películas malditas del cine español.

Antes de que Serrano de Osma y Martínez Arévalo rompieran definitivamente con sus socios, aún tuvieron tiempo de rodar en 1947 *La sirena negra*, adaptación en clave necrófila de una novela de Emilia Pardo Bazán, con un guion a cargo de Lazaga y el realizador, figurines y decorados de González de Ubieta y protagonismo de Fernán-Gómez, esta vez acompañado por Isabel de Pomés y María Asquerino. Un nuevo batacazo económico del que los supervivientes de Boga Films intentaron resarcirse con una comedia dirigida por el portadista de *La Codorniz* Enrique Herreros, *La muralla feliz* (1948), afortunado remedo de *Vive como quieras* (*You Can't Take It with You*, Frank Capra, 1938) que volverá a contar con la labor de Fernán-Gómez.

La aventura podría haber ofrecido un resultado raquítico. Y así sería si no lo comparáramos con el de la otra película afín a los «telúricos» en la que se embarcaron María Dolores Pradera y Fernando Fernán-Gómez. Porque ambos son nuevamente los protagonistas de *Vida en sombras* (Lorenzo Llobet Gràcia, 1949), quizá la cinta más depurada del conjunto, nacida no ya como encargo sino como propuesta personalísima y en gran parte autobiográfica de un cineasta amateur que, en su única incursión en el cine profesional, optará por la apasionada historia de un cinéfilo cuya vida, desde su nacimiento en una barraca de feria donde se proyectan aquellas primitivas películas mudas, se va a desarrollar a través del objetivo de su cámara cinematográfica a la luz reflejada en la pantalla. La muerte accidental de su mujer (María Dolores Pradera) en el tiroteo entre los militares sublevados en 1936 y los defensores de la República conllevará la incapacidad del cineasta para volver a empuñar su cámara o asistir a una proyección cinematográfica. Un bloqueo traumático que no dará un vuelco hasta que consiga por fin fuerza para regresar a una sala, expectante ante el estreno de una película que marcará a fuego a la cinefilia de aquellos años, *Rebeca* (*Rebecca*, Alfred Hitchcock, 1940). Enfrentada a la reja de Manderley —«Anoche soñé que volvía a Manderley. Me encontraba ante la verja pero no podía entrar, porque el camino estaba cerrado. Entonces, como todos los que sueñan, me sentí poseída de un poder sobrenatural y atravesé como un espíritu la barrera que se alzaba ante mí»— y a la escena en que Max de Winter y su nueva esposa ven las películas de su viaje de novios, Carlos invoca al fantasma de Ana en la pantalla casera. Sobre el telón blanco proyecta las imágenes felices del pasado, cuando ella no sabía qué decir ante el acoso de la cámara y llamaba tonto a quien la manejaba. Gestos banales, idénticos a otros tantos habituales en el cine doméstico, que al incluir a Carlos en el plano, ante la imagen proyectada en la pantalla, harán mágicamente converger el pasado y el presente en un mismo instante. Carlos toma su cámara amateur y termina encuadrando una fotografía enmarcada de Ana que, mediante un fundido, trasforma su gesto estático en una sonrisa aprobatoria ante su decisión de volver al cine. Si estas escenas, plenas de fascinación y sugerencias, ilustran el poder del cine para vencer a la muerte, la de la playa, en la que ella le anuncia que está embarazada, parece remitirnos a la vida cotidiana de la pareja. Pero más allá de estas licencias poéticas, como recordaba el propio Fernán-Gómez, en aquella sucesión de producciones bajo mínimos «lo más difícil no era aprenderse el papel ni interpretarlo, sino conseguir cobrar».[14]

> Ni él [Llobet Gràcia] ni sus socios y asesores debieron de echar bien las cuentas, porque llegó un momento, en el mes de enero, en que yo debía ya dos meses de hotel, por lo cual me llamaron correctamente la atención. En la noche del 5 de enero suelen llegar a España los Reyes Magos; aunque antes de cumplir los dos años no era fácil que mi hijo Fernando echase de menos sus regalos, me pareció un buen motivo para suplicar a Llobet Gràcia que nos diese a María Dolores y a mí algo del dinero que nos adeudaba. Y añadí otra razón que no era falsa y también consideré válida: mi mujer y yo nos encontrábamos ligeramente enfermos. Llobet Gràcia consiguió reunir veinticinco pesetas y en un sobre de tarjeta de visita nos las envió al hotel. Como nuestras enfermedades eran leves, no nos faltaron energías para divertirnos con el lado cómico de la situación.[15]

Por mucho que el humor no faltara, no es difícil imaginar la frustración de la pareja. Tanto *Embrujo* como *Vida en sombras* se convertirían en reputadas películas rodeadas del aura que envuelve a las cintas de culto, pero este estatus solo lo alcanzarían al cabo de las décadas gracias al redescubrimiento de ambas por nuevas generaciones de historiadores y cinéfilos. De los problemas para exhibir *Embrujo* ya hemos dado cuenta unas líneas atrás; emplearemos las actuales para apuntar que *Vida en sombras* encontró tamañas complicaciones con la censura que tardó cuatro años en llegar a unas salas que no eran precisamente «de estreno». Por lo que el resultado inmediato de la aventura fueron sendas películas nacidas a contrapelo que ningún rédito ni prestigio aportaron a la pareja.

El ejército sublevado había organizado la censura cinematográfica en noviembre de 1937, cuando controlaba ya dos terceras partes del territorio español. El sistema se consolidó al finalizar la contienda basándose en un triple filtro: para obtener el permiso de rodaje el productor debe obtener el plácet del guion; una vez terminada la película es visada de nuevo y puede ser prohibida si no satisface a los censores, lo que suele abrir un proceso de negociación en el que mediante cortes, doblaje y añadidos se intentan salvar los muebles en caso de cualquier complicación. Por último, la clasificación oficial que realiza el Gobierno según parámetros de supuesta calidad fílmica puede condenar a un título con el *nihil obstat* administrativo al limbo de su no estreno durante años en el caso de que el resultado final no satisfaga los intereses de la dictadura; en cambio, las que halagan al régimen pueden aspirar a la calificación de Interés Nacional, lo que conlleva automáticamente sustanciosas ganancias. Ante este panorama, no es difícil imaginar que otros proyectos del grupo telúrico ni siquiera llegaran a rodarse, como las dos películas que la pareja tenía previsto interpretar para Pedro Lazaga. La primera se titulaba *Bandera negra* y era un guion del propio Fernán-Gómez que su director llegó a anunciar en la prensa especializada pero del que no quedó otro rastro que este;[16] la segunda, *Telón de odio*, debió de estar más avanzada porque el libreto se presentó a censura. En él se desarrollaba la historia de un grupo de maquis infiltrados en España entre los que figura un «niño de Moscú» que, arrepentido al regresar a su tierra natal, ayuda a la policía a detener a sus antiguos compañeros. Con un argumento de este calado podría resultar *a priori* una cinta idónea para pasar todas las trabas de la Administración franquista y con honores, porque, visionariamente, el guion parece dar pistoletazo de salida al filón de cintas de temática anticomunista que explotaría en el país cuatro o cinco años más tarde —María Dolores Pradera participaría en uno de sus ejemplos más señeros, *Murió hace quince años* (Rafael Gil, 1954)—. Pero ni por esas. Juan Esplandiu, uno de los lectores de la comisión de censura, se indignó al encontrar en el texto a unos comunistas «humanos, buenos, cristianos, de sentimientos nobles y puros».[17] El arrepentimiento de antiguos enemigos de la España victoriosa de Franco no entraba en los planes oficiales y, por muchos pliegos de súplica que dirigiera Lazaga al comité, la cinta quedó radicalmente vetada antes de ponerse en marcha. Nueva catástrofe.

Ni la tradicional generosidad de Bofarull en Los Caracoles aliviaba los rigores del hambre, y María Dolores Pradera terminaría cayendo enferma por pura inanición: «Respiraba mal, le dolía el pecho. Aterrados, fuimos al médico. Nos dijo que era necesario verla por rayos X, pues tenía en el cuello unos ganglios muy perceptibles. El radiólogo me invitó cortésmente a que mirase en la pantalla. Vi el esqueleto de mi mujer y me desmayé».[18] No sería el único desvanecimiento que conocería la pareja. Fernán-Gómez recordaba una anécdota sucedida en aquellos años que habla claramente del tercermundista ambiente en el que se desarrollaban aquellos rodajes. Sucedió en el de *Tiempos felices* (Enrique Gómez, 1950):

> Rodábamos una escena dentro de un plató, en que yo iba en una barca y esa barca se tenía que incendiar. El «truco» que inventaron consistía en rociar la barca, la borda y los asientos

de gasolina, después sentarme a mí en la barca y luego preparar a un señor con un palo muy largo y una mecha encendida en la punta para que lo acercase a la gasolina. [...] Así que el director iba diciendo: «Echad más gasolina, más gasolina. Bien, ahora ayudadle a subir. ¿Estás sentado ya? Ahora coge los remos. Eso es, muy bien. Vamos a rodar». Entonces dieron las órdenes: «Motor: acción», y luego «¡Fuego!». El hombre que estaba con el palo lo acercó a la gasolina y claro, la gasolina hizo lo que hace siempre, que no es prenderse sino explotar. Yo salí por los aires, las llamas me subían por los pantalones, e inmediatamente dos o tres eléctricos se precipitaron sobre mí con unas mantas y apagaron el fuego. Recuerdo que estaba en el plató mi exmujer de hoy, pero mujer de entonces, María Dolores Pradera, viendo aquello y en el acto se desmayó.[19]

Fernán-Gómez vivía indignado por aquella situación de continua miseria, mucho más después de haber interpretado en la exitosísima *Botón de ancla* un papel que lo había convertido en una persona reconocida tanto en la industria como por un público que no dejaba de señalarlo por la calle. Y no digamos María Dolores, que tras interpretar el segundo papel femenino de una gran producción como *Inés de Castro* se veía abocada a la condena de películas que ni tan siquiera alcanzaban a conseguir un estreno en salas. «He llegado a llorar de hambre»,[20] confesaría recordando aquellos años de excepcional crisis en el cine español. Y todo ello a una velocidad de trabajo frenética, donde el hotel se convertía en hogar en el que criar a los hijos y la estabilidad brillaba por su ausencia. El que la primera palabra que aprendiera a decir el pequeño Fernando fuera «taxi» habla a las claras del ritmo que llevaba la pareja por aquellos años. Las embarcadas del marido tampoco ayudan: impensable recurrir a la casa familiar en los continuos viajes a Madrid pudiendo alojarse en el hotel Emperador, mucho más cuando en el cine de enfrente podía ver su nombre y su rostro a tamaño gigante anunciando la proyección de *Balarrasa* (José Antonio Nieves Conde, 1951). Siempre amante de las artes, fue en estos años cuando se lanzó a sufragar de su propio bolsillo el Premio de Novela del Café Gijón. «Cuando a Fernando se le ocurrió lo del premio, yo estaba cada vez más delgadita».[21] Incapaces de encontrar una solución de futuro en Barcelona deciden regresar a Madrid, instalándose de nuevo en la casa familiar de la calle Álvarez de Castro. Ante el inevitable compás de espera que va a suponer reingresar en la vida artística de la capital, apremian las salidas laborales de urgencia que apuntalen la tambaleante economía familiar.

María Dolores Pradera la va a encontrar en un terreno, el del doblaje, para el que se ve perfectamente capacitada gracias a una voz modulada y muy trabajada en su ya larga experiencia laboral. En unos años en los que los rodajes con sonido directo eran prácticamente inexistentes, la banda de diálogos de la inmensa mayoría de las cintas españolas se elaboraba *a posteriori* en los estudios. Esto de la ventriloquía cinematográfica, que hoy nos parece un asunto perfectamente natural, había constituido un auténtico tsunami tecnológico e industrial a principios de la década de los treinta cuyos últimos ecos resonaban todavía en el cine español. La implantación del cine sonoro había llevado a dos soluciones alternativas: los mercados que aceptaran el inglés y se conformaran con unos subtítulos en su idioma verían la versión original, los que demandaran ver las películas en su propia lengua tendrían doblaje. Pronto se creó una industria floreciente en la que los dobladores resultaron los peor parados: el periodista José Luis Salado los bautizó como «los negros del *dubbing*».[22] Para colmo, los intereses políticos no tardaron en entrar en el asunto. Benito Mussolini prohibió que se proyectase cualquier película que no estuviera filmada en italiano o doblada en el país bajo las indicaciones del régimen: la excusa oficial es la defensa del idioma; la realidad, la posibilidad de controlar hasta el último detalle de cualquier película extranjera que pudiera incomodar al fascismo. Al finalizar la Guerra Civil, Franco sigue su ejemplo, y en 1941 se veta la versión original en los cines españoles. Y aunque en 1947 la legislación española diera marcha atrás, el mal ya estaba hecho. El público, juez supremo, no acepta la lectura de subtítulos y ante esta realidad muchos actores terminan encontrando en la especialidad un medio de vida. Labor menor, que ni siquiera aportaba reconocimiento por no quedar reflejada en los títulos de crédito, pero que garantizaba unos ingresos suplementarios. Eso sí, el gremio lo consideraba un trabajo subalterno, cuando no directamente proscrito por ensombrecer la labor de los actores originales, extranjeros pero colegas al fin y al cabo. El propio Fernán-Gómez lanzaría fuego y azufre contra esta ocupación en un debate sobre diversos aspectos de la profesión que tendría lugar en la Escuela Oficial de Periodismo. Con un «¡es repugnante!» saldó su opinión al respecto, aunque, mucho más pragmática, María Dolores declaraba en el mismo foro que la corbata que lucía su marido se la había podido regalar ella gracias al salario que acababa de recibir precisamente por cumplir con uno de estos nefandos cometidos.[23]

Su primer trabajo en este terreno se desarrolló en los estudios Sevilla Films. Allí puso voz a la debutante Beatriz de Añara en *El santuario no se rinde* (Arturo Ruiz Castillo,

1949), una de las películas que vuelve sobre el tema de la Guerra Civil a finales de la década de los cuarenta, con criterios ya levemente divergentes de los del cine de Cruzada promocionado oficialmente unos años antes, cuando aún creían algunos que España dominaría Europa y el norte de África en colaboración con el nacionalsocialismo y el fascismo. Le seguirá el doblaje en los estudios CEA de la cinta de bandoleros —no exenta de matices políticos— *Aventuras de Juan Lucas* (Rafael Gil, 1949), en la que pone la voz al personaje interpretado por la actriz francesa Marie Déa. Ambas se estrenarán casi al mismo tiempo durante la Navidad de 1949. *Séptima página* (Ladislao Vajda, 1950) y *¡Hombre acosado!* (1951), de su viejo amigo Pedro Lazaga, son dos producciones paralelas, que comparten decorados, algunos rasgos genéricos propios del *noir* y buena parte del reparto. Ambas se doblan en los estudios CEA y María Dolores Pradera se encarga de doblar a Anita Dayna. Los problemas con la censura y su calificación oficial —que, como hemos visto, no dejaba de ser otra forma de censura— dejarían la última en barbecho durante un largo año antes de que lograra llegar a las pantallas de tapadillo. En *Quema el suelo* (Luis Marquina, 1952) —un thriller criminal de ribetes psicológicos sobre un escritor que ha desarrollado tal obsesión por una desconocida que pretende asesinar a su marido... que no es otro que el psiquiatra que le trata— dobla a la también francesa Annabella. Son todos ellos trabajos oscuros, sin proyección pública, que ni siquiera quedarán reseñados en su filmografía. Solo el crítico Alfonso Sánchez los mencionaría fugazmente unos años más tarde:

> El cine debe lo suyo a esta voz, que es baza principal del doblaje. De muchas películas solo queda el recuerdo de la voz

en *off* de María Dolores Pradera. Como actriz de un drama importante, *Soledad*, demostró en la insobornable sinceridad de un escenario hasta qué punto es injusto ese *off*. Joven, rubia, encuadernada en Botticelli, su voz y su arte son también importantes.[24]

4

Nuevo rumbo

La alusión a *Soledad* que cerraba el capítulo anterior es una referencia a la obra dramática de Miguel de Unamuno que nos pone sobre aviso de que el regreso de María Dolores Pradera a Madrid va a ser también el de su vuelta al teatro, bien que por un camino un tanto sinuoso gracias a una de esas iniciativas tan temerarias como insólitas a las que Fernán-Gómez nunca daba la espalda. En este caso, una serie de representaciones de autores transalpinos en el Istituto Italiano di Cultura de la capital, con el inconveniente de ofrecerse obligatoriamente en función única y ante una audiencia reducida, pero la desacostumbrada ventaja de que el carácter diplomático extraterritorial del centro permitía la representación de cualquier texto al quedar fuera del control de la censura. Fernán-Gómez recordaba así la propuesta, que le llegó, como todo por aquel entonces, a la tertulia del Gijón:

> Era como dar marcha atrás en el tiempo y volver al teatro de aficionados. Desde el primer momento me sedujo la idea. [...] Tuve ocasión de satisfacer lo que aún me quedaba de vocación escénica dirigiendo durante esos años con mi amigo [Francisco Tomás] Comes —ahogado después en los mares de la burocracia— aquellas representaciones del Instituto Italiano de Cultura, que disponía de un pequeño escenario en un

salón con capacidad para unas cien o ciento cincuenta personas. «Invitaremos solo a personalidades del mundo de la cultura, autores, académicos, críticos, y a técnicos teatrales», nos dijo el director, Mario Penna, persona inteligente y amable, de ingenio agudo, con un repunte de picardía en la mirada.[1]

Mucho se ha escrito, y no sin motivo, sobre la influencia que ejerció Walter Starkie desde el British Council en la cultura española de posguerra, pero poco o nada a propósito de la labor paralela que realizaron Mario Penna, director del Istituto Italiano di Cultura madrileño entre 1946 y 1950, y su sustituto Luigi Rivara, que recogió el testigo de la institución hasta 1956. Tras el relevo, este siguió apoyando la actividad teatral en el centro y ejerció de anfitrión del cine neorrealista en España, inaccesible en las salas por el veto de la censura pese a estar centrando el debate teórico cinematográfico en el país. Esto permitió levantar diversos proyectos impensables en cualquier otro ámbito de finales de los cuarenta: clásicos de Boccaccio, teatro moderno de Pirandello, obras de dramaturgos contemporáneos como Diego Fabbri, Paolo Levi, Corrado Alvaro o Vittorio Calvino. Incluso un Valle-Inclán, *El yermo de las ánimas*, cuando parte de la obra del gallego presentaba todavía numerosas aristas ante las autoridades. Fácil comprender el porqué de las expectativas de Fernán-Gómez,[2] arrebatado ante unas posibilidades artísticas que cubrirían y sobradamente la inexistencia de cualquier rédito económico y para las que no dudó en tirar de agenda y reclutar entre sus amigos un elenco de primerísima división —María Luisa Ponte, Félix Dafauce, Manuel Alexandre, Luis Varela y, en fin, un listado interminable de actores profesionales—, que se prestaron a un juego al que en alguna ocasión se llegarían a unir Luis

García Berlanga y Juan Antonio Bardem. María Dolores Pradera no podía estar ausente en esta aventura.

Debido a su prestigio incontestable, fue Pirandello el autor elegido para inaugurar el 31 de mayo de 1949 las sesiones del denominado Teatro de Ensayo del Istituto Italiano di Cultura. También el único que repetiría en la programación. Su comedia de 1918 *Il giuoco delle parti*, traducida para la ocasión por Rafael Sánchez Mazas como *Cada cual a su juego*, es una tragedia grotesca, la de un tipo que parece aceptar con cómico estoicismo los cuernos que le pone su esposa para terminar ejecutando fríamente su venganza. María Dolores Pradera fue la encargada de interpretar a la protagonista, una mujer llena de dobleces que la sitúan en un plano muy distinto al de la adúltera estereotipada tan habitual en los escenarios españoles de entonces.

> En el diminuto escenario, decorado con sencillez y gracia, vimos anoche una comedia de Pirandello titulada *Cada cual a su juego*, que fue excelentemente interpretada por Fernando Fernán-Gómez, que hizo una verdadera creación del tipo pirandelliano de su personaje; María Dolores Pradera, en su papel, que interpretó con mucha fortuna en sus varios matices. Un tipo de mujer ágil, cambiante, inconsciente, loca y apasionada, indiferente, interesada.[3]

El ciclo puso también en escena «en exquisita y escrupulosísima traducción de Cansinos-Assens»[4] *La mandrágora*, de Maquiavelo, autor depurado desde el fin de la guerra por su condición de judío. Las aristas de la comedia son expuestas por el profesor Doménech, que subraya la excepcionalidad de esta función única:

El divertidísimo argumento, que expone con jovialidad renacentista el adulterio de la bella Lucrecia con el joven Calímaco ante la complaciente mirada del marido, el necio Micer Nicias, sería ya suficiente motivo si, además, no se incluyera la figura del hipócrita e interesado fray Timoteo, sátira descarnada de una Iglesia corrupta que difícilmente podría verse en un escenario español en 1949.[5]

Al recordar la función en sus memorias,[6] Fernán-Gómez lista el elenco completo de actores de la obra aunque elude mencionar la intervención de su mujer. Por crónicas contemporáneas nos consta que interpretó uno de los papeles más relevantes,[7] ya que amén de contar con uno de los roles de reparto se encargó de los cantables de Carlos José Costa, que, con acompañamiento de laúdes, marcaban las transiciones de tiempo y lugar de la acción. En cambio, Fernán-Gómez sí da cuenta del selecto público, lo que nos da idea de la relevancia que tuvieron estas funciones: «Eugenio d'Ors, Dámaso Alonso, Luis Felipe Vivanco, Cayetano Luca de Tena, José López Rubio, Carmen Laforet...».[8] Como se decía por aquellos años, la flor y nata de la intelectualidad madrileña, algo que llenó de felicidad a Mario Penna dado que, al parecer, valoraba el éxito de los estrenos más por el número de académicos que acudían a cada convocatoria que por sus resultados artísticos.

Las funciones en el Istituto Italiano di Cultura se prolongaron hasta finales de 1952, concluyendo con la puesta en escena de *Corrupción en el Palacio de Justicia,* de Ugo Betti. María Dolores Pradera no figuraba en los repartos de estas últimas representaciones, pero siguió ahondando en la vía del teatro de cámara, formulación que permitía a las compañías presentar obras arriesgadas en sesión única para

NUEVO RUMBO

públicos reducidos con un margen mucho más ancho de la censura y experiencia teatral que le ofrecerá retos artísticos e interpretativos que chocan brutalmente con la decepción que ha sentido en el cine. Y quizá no fuera para menos, porque los cometidos que afrontará serán desde luego de altura. En noviembre de 1951 la encontramos en el Teatro de Cámara de la Comedia como principal protagonista de *Todos eran mis hijos*, una obra de Arthur Miller sobre la crisis moral de posguerra. Es el segundo trabajo de su muy reputado autor, que se ha mantenido casi un año en la cartelera de Broadway bajo la dirección de Elia Kazan. Aquí es la compañía de teatro La Carátula quien se encarga de ponerla en pie con dirección de José Gordon. La crítica quedará dividida ante los valores del libreto y el montaje. Gonzalo Torrente Ballester se muestra cínico ante varios aspectos —el protagonismo del apuntador, la traducción, que considera carente de vuelo poético—, pero también indulgente ante la posibilidad, prácticamente única, que se ofrece al espectador de conocer el teatro norteamericano contemporáneo.[9] El diario *Pueblo* afea a Miller el carácter melodramático de la obra, con «malos» caricaturizados y «buenos» de una pieza, pero salva a la pareja protagonista, formada por Salvador Soler Marí y María Dolores Pradera, a la que adjudica el valor de mostrarse «justa de expresión, sobria de gesto y de voz y de matizada sensibilidad».[10] En esta ocasión la acompaña en escena su suegra, Carola Fernán-Gómez.

Un año y medio más tarde, aprovechando posiblemente un viaje a la Ciudad Condal para asumir un papel en la película *Fuego en la sangre* (Ignacio F. Iquino, 1953), la actriz retoma la aventura participando en el Calderón en una representación única de *Tres ventanas*, drama de Luis Delgado Benavente que acaba de obtener el Premio Ciudad de

65

Barcelona en su edición de 1952. Pero el resultado no será tan positivo como las experiencias anteriores y la representación concluirá entre un sonoro pateo de los espectadores. El desconcierto pareció trasladarse a los propios cronistas: en las páginas de *Destino* el futuro realizador y guionista Julio Coll se propone detallar aciertos y errores de los intérpretes en lugar de escribir la crónica de un fracaso y resolver el apartado interpretativo con un par de sobadas muletillas. O al menos así salda el trabajo de María Dolores Pradera, mezclando su labor de aquella noche con algunas de sus características como actriz en un conjunto que no sabemos si leer como demérito o como muestra de habilidad de una intérprete en el difícil trance de contener a un público agresivo como pocos:

> Actriz elegante y distinguida, dotada de un tono de voz mágico, dijo su parte sin ninguna convicción. Puesta en contacto con una situación bronca, ruda y dramática, María Dolores Pradera optó por no descomponer el tipo, enfriando notablemente su intervención. Dada su fina sensibilidad natural, lo más aproximado es creer que no sentía la escena, que no le iba el papel. Una mujer a quien le matan al marido y agreden al amante no puede quedarse, como ella lo hizo, con la actitud de aquel que no se decide a intervenir en socorro de alguien que se está ahogando por temor a mojarse su mejor vestido. Puede, por otra parte, que su instinto femenino le aconsejase contención en un momento que —dada la carnadura de la situación y en el caso de exagerarlo— podía resultar peligroso para la buena marcha de la comedia.[11]

Al margen de estas experiencias teatrales no carentes de riesgo, también regresará la Pradera al teatro comercial en el que había realizado su aprendizaje del oficio. La propuesta parte del mismo hogar familiar: Fernán-Gómez, ya lanzado a la escritura dramática, acaba de concluir una farsa vodevilesca titulada *Marido y medio* con la que pretende sacarse la espinita de autor inédito en los escenarios. La pareja no oculta su vocación de hacer caja y organiza el estreno en el Teatro Gran Vía el 7 de junio de 1950, coincidiendo con el final de la temporada. Los espectadores no acudieron en oleadas al coliseo, pero los asistentes al estreno aplaudieron a rabiar y rieron con algunos efectos cómicos de buena factura, según atestigua el crítico Alfredo Marqueríe, quien también afirmaba que la obra adolecía de falta de ensayos y de ingenuidad en el movimiento escénico. «Fernando Fernán-Gómez, excelente actor y además escritor joven de sanas y elevadas inquietudes literarias, no ha querido ofrecernos en su primer estreno teatral la obra que de él seguimos esperando».[12] Andando los años, el autor-actor concluiría que no consideraba aquel saldo muy justo, pues tampoco entendía como algo tan sencillo su pretensión de tomar el esquema de una obra de Oscar Wilde, alguna situación de las comedias de Gregorio Martínez Sierra y el humor de Jardiel o de Tono y Mihura para que el cóctel resultase un éxito y encima en un conjunto completamente autogestionado. «A la crítica no le gustó y el público no fue a verla. La estrenamos en verano con una cantidad ridícula también de dinero».[13] Otros críticos señalaron la torpeza de algunos diálogos o la deficiente construcción de la comedia, cuyos protagonistas fueron Milagros Leal, su marido Salvador Soler Marí y María —entonces Maruja— Asquerino. «María Dolores Pradera nos encantó por su forma elegante y natural de decir el papel», apuntaba el crítico del vespertino *Pueblo*.[14]

Pese a tantos altibajos, el teatro comienza a conformarse como su territorio preferido, aunque esta pujante vocación no implique el abandono del cine. La pareja viajará una vez más a Barcelona para interpretar a las órdenes del telúrico Enrique Gómez *Tiempos felices*, una cinta dramática en la que Wenceslao Fernández Flórez adaptaba la novela homónima de Armando Palacio Valdés, suerte de «ocho apellidos andaluces» en la que el estudiante gallego encarnado por Fernán-Gómez debe realizar un curso acelerado de flamenquería para conquistar el corazón de su amada, hija de un apoderado taurino. La chica está interpretada por Margarita Andrey, compañera del director, en tanto que María Dolores Pradera se encarga de un rol menor. El escalafón en los créditos y la amplitud del papel es directamente proporcional al salario: noventa y cinco mil pesetas Fernán-Gómez, cuarenta y cinco mil Andrey, cinco mil quinientas nuestra biografiada.[15]

De nuevo en Madrid y no ya como «señora de», vuelve a ponerse ante una cámara en *María Antonia «La Caramba»* (1951), película de ambientación goyesca que le permite reencontrarse con el realizador Arturo Ruiz-Castillo, con el que había coincidido en el doblaje en *El Santuario no se rinde*. Su papel, el de una actriz llamada Manolita, comparece en la primera parte de la cinta, cuando, para escapar de Motril, María Antonia (Antoñita Colomé) se deja seducir por un cómico que se compromete a enseñarle el oficio y a llevarla a los teatros de la capital. Apropiadísimamente, este personaje está encarnado por Manuel Dicenta, maestro de declamación de varias generaciones de actores. Frente a las veleidades y la promiscuidad de la tonadillera, en su breve intervención Manolita se nos presenta como una mujer libre, más propicia a la ironía que a agarrar por los pelos a su rival, pero también como una profesional que se considera privilegiada por poder aprender de un actor dotado. La película ofreció uno de sus primeros papeles relevantes, reconocimiento en cartel incluido, de un buen amigo, Francisco Rabal, y recibió un informe del presidente de la Junta Superior de Censura Cinematográfica que no pudo ser más lapidario: «Guion abominable. Mala interpretación de la protagonista. Risas y canciones hasta sacarle a uno de quicio. Montaje trepidante y alucinador. Diálogos ripiosos y enfáticos».[16]

Los rodajes se encadenan. Al concluir el de *María Antonia «La Caramba»*, María Dolores Pradera regresa a Barcelona para participar en *Niebla y sol* (1951), la cinta que supone el debut como realizador de José María Forqué. Todo bajo supervisión de Lazaga: de ahí viene el contacto. El argumento narra el enfrentamiento entre un compositor que ha decidido retirarse a Galicia para cuidar de su mujer enferma y el hombre que la sedujo en otro tiempo, donjuán, estafador y amigo para colmo del músico. La mujer vive tan consumida por la enfermedad como por este secreto, que no se atreve a revelar a su marido. La única que está al tanto de todo es Julia, la amiga del matrimonio, el papel encomendado a la Pradera. Cumple con el comedimiento que su equívoco rol requiere, ya que también ella está enamorada en secreto del compositor desde hace años. El fallecimiento de la esposa y la muerte violenta del villano —que no ha dudado en tirarle los tejos a Julia y en seducir, de paso, a la molinera local— dejan abierto el camino a que ella haga olvidar al viudo el bloqueo creativo en el que le había sumido el drama. De este modo, puede culminar la composición del gran ballet que constituye el meollo comercial de la cinta, puesta en pie alrededor de la fama internacional —triunfo en Estados Unidos incluido— de la pareja de baile español conformada por Antonio y Rosario. Porque la *pièce de résistance* de *Niebla y sol* es un largo ballet titulado *El hombre y la estrella* coreografiado por el propio Antonio sobre figurines y escenografía de Vitín Cortezo. Se desarrolla a lo largo de los doce últimos minutos de película y tiene un carácter simbólico, con Antonio, un pescador, que intenta atrapar las estrellas en el agua del lago; tan elusivos como esos luceros que se le escurren entre los dedos resultan en la película el amor y la creación artística. Cuando el compositor busque entre el público arrebatado a la inspiradora de su obra, encontrará la butaca vacía. Julia contempla la puesta de sol en Galicia mientras aparece la palabra «Fin», otorgando así a su personaje un protagonismo del que no ha gozado a lo largo del metraje.

Los papeles se van a seguir sucediendo, invariablemente en retos creativos de bajo octanaje, invariablemente en películas que no proporcionarán ninguna satisfacción artística, invariablemente abocadas a un cine de género al que se siente completamente ajena. Interpretará un papel de joven cosmopolita en *Vuelo 971* (Rafael J. Salvia, 1953), fábula moral con reparto coral cuyo argumento se va desplegando al ritmo de los conflictos personales de los pasajeros de un avión que viaja desde Madrid hasta La Habana. María Dolores Pradera encarna a la secretaria de una bailarina, la exdiva del cine fascista italiano Doris Duranti, atribulada ante la tesitura de tener que abandonar su carrera por un embarazo no deseado. En uno de los varios giros melodramáticos que presenta el argumento, dará a luz en pleno vuelo y la secretaria verá realizada su vocación maternal, aunque sea de modo momentáneo. O sea, media docena de escenas breves de muy escaso lucimiento. En el último acto, enfrentados a la muerte, todos los pasajeros volverán la vista hacia Dios y decidirán reconciliarse unos, obrar rectamente otros y resignarse ante su destino los demás. Así, este precedente del cine de catástrofes termina convertido en un catálogo de lacras morales de la sociedad contemporánea de las que los personajes resultan ejemplarmente redimidos gracias a un milagro. Si la resolución resulta edificante para los parámetros religiosos y morales, desde el punto de vista dramático no puede ser más insatisfactoria.

Y encuadrable en otro género, el de la «españolada» por mucho que lo negase su realizador, será *Fuego en la sangre*. Producción ambiciosa y una de las pocas, poquísimas, dirigidas por Ignacio F. Iquino que contó con la aprobación unánime de la crítica. Estamos ante un melodrama de raíz andaluza que plantea un triángulo entre el mayoral de un cortijo, Juan Fernando (Antonio Vilar), la coqueta Soleá (Marisa de Leza) y Miguel (Antonio Casas), su novio de toda la vida. Todo, claro está, a espaldas de la mujer enferma y estéril del primero, Carmela, que encarna María Dolores Pradera. Las faenas de la ganadería, el apartado, la tienta de reses y el traslado del ganado proveen a la cinta de un tono documental que no resulta ajeno a otros títulos del filón taurino, aunque acaso aquí tengan mayor peso. En abierto contraste con lo anterior y privilegiando siempre el rodaje en exteriores, Iquino y el director de fotografía Pablo Ripoll dotan de una fuerte impronta formalista la iluminación y angulaciones del resto del metraje, situando a menudo en un primer término elementos que llaman la atención sobre la composición del encuadre. A la operación de prestigio contribuye también la incorporación como *leitmotiv* a su banda sonora *Orgía*, una de las *Danzas fantásticas* compuestas por Joaquín Turina en 1919.

MARÍA DOLORES PRADERA. DÉJAME QUE TE CUENTE

Carmela está presente durante la primera parte del metraje, pero siempre como un personaje relegado a un segundo plano, en situaciones serviles o directamente humillada por la atención que su marido presta a la expansiva Soleá. Solo en la fiesta en el cortijo se atreverá a enfrentarse con su rival; de vuelta a casa la debilidad la vence y Juan Fernando subirá con ella en brazos por la escalera, en un remedo macabro de una convencional noche de bodas, para depositarla en la cama y volver junto a Soleá. La consiguiente y postergada pelea entre Juan Fernando y Miguel tiene lugar en el patio y provoca que Carmela se levante del lecho. Pero Iquino no mide bien la continuidad de las secuencias y, aunque en el interior de la casa Carmela apenas pueda sostenerse en pie, cuando llega al patio para clamar que no está dispuesta a seguir callando se mantiene en un registro de heroína de tragedia griega como preludio a su muerte. Algo completamente insostenible desde un punto realista por mucho que resultara creíble desde el narrativo, y que en cierto modo prefigura el gran final dramático planteado por Iquino en el que muchos han visto cierto aroma a *Duelo al sol* (*Duel in the Sun*, King Vidor, 1946).

Difícil encontrar satisfacciones en papeles como estos. En el apartado interpretativo, el reto es ínfimo; el resultado artístico no suele pasar de mediocre y, económicamente, nada que la aleje de los ya tradicionales apuros. Valga como ejemplo una de las tarifas que conocemos: su caché en *María Antonia «La Caramba»* había sido un tanto alzado de cincuenta y cinco mil pesetas, cifra cuyo peso puede valorarse teniendo en cuenta que por esas mismas fechas Aurora Bautista, la gran estrella de Cifesa, cobraba medio millón por *Agustina de Aragón* (Juan de Orduña, 1950). Un equilibrio difícil de mantener teniendo además en cuenta que a esas alturas ha llegado otra hija, Helena. La situación pesa cada vez más y la actriz siente que su autoestima se viene abajo. «No me sentía bien en el cine. Creo que no retrataba bien, no estaba segura de lo que hacía, en el plató me sentía muy sola».[17] Parecía llegado el momento de buscar un nuevo reto profesional y personal que la alejara definitivamente de esta inestabilidad. Este se había traslucido tiempo atrás, cuando un *reporter* la había asaltado en la estación de Atocha mientras subía al tren que iba a conducirla a Barcelona para afrontar el rodaje de *Niebla y sol* y le preguntó por el inminente trabajo:

—¿Qué tipo de papel?

—De muchacha emprendedora y buena. El papel de espía polaca, que es el que siempre espero yo, no ha llegado todavía. [...]

—¿Cantas en la película?

—No, no canto. [...]

—¿No piensas cantar en el cine?

—Supongo que cuando, al fin, me llegue ese papel de espía polaca que nunca me canso de esperar, entonces será el momento de cantar, echando mucho misterio por los ojos.[18]

Una nada velada alusión a que, pese a no haberse asomado más que fugazmente en sus trabajos como actriz —las cantigas de *Inés de Castro*, los cantables de *La mandrágora*—, la música seguía siendo una de sus grandes pasiones. Y su voz, gracias a su trabajo ante la cámara y sobre todo en los escenarios, había ido tomando volumen, mejorando la vocalización, afinando en la focalización. Algo que comienza a ser tenido muy en cuenta en su labor como dobladora: no todas las actrices son capaces de cantar con soltura y un cine como el español de la década de los cincuenta, saturado de cintas de carácter folclórico, ofrece múltiples posibilidades laborales.

Su primera incursión en este campo llegará de la mano de Eusebio Fernández Ardavín, director de *Tierra y cielo*, aquella película en la que había debutado como figurante una década atrás. En *Vértigo / Casta andaluza* (1949) interpreta tres canciones incompletas. Las dos primeras se supone que las entona el personaje encarnado por la bailaora Lola Ramos: «Tengo un sabor en los labios / Un sabor dulce y goloso / Desde aquel beso amoroso / Que me diste y no te di», suena durante la fiesta de la vendimia en el cortijo. La segunda es una nana flamenca que preludia un nuevo encuentro entre el señorito y la mujer que le trae a mal traer. Cuando el capataz sorprende a otra moza del cortijo contemplando su reflejo en una fuente, la voz de la coplilla que interpreta —«Capullito, capullito / Ya te vas volviendo rosa / Ya te va llegando el día / De decirte alguna cosa»— es una vez más la de María Dolores Pradera.

En *Patio andaluz* (Jorge Griñán, 1952) su voz se superpone a la de Ana Mariscal en los números musicales y deja así el primer registro sonoro de su faceta como cantante. Porque si de algo iba sobrada esta comedia de toreros, mocitas juncales, marqueses y bailaoras temperamentales era de música; tanta que resulta imposible desentrañar si fue concebida como un argumento mínimo al que se añadieron números musicales y escenas ambientales o si, por el contrario, no era *per se* más que un hilván de canciones de Quintero, León y Quiroga con vistas de la Semana Santa y la Feria de Abril al que se buscó una leve excusa dramática para otorgarles un mínimo de continuidad. La cuestión tiene una motivación económica: la película sale adelante sin apenas dinero, con el coproductor Arturo Marcos ejerciendo de operador de la segunda unidad con una cámara de cuerda, reciclando planos de otras películas —la cogida del torero procede de *La fiesta sigue* (Enrique Gómez, 1948)—, la familia Ozores al completo contratada en *pack* y ocho temas del terceto compositivo comprados al peso que había que embutir en la película como fuera. Tampoco ayudaba que la protagonista fuera Ana Mariscal, una actriz con notables limitaciones canoras que en la película lo mismo se arranca con una saeta a la Virgen que te enjareta una copla bajo unos playbacks de ajuste insoluble. Todos grabados por María Dolores Pradera, que termina cantando cuatro temas —«No me quieras tanto», «Yo no me quiero enterar», «La de la Puerta Triana» y «Doña Mariquita de los Dolores», este a dúo con el protagonista masculino, Rafael Albaicín— del repertorio de Concha Piquer, por quien siempre reconoció sentir veneración: «Doña Concha cantaba con respeto, con talento, con mucho cuidado, con apasionamiento y emoción, pero sin quebrar la voz. Era genial y también una gran actriz».[19] De ellos el más recordado resultará el primero, con su contundente estribillo —«No te pongas triste / Sécate ese llanto / Hay que estar alegre / Mírame y aprende / ¡No me quieras tanto!»—, que al final se volverá contra ella como un bumerán cuando tenga que reconocer: «Por lo que más quieras / Sécame ese llanto / Maldigo la hora / En que yo a ti te dije / ¡No me quieras tanto!». Adulterio y celos, dolor por un amor que no pudo ser de fuerte impronta lorquiana y la penitencia de la mujer que no se para en barras constituyen los argumentos de las otras tres coplas, en abierto contraste con la subtrama cómica protagonizada por José Luis Ozores y una debutante Laura Valenzuela.

Los cortes se graban en los mismos estudios Augustus Films de la madrileña calle Libertad donde se rueda la película. Arturo Marcos aseguraba que María Dolores Pradera había registrado cuatro temas más de Concha Piquer, pero ni los localizamos en la película ni reconocemos su voz en la saeta que la protagonista entona durante la procesión de Semana Santa. Y si *Patio andaluz* no proporcionó grandes alegrías económicas, mucho peor resultó el reconocimiento a su labor. Tras el estreno, Ana Mariscal recibiría una avalancha de felicitaciones por su magnífica voz, ignorantes los felicitantes de que no era suya ya que, aparte de pagar a la Pradera con cicatería, el productor había decidido no incluir su nombre en los títulos de crédito.[20] Tampoco importó demasiado a la altura de 1958, cuando la película consiguió estrenarse por fin en Madrid seis años después de la conclusión de su rodaje.

Pero también habrá ocasión de afirmar prestigio artístico en películas que supondrán un auténtico lucimiento personal, como la coproducción hispano-italiana *Carne de horca / Il terrore dell'Andalusia* (Ladislao Vajda, 1953), donde sí figurará debidamente acreditada: «"Romance del Lucero" cantado por María Dolores Pradera», reza una de las cartelas de los títulos de cabecera. Un único tema, pero fundamental porque apuntala toda la estructura dramática de la película. *Carne de horca* es una cinta de bandoleros travestida de *western* que arranca con un romance de ciego cantado por un invidente en un pueblo de la serranía de Ronda. «Verdadera historia del Lucero», reza la composición, que narra las aventuras romantizadas del fuera de la ley y su cuadrilla, de sus buenos sentimientos, de la injusticia que supuso su persecución, de su carácter altruista al repartir entre los pobres el dinero robado a los ricos. Es la línea que sigue la canción, cuyo inicio se funde de hecho con los últimos versos recitados por el ciego: «Lucero, fuego en los ojos / Y oro en el corazón / Jamás pudieron vencerle / Solo pudo la traición / Sierra Morena le llora / Los pobres rezan por él / Y las mujeres lo adoran / Pensando en su querer / ¡Ay, Lucero, quiéreme!». En contraste con esta lectura mitificadora del bandido generoso, el argumento se centra en la historia real del fugitivo y su cuadrilla, y del reguero de muerte y destrucción que van dejando a su paso. Ahí radica la importancia de este «Romance del Lucero», en su función de contrapunto de las acciones reales del fugitivo, reforzada por su aparición fragmentada en cuatro puntos clave del desarrollo de la trama: su inicio, el primer asesinato, la masacre de los bandoleros en un pueblecito de la serranía como venganza por no haber delatado al vecino que los ha denunciado ante la guardia, y la secuencia de conclusión. Posiblemente, el uso más brillante que nunca hizo el cine de las capacidades como cantante de María Dolores Pradera.

Claro que para entonces su reputación en el mundo de la música había variado y no poco. El salto fue un paso lógico. La actriz había ido afirmando su determinación probándose ante el público no ya como apoyatura de un papel dramático, sino enfrentándose al respetable en algún fin de fiesta teatral e incluso en alguna actuación puntual sin el parapeto de ningún recurso escénico. En 1950, con motivo de la entrega de los premios cinematográficos de la revista *Triunfo* en los que Fernando Fernán-Gómez obtuvo el galardón de mejor actor, este terminó amenizando la gala con un monólogo humorístico tras el que María Dolores Pradera cantó unos boleros.[21] Su amigo y abogado Fernando Vizcaíno Casas recordaba haberla visto cantar en alguna fiesta privada que considera su debut real como cantante;[22] queda constancia, incluso, de que la primera canción que interpretó en público fue «Caminemos», que Los Panchos habían registrado en 1948.

Así que cuando en 1952 la actriz Josita Hernán se ofrece para mediar con el empresario que dirige la sala madrileña Alazán, no lo duda. La *boîte* está en el número 24 del paseo de la Castellana, esquina con Lista, actual Ortega y Gasset, esto es, a tiro de piedra del Café Gijón del que es asidua tertuliana. En la promoción suele presentarse como un lugar recoleto y tranquilo. «Un sitio muy exclusivo, donde iban los intelectuales de la época, recogido, estilo inglés, que tenía incluso una biblioteca en un rincón».[23] En algo tiene que distinguirse de otras salas más céntricas, como Pasapoga y J'Hay en la Gran Vía, Fontoria en los bajos del cine Albéniz, el Casablanca de la plaza del Rey o el Morocco de Marqués de Leganés. Por sus pequeños escenarios desfilan atracciones internacionales y orquestas locales. En el escenario de Alazán alternan Walter y su Orquesta y el pianista Carmelo Larrea, un bilbaíno asentado en Sevilla que ha compuesto boleros para Antonio Machín y que obtendrá su éxito más resonante en 1953 con «Dos cruces». María Dolores Pradera la incorporará a su repertorio y él la reputará como la mejor intérprete del tema.[24] Es una de las adquisiciones para un cancionero que ya en sus primeras actuaciones muestra sus rasgos esenciales: *chanson* y un amplio espectro de música sudamericana dominada por los boleros y las rancheras. Entre estas, «Juan Charrasqueado», que ha popularizado Jorge Negrete y que a ella le repugna, pero dada la insistencia del público no le queda otro remedio que cantarla una noche tras otra. En el repertorio francés brilla especialmente la orquesta de Walter, que también deleita a noctámbulos y aficionados al baile con melodías centroeuropeas dulces y románticas.

Avalada por sus actuaciones radiofónicas, su presentación tiene lugar el 29 de febrero de 1952. «Domina una pastosa voz, muy sugerente, y creemos que sus actuaciones sucesivas serán acogidas con el agrado inicial», escribe un reseñista.[25] Y en efecto, el éxito es inmediato, lo que le permite prorrogar a dos meses las dos semanas firmadas inicialmente y realizar nuevos *tours de chant* con repertorio renovado en años sucesivos. Por estas fechas pasan también por el mismo escenario Carmen de Veracruz, una getafeña de belleza exótica especializada en boleros, y la no menos exótica Bianka Doviak, «cantante polaca con figura de vedette inglesa y estilo francés, rubia y sensacional en su presencia física».[26] El ambiente es, según se jactaba la sala, «distinguido»: por allí pasarán para ver a María Dolores Pradera pintores, actores, escritores y gentes de la farándula como Luis García Berlanga, Camilo José Cela, Juan Antonio Bardem, Mercedes Salisachs o Alfonso Sánchez, que se deshace en elogios:

> Si María Dolores Pradera cantara en Nueva York ya habría diez *slogans* sobre el primor de su voz. Por fortuna, canta en Alazán. [...] Ella acierta a facturar la canción en un tono nuevo, con un matiz diferente. Y, desde luego, de modo más bello. Tiene arte especial para jugar con las palabras, las apoya en emociones y silencios y la canción sale depurada en el insospechado pentagrama de su buen gusto. Todo en su voz suena distinto. Su «Es mi hombre» es como si el viejo apache hubiera pasado todo este tiempo en colegio de pago; hace de «Dos cruces» un poema y hasta da suavidad a la palabra Jalisco, que ya es difícil. Es que a base de arte se puede cautivar. Como María Dolores Pradera.[27]

La prueba de fuego de Alazán resultará tan satisfactoria que ejercerá de disparadero hacia un nuevo horizonte artístico, en un primer momento con carácter más intermitente, después ya con vocación definitiva. En apenas unos meses su nombre se convierte en imprescindible en todo tipo de convocatorias musicales. El 16 de noviembre participa en un festival organizado en el Teatro de la Zarzuela por la marca de productos lácteos La Lechera. Los consumidores deben presentarse en las oficinas de la empresa con un cupón debidamente sellado por su comercio habitual y reciben a cambio una entrada para asistir a la gala, cuya originalidad radica en que va a ser retransmitida íntegramente por Radio Madrid. El ritmo y la variedad de los participantes es, por lo tanto, fundamental: anima y conduce el festival el expertísimo Bobby Deglané, así que por ese lado el asunto parece resuelto. Entre el medio centenar de atracciones, flamenco, un rapsoda, su poquito de revista y, en el rubro cancionístico, las hermanas Fleta, Nati Mistral y la propia María Dolores Pradera.[28]

Su reputación cotiza al alza con cada actuación y la recién estrenada cantante no deja ninguna duda de su preferencia por la música frente al cine: «Si tuviera contratos para cantar lo abandonaría justamente [...]. Para mí no tiene punto de comparación... Además me ha ido tan bien, que, la verdad, todo el fuego que sentía por el canto se ha avivado aún más con la aceptación del público».[29] A principios de 1953 la encontramos en Barcelona, lanzándose a interpretar una canción ante los micrófonos radiofónicos tras ejercer como testigo del sorteo de un viaje a París organizado por Air France y Viajes Marsans. Unas semanas después se anuncia su participación en la gala que la Asociación de la Prensa organiza en el Poliorama. Las estrellas de la noche son Carmen Morell y Pepe Blanco, pero la Pradera figura como «hermosa y distinguida cantante de boleros del espectáculo *Brasiliana* que se presenta hoy en el Teatro Borrás».[30]

París es su meta en este momento. Si admira a Concha Piquer, no siente menos devoción por Édith Piaf. El salto a la escena internacional no parece una quimera. Con un repertorio centrado en aires sudamericanos no muy diferente al suyo, la catalana Gloria Lasso ha conseguido convertirse en una de las principales figuras de la escena francesa. La Pradera está cada vez más convencida de que su futuro como cantante se sitúa al otro lado de los Pirineos y anuncia a los cuatro vientos que «trabaja afanosamente en la preparación de un gran programa de canciones modernas» y que, sorpresa, hace seis meses firmó un contrato para actuar en París.[31] En enero la revista *Fotos* publica a toda página una imagen suya con un elegante vestido de noche en la que se dan estos recitales parisinos por cosa hecha y, para colmo, «ventajosamente contratada».[32] Las críticas de sus nuevas actuaciones serán unánimemente elogiosas:

> Las canciones de otro tiempo, que parecen agotadas luego de años y años de haber sido exprimidas por todas las gargantas, encuentran de pronto en María Dolores Pradera una versión nueva, la versión auténtica, que era precisamente la desconocida, [...] y resucitan los años felices de Raquel Meller.[33]

La nueva dedicación hace nacer en ella una ilusión que desde tiempo atrás no encontraba en otros terrenos. El cine comienza a conformarse como una aventura ya pasada, la música como el futuro inmediato. Pero en este momento vuelve a cruzarse el teatro en su camino. Y esta vez la cosa va en serio.

5

Inés, Roxana, Silvia, Iñasi

Los dos teatros nacionales existentes en España, el Español y el María Guerrero, quedan descabezados en 1952. Adolfo Marsillach recoge el rumor de que el catoliquísimo director general de Teatro y Cinematografía, Gabriel Arias Salgado, habría cesado al director del Español, Cayetano Luca de Tena, «porque vivía sin casarse con una señora guapísima», y a la dupla Luis Escobar y Huberto Pérez de la Ossa, del María Guerrero, porque «los habían visto vestidos de raritos en una fiesta de disfraces que había dado el marqués de Cuevas en Biarritz».[1] Sea como fuere, la decisión resultará catastrófica al fulminar de un plumazo a los responsables de la renovación del teatro español en los años cuarenta y encargar cada nuevo proyecto a un director de escena distinto. La decisión suponía cercenar cualquier continuidad de propósito, dejando las dos sedes al albur de impulsos puntuales y, en las más de las ocasiones, afinidades personales.[2] Para paliar esta crisis, se nombraron nuevos directores al periodista Alfredo Marqueríe y al veterano «barraco» Modesto Higueras, respectivamente. El primero se encargaría del teatro contemporáneo, ya fuera nacional o foráneo, y el segundo del repertorio clásico y de poner en escena los Premios Lope de Vega que concedía el Ayuntamiento de Madrid a la mejor obra dramática del año.

Higueras cuenta con una prometedora compañía en la que destacan valores nuevos como María Jesús Valdés, José María Seoane, María del Carmen Díaz de Mendoza y Valeriano Andrés. Pero, al parecer de la crítica, el director no está a la altura de su cometido. Con alguna excepción, eso sí: en su balance de la temporada, la revista *Teatro* se desentiende de los espectáculos que ha elegido llevar a escena —el premio Lope de Vega *Murió hace quince años*, de José Antonio Giménez Arnau, *Un sombrero de paja de Italia*, de Eugène Labiche, o *El caballero de Olmedo*, de Lope— y opina que lo más interesante de la programación de los teatros nacionales ha sido el estreno el 16 de noviembre de 1953 de *Soledad* por el Teatro de Cámara.

Fue este el primer papel teatral de relevancia para María Dolores Pradera y, desde luego, no un cometido cualquiera. *Soledad* era una pieza dramática breve de Miguel de Unamuno escrita en 1921 pero aún inédita sobre las tablas. Se presenta en formato de función única bajo la dirección de Carmen Troitiño y José Luis Alonso. La censura, todavía incómoda ante la contradictoria figura del autor, solo autorizará a la compañía anunciar su nombre con unas horas de antelación. Al tratarse de una obra breve, comparte sesión con *El bello indiferente*, el monólogo que Jean Cocteau había escrito poco antes para Édith Piaf y que aquí va a interpretar María Luisa Ponte ante Ricardo Hurtado, presente en toda la obra aunque en un personaje que no pronuncia una sola línea de diálogo.

Se hacen cargo de los primeros papeles de *Soledad* José María Rodero y María Dolores Pradera. Un dramaturgo, atormentado por la responsabilidad de la creación, intenta salvarse entrando en política y, al no encontrar en su nuevo cometido más que traición y corrupción, termina perdiendo el juicio. Su mujer trata de consolarle, pero resulta a su vez inconsolable por el hijo que perdió tiempo atrás. Un personaje de honda profundidad psicológica al que, como reto añadido, el autor no proporciona asideros dramáticos por convertir sus diálogos en largos soliloquios. En realidad, los personajes no son otra cosa que meras proyecciones del propio Unamuno, que también había conocido el fallecimiento de un hijo.

> En los diálogos dolidamente amorosos de Soledad y Agustín pone Unamuno una pasión insólita, ardida, desgranada en ideas de unión, de concarnalidad, de comunión espiritual en el amor y en el dolor. Dolor por la muerte del hijo y por el fracaso político de Agustín. [...] Diálogos de amor dolorido y alucinado con trasuntos místicos de la mejor literatura del Siglo de Oro.[3]

Para valorar el peso que María Dolores Pradera da a este trabajo, valga como contrapunto la última película en la que ha participado y que por esas mismas fechas llega a los cines. Ha completado su trabajo en *Fantasía española* (Javier Setó, 1953) en apenas un puñado de sesiones. La cinta no es sino una modesta, modestísima traslación a la pantalla a cargo de la productora de Ignacio F. Iquino de la exitosa revista *Los cuatro besos* que ha interpretado sobre las tablas la dupla cómica Antonio Casal y Ángel de Andrés. Su argumento, tan ingenuo como sus propios planteamientos estéticos, narra la historia de un músico del Teatro del Liceo que suele refugiarse con otros compañeros en un bar de las Ramblas para recordar glorias que acaso imaginan y que termina aliándose con dos pícaros —los propios Casal y De Andrés— para buscar un teatro en el que colocar a la novia aspirante a vedette del primero, el personaje de María Dolores Pradera. Cuando los ánimos decaen, como corresponde a cualquier musical backstage que se precie, los liantes recurren a la Simpatina, una de las marcas con las que entonces se comercializaban en las farmacias sin ningún problema las anfetaminas.

Fantasía española no repetirá el éxito que había seguido al estreno de *Los cuatro besos* en el Fontalba de Barcelona y pasará completamente desapercibida en la cartelera. La misma mañana del estreno de *Soledad,* María Dolores Pradera se encuentra en el *ABC* la crítica de la película: el reseñista no salvaba del conjunto «más que la actuación como actriz de exquisita voz ya que ella, en otras películas y en persona, se parece muy poco a la deficiente fotografía que aquí se nos brinda», porque por lo demás saldaba la cinta como «lamentable», acusando de «inhabilidad» a los guionistas, de «impericia» a su director y al conjunto de un «mal gusto que campea en todo: decorados, coreografía, etcétera».[4] En ese mismo momento, la actriz estaba a punto de enfrentarse al mayor reto interpretativo que había encontrado hasta entonces en una representación cuya dificultad no dejaría de reseñar ningún crítico. Y por si esto fuera poco, la víspera se había empleado a fondo en el ensayo general en presencia de la hija de Miguel de Unamuno y del mismísimo Jean Cocteau. Recién ascendido al olimpo de la Académie Française, Cocteau se ha acercado a Madrid para asistir al estreno de su *El bello indiferente* y se ha mantenido en la butaca para ver la evolución de los actores de la obra que complementaba su apropósito. Cuando al día siguiente la actriz leyera las rotundas críticas que valoraban su labor dramática, la distancia con su periplo cinematográfico debió de resultarle abismal.

No sería la única satisfacción que le aportara la temporada teatral 1953-54, marcada por la llegada de José Tamayo a los mandos del Teatro Español. Un hecho clave para la evolución de la escena del país, porque Tamayo no era un hombre de teatro más: su prestigio se había cimentado cuando con su compañía, la Lope de Vega, recorrió la España de posguerra con unas apuestas de una espectacularidad deslumbrante poco habitual en aquellos años de tantos rigores. A partir de 1946, finalizada la Segunda Guerra Mundial, su radio de acción se amplía a Latinoamérica, con extensión incluso a Estados Unidos, de donde se vuelve con un lustroso «haiga» que se convertirá en la comidilla de aquel Madrid tan pobremente motorizado. Realiza entonces montajes resonantes como *Muerte de un viajante*, de Arthur Miller, con el que lanza la carrera de Paco Rabal, o el auto sacramental *La cena del rey Baltasar*, que llega a presentarse en el Vaticano como homenaje de España a Pío XII tras la celebración del Congreso Eucarístico en Barcelona. Su salto al Español llega un tanto de rebote, cuando en enero de 1954 Joaquín Argamasilla, director general de Cinematografía y Teatro, envía a Modesto Higueras de gira y le propone asumir la dirección del teatro en su ausencia. Tamayo evita comprometerse, pero acepta montar el *Edipo* de Sófocles en versión de José María Pemán, y *Diálogo de carmelitas*, de Georges Bernanos, adaptada por José López Rubio. A pesar de su catolicismo, el autor francés está muy mal visto en la España oficial porque en 1938, en plena Guerra Civil, ha publicado *Les grands cimetières sous la lune*, un duro alegato contra la represión franquista en la isla de Mallorca. Pero los reparos que pudieran mostrar las autoridades no afectarán al público y, una vez superado el escollo de la censura, las dos obras constituirán un rotundo éxito, tanto que la empresa se ve obligada a encargar urgentemente la confección de unos cartelitos de «No hay billetes», que hasta entonces nunca habían sido necesarios.

Según el propio Tamayo, el secreto del éxito es aplicar criterios de empresa privada a los teatros oficiales: «Yo nunca he querido hacer cultura, sino teatro. A la cultura se puede llegar a través del buen teatro —Miller, Dürrenmatt, Buero—, no al revés».[5] Cuenta además con un importante aliado, el mismo José Luis Alonso que acaba de dirigir a María Dolores Pradera en *Soledad* y a quien Tamayo cede la realización de varias de las obras programadas. Pese a su juventud, Alonso no era un recién llegado. Su carrera había arrancado en 1948, cuando puso en pie la compañía Teatro Íntimo. Escribía entonces Alfredo Marqueríe:

> Digamos, en primer lugar, que el Teatro Íntimo nacido a impulsos de la sensibilidad, de la inteligencia y del entusiasmo de su joven creador, secundado por un plantel brillantísimo de artistas profesionales, de estudiantes del Conservatorio y de aficionados, ha presentado hasta ahora las más audaces y originales creaciones escénicas de nuestra contemporaneidad. José Luis Alonso es traductor pulcro y exquisito, y además actor muy notable. Sigue con un interés casi febril el curso del teatro extranjero, y en cuanto tiene noticia de alguna pieza que no requiera gran aparato escenográfico y que realmente valga la pena, la vierte al castellano y la pone en ensayo.[6]

Nace ahí una colaboración que será fundamental para la actriz a lo largo de tres futuras décadas de carrera teatral. María Dolores Pradera encajará a la perfección en el nuevo proyecto del Español, donde va a poder crecer profesionalmente junto a otros intérpretes como Paco Rabal,

Carlos Lemos, Antonio Ferrandis, Núria Espert, Berta Riaza o Adolfo Marsillach. Explica Tamayo:

> Siempre he sostenido que es el actor quien debe sorprenderme a mí y que mi misión es ayudarle a dar todo lo que lleva dentro, no manejarlo como a un muñeco. No me atrevería a decir que he formado actores, pero sí que yo he situado a muchos de ellos que han sido y son primerísimas figuras. Han podido hacer maravillosos papeles en obras fundamentales para el teatro universal, han gozado de una enorme estabilidad en su trabajo —Mary Carrillo o Carlos Lemos fueron primeras figuras conmigo durante más de diez años— y han ocupado el lugar de privilegio que les correspondía dentro de cada programa. Eran, en definitiva, estrellas. El teatro necesita estrellas, debe captar público desde el escenario, no desde las revistas del corazón.[7]

Ocho montajes distintos protagonizó María Dolores como primera actriz en el escenario del Español, todos ellos sin despegarse de ese gozoso «miedo indefinido, un miedo como el que sentía cuando de pequeña tenía que examinarme de algo»[8] que siempre la torturó antes de subirse a un escenario. Tres de ellos corresponden al tradicional *Don Juan Tenorio*, de Zorrilla, imprescindible por entonces en la programación del Día de Difuntos y con un historial de montajes que a esas alturas contaba hasta con su pequeño escándalo, cuando en la posguerra lo había llevado a las tablas Ana Mariscal interpretando no a doña Inés sino al propio don Juan. Las últimas puestas en escena de los teatros oficiales también habían tenido lo suyo. En 1951 Luis Escobar, siempre de refinadísimo gusto estético, había encargado la escenografía del María Guerrero a un Dalí recién regresado de Estados Unidos. En el Español, sin embargo, Cayetano Luca de Tena opta por bucear en el texto con una mirada limpia y concluye suprimiendo el sofá de la escena de seducción y situando la acción en una barandilla que da al Guadalquivir, donde Guillermo Marín despliega sus habilidades como un don Juan envejecido, cansado tras su regreso de Italia. Aunque su principal renovación viene con su visión del personaje de doña Inés, interpretado por María Jesús Valdés, a la que suprime cualquier asomo de inocencia y ñoñería: «Todo lo que dice está lleno de pasión, son frases de una mujer ardiente y sensual, no de una niña boba —"Yo voy a ti como va sorbido al mar ese río, / En poder mío resistirte no está ya, / O arráncame el corazón o ámame porque te adoro"—. Y así todo. Eso es puro fuego».[9] Idéntico planteamiento naturalista que para su primer encuentro con el personaje adopta María Dolores Pradera. Los aplausos de los reseñistas se extenderán también a los figurines de Emilio Burgos, a la música de Manuel Parada o a los decorados del pintor Hipólito Hidalgo de Caviedes, pero es evidente que si para Marqueríe hay un éxito personal ese es el suyo:

> Novedad también, y muy importante, fue la interpretación que María Dolores Pradera dio a la figura de doña Inés, piedra de toque y fiel contraste, como nadie ignora, del arte de las primeras actrices españolas. ¿Cómo entendió María Dolores el alma de la novicia? De un modo directo, difícilmente fácil, y en la línea de la más moderna y natural interpretación naturalista. Su gesto, su actitud, el trémolo de su voz, angustiada y tímida, su paso menudo y monjil y su manera dulce y apretada de decir el verso, sin engolamiento, empaque o énfasis, constituyó una prueba o mejor una demostración feliz: la de que también el drama romántico puede ser comprendido y expre-

sado con voz de hoy, sin mengua de su emoción y sus valores líricos. [...] María Dolores Pradera confirmó su categoría de actriz primerísima que ya había afirmado sobre el escenario en recientes y señaladas ocasiones.[10]

Y esto, dicho por un crítico como el del *ABC*, capaz de llenar un teatro o de hacer fracasar un montaje con un simple comentario, no era poco decir. Ante un reconocimiento tan inmediato, no es difícil comprender por qué durante los dos años largos que la actriz permanecerá ligada a Tamayo y Alonso abandone prácticamente los platós. Tampoco por qué no dudará en repetir en la reposición del mismo montaje la Noche de Difuntos del año siguiente, pese a la casi completa renovación de un reparto encabezado ahora por José María Seoane como don Juan y Milagros Leal como doña Brígida.

El éxito de la obra se convertirá en emblema del equipo del Español, y Tamayo salvará el escollo de la repetición haciendo de la reposición de 1956 un espectáculo completamente nuevo, primando lo escenográfico con un ojo puesto en la antigua colaboración de Luis Escobar con Dalí. De «Tenorio de los pintores» lo tildarán algunos y no sin razón, pues las decoraciones se encargan al olimpo de los artistas plásticos españoles de los años cincuenta: Daniel Vázquez Díaz, Benjamín Palencia, José Caballero, Carlos Pascual de Lara, Manuel Mampaso y Carlos Sáenz de Tejada. Todo un despliegue cromático de tal peso que el diario *ABC*[11] decide encargar su crítica no a su reseñista habitual, sino a una figura intelectual de relumbrón como José Camón Aznar. El aspecto visual adquiere tal peso en esta nueva revisión de la obra que José López Rubio, tras asistir como espectador al ensayo general, reflexionaría sobre cómo «en tiempos se alabó a los actores por cómo decían el *Tenorio*. En este lo importante será cómo lo vistan. Por primera vez la gente viene a ver el *Tenorio* y no a oír el *Tenorio*».[12] Alguna crónica hace constar que los espectadores celebraron la aparición de cada uno de los decorados al alzarse el telón en lugar de aplaudir a los intérpretes que declamaban los inmortales versos de Zorrilla. Vamos, que la dispersión escenográfica opaca el trabajo de los actores, aunque María Dolores Pradera saldrá de nuevo indemne del empeño: «Actriz moderna, que encarnó el ilusionado y dulce personaje de doña Inés con un estilo singular, sin dengues ni remilgos, con su voz de dulce y graves tonalidades, libre de dicción de sonsonetes empalagosos», destacaba sobre el conjunto la crítica de *La Vanguardia Española*.[13]

Si doña Inés supone un hito en su reputación como actriz, el que consolida definitivamente su figura llegará con la obra que Tamayo elige para abrir la nueva temporada del Español, el *Cyrano de Bergerac* de Edmond Rostand. Y todo ello por mucho que la intérprete no se cortara a la hora de confesar que el personaje que encarna, Roxana, le resultaba un tanto ajeno. Al menos eso podemos concluir de sus declaraciones previas al estreno, cuando la prensa, todavía seducida por su versión de doña Inés, le pide que compare sus distintos enfoques sobre ambos personajes: «Las reacciones de la novicia son más normales, más lógicas. No ha vivido nada; por lo tanto, sus reacciones no son de una mujer tonta, sino de una joven sin la menor experiencia».[14]

El texto de Rostand no es nuevo para el público español, que ya ha tenido oportunidad de verlo representado en la posguerra por Alejandro Ulloa —allí debutó como meritorio Adolfo Marsillach— y por el maestro del gran espectáculo Enrique Rambal. Pero si la obra es realmente popular es gracias a la adaptación al cine que ha interpretado en 1950 José Ferrer. Una comedia, por lo tanto, que se mantiene bien viva y que parece no haber perdido su vigor: algunos cronistas incluso apuntarán los ecos del personaje en Calvero, la creación de Chaplin en la recién estrenada *Candilejas* (*Limelight*, Charles Chaplin, 1952),[15] para ponerla en valor en el momento contemporáneo. Tamayo opta también por dotarlo de carácter de gran espectáculo: música de Joaquín Rodrigo, decorados de Emilio Burgos, figurines de Vitín Cortezo, un centenar de actores y comparsas sobre el escenario, espadachines en el patio de butacas, una gran lámpara que desciende para que los actores apaguen las velas... La representación no le va a la zaga en cuanto a su carácter mastodóntico: baste decir que el público abandona la sala de la plaza de Santa Ana a las dos y pico de la mañana.

Pombo Angulo, que asiste al ensayo general de Tamayo entre una expectación inusitada, realiza una crónica de la sesión maratoniana que arranca a las seis y media de la tarde y no termina hasta bien entrada la madrugada.[16] Luis Fernández Ardavín, autor del libreto, se enoja con Dicenta porque, afectado por un inicio de afonía, no hace oír sus pulidos alejandrinos:

> —Vamos a ver, Manolito, si te oímos alguna vez. ¡Vamos a ver si te oímos!

El primer actor replica que el postizo nasal no le permite mayores alardes. Apunta Pombo que «en un palco, María Dolores Pradera hace su aparición como si se dispusiera a cantar "Caminemos". Está guapa y blanca. Roxana no debe conformarse con ser guapa solamente». Es el primer apunte, un tanto a vuelapluma, de la avalancha de ditirambos que provocará el montaje tras alzar por primera vez el telón el

14 de octubre de 1955. Con parada obligatoria en la labor actoral de Dicenta y en el trabajo de dirección de Tamayo, pero también en la soltura mostrada sobre las tablas por la actriz:

> Roxana ha de ser ingenua, de una ingenuidad casi increíble, y María Dolores Pradera dio esa nota como había que darla, hasta el momento en que se produce, ya a pocos minutos del final, la gran revelación. No es nada fácil pasar de aquel estado de candor, casi de simplicidad, a la situación en que surge la verdad que hasta entonces le ocultó el autor. María Dolores Pradera salvó lo que es, desde el punto de vista interpretativo, un verdadero abismo, y mostró su gran temperamento de actriz en las últimas y dramáticas escenas. Hay, pues, razones para afirmar que esta intérprete tiene ante sí un brillante porvenir.[17]

Habrá quien aduzca que había encontrado en ella «más belleza que nervio»,[18] pero no fueron más que apreciaciones puntuales. Ni el estar ante una obra con evidente rasgo «de primer actor» ni el carácter ya estelar del trabajo de Tamayo, de obligada mención en todas las apreciaciones, oscureció el trabajo de la actriz, rubricado por sus tres meses de estadía en la programación del Español y la guinda en forma de Medalla de Oro del Círculo de Bellas Artes a su pareja protagonista. Toda una confirmación para una intérprete que contaba a sus espaldas ya tres lustros de carrera y que ha comenzado a crear expectación a su paso. Según chismorrea *La Vanguardia*, la noche del estreno de *Seis personajes en busca de autor* en versión de José Tamayo «Maruja Asquerino y María Dolores Pradera cruzan por el pasillo central a ocupar sus butacas. Entonces, el que se desmanda es el público durante unos momentos. Durante unos minutos, los seis personajes de Pirandello sufren una vergonzosa derrota ante estos dos, deliciosos, de carne y hueso».[19]

Director inquieto como fue, Tamayo no se limita únicamente al teatro clásico y viaja con cierta frecuencia a París o Londres para interesarse por lo ultimísimo. De Italia se trae la obra de Diego Fabbri *Processo a Gesù* —*Proceso a Jesús*, o *Proceso de Jesús* en la versión en español de Giuliana Arioli, mujer de Joaquín Calvo Sotelo—. La elección no es casual, pues el texto ha creado polémica desde el mismo momento del estreno en su país de origen. Los estudiosos de la cosa no han esquivado la importancia de su carácter pirandelliano al centrar su acción en el dilema de una compañía teatral a la hora de poner en escena el drama sacro que deben representar mientras unos supuestos espectadores arquetípicos —el intelectual, la prostituta, el sacerdote...— se incorporan a la acción para agitar la controversia. Las fotografías del montaje de Tamayo muestran apenas un esqueleto de decorado, una escenografía esquemática de Manuel Mampaso que debería reforzar el carácter abstracto de un drama culminado con el panegírico de la significación de la figura de Jesucristo en el mundo contemporáneo.

El estreno en el Español tiene lugar el 20 de enero de 1956 y la crítica destacará por encima del conjunto el trabajo de Manuel Dicenta en el papel de fiscal, el de Andrés Mejuto en el de Judas y el de María Dolores Pradera en el de la madre del acusado.[20] Tamayo teme que la lectura religiosa de la obra pueda crearle alguna complicación: para cubrirse las espaldas y llevar adelante al mismo tiempo una de sus habituales maniobras promocionales, invita a todo el clero madrileño a una sesión. Pero este caminar por el filo de la navaja se vuelve contra él cuando la obra se presenta en el

Teatro Comedia de Barcelona. El diario de Editorial Católica *Ya* constata el desconcierto de una parte del público local, familiarizado como está con las representaciones populares de la pasión, tan habituales por toda la geografía catalana. El periódico hace notar que la encendida polémica que el drama ha suscitado primero en Milán y luego en Roma tiene que ver, más que con la ortodoxia religiosa de la obra, con la situación política de la propia Italia, así que el comentarista pide a sus lectores que se retrotraigan al clima del estreno de *El divino impaciente,* de Pemán, durante la República. El comentario, solo inteligible para iniciados, remite a los continuos esfuerzos de la Democracia Cristiana para frenar el avance del Partido Comunista, al igual que la Asociación Católica Nacional de Jóvenes Propagandistas, fundadora de Editorial Católica, había hecho en España durante la República frente a la pujanza de los partidos de izquierda y los sindicatos de clase.[21] Claro que en España no queda un solo comunista que pueda decir esta boca es mía, lo que va a centrar la controversia en otro aspecto bien diferente y mucho más apegado a la situación política: la pugna entre los cristianos integristas y aquellos que muestran unas incipientes preocupaciones sociales.

La pareja Dicenta-Pradera repite en el nuevo proyecto de Tamayo, la reposición de *Los intereses creados,* de Jacinto Benavente, habitual por otra parte desde la rehabilitación del autor por las autoridades franquistas tras su veto en la primera posguerra. Cincuenta años después del estreno de este «tinglado de la antigua farsa», según dicta el famoso prólogo de la obra, la nueva puesta en escena busca conferir dignidad a un clásico contemporáneo del teatro español, acaso un poco ajado por el continuo sobeteo. Las decoraciones y figurines de Emilio Burgos y el reparto harán el resto. El célebre monólogo con el que Crispín daba paso a la comedia es registrado para la ocasión por el propio dramaturgo y reproducido ante el público en grabación gramofónica; así lo recogieron todos los cronistas, asombrados ante tamaño rasgo de modernidad. La obra fue del agrado del respetable. En el estreno, los asistentes aplaudieron con calor los dos primeros actos y ovacionaron largamente a director e intérpretes al concluir el tercero, rematado por la intervención de María Dolores Pradera.[22] Así lo hizo también la prensa. Manuel Pombo Angulo, que no se perdía un ensayo general, remarcó cómo «María Dolores Pradera canta su papel de modo maravilloso. Es la Silvia más musical que hemos conocido».[23]

Como buen teatro de carácter oficial, la actividad del Español no se limitará a Madrid, pues Tamayo acuerda con el Ministerio de Información y Turismo realizar largas giras con su repertorio por todo el territorio nacional, aprovechando el tradicional parón de las carteleras de las capitales durante el verano. Llegarán así a toda la geografía española un centenar de espectáculos, con preferencia por los lugares singulares al aire libre y un impresionante reparto de actores entre los que destacan Aurora Bautista, Guillermo Marín, Paco Rabal o una de las grandes damas del teatro español del momento, Mary Carrillo. La gira arranca con el montaje de *Proceso de Jesús* ante la catedral de Toledo, para lo que se levanta un tablado de más de 25 metros de ancho; entre tantas representaciones excepcionales, una de *Fuenteovejuna* en el pueblo que le da nombre. La norma se rompe en San Sebastián, donde se busca el señorial espacio cerrado del Victoria Eugenia para presentar en el marco de la Gran Semana Teatral de la ciudad *Cyrano de Bergerac* y *Los intereses creados*, en los que la Pradera vuelve a actuar junto a Dicenta.

Pero los montajes más señeros son sin duda alguna los que la compañía realiza en el majestuoso Teatro Romano de Mérida. Es allí donde ponen en escena el *Julio César,* de William Shakespeare, con traducción libre de José María Pemán. La representación es un más difícil todavía de aires prácticamente circenses: cincuenta actores, más de quinientos figurantes, decorados de Sigfrido Burmann, traslado de equipo e intérpretes del teatro al circo romano de la localidad para el tercer acto, viaje de toda la crítica de la capital —desde José María Pemán hasta Luis Calvo, director del *ABC*— a la ciudad pacense por cuenta de la empresa e incluso visita al recinto de Humberto II, que había ejercido de rey en Italia durante treinta y tres días antes de que un referéndum lo echara definitivamente del país. Y por si esto fuera poco, todo bajo la atenta vigilancia de las cámaras del *No-Do*, que no pierden la oportunidad de dejar constancia de la masiva representación. El colosalismo de la puesta en escena nos remite más a las reconstrucciones del cine mudo italiano que a la versión cinematográfica dirigida por Joseph L. Mankiewicz y protagonizada por Marlon Brando en 1953, que Tamayo reconoce como influencia directa. Núria Espert y Mary Carrillo se reparten los papeles principales femeninos, las esposas de César y Bruto. Paco Rabal irrumpe en el anfiteatro a caballo seguido por sus tropas y recita su texto mientras Guillermo Marín permanece imperturbable en el suelo entre sus cascos ejerciendo de cadáver yacente de Bruto. Entre semejante marabunta, no quedaría constancia del papel interpretado por María Dolores Pradera, pero sí y fehaciente de su participación en el ensayo general: «Hay un contraste entre el ayer y el hoy, entre Mary Carrillo, con su belleza eterna, y la no menos eterna belleza de María Dolores Pradera, vestida una como ayer y otra como hoy».[24]

Como hemos visto, las reseñas de este recorrido teatral han sido mucho más proclives al elogio —en muchas ocasiones, superlativo— que al reproche. Abordada por un intrépido reportero que pretende saber su opinión sobre la crítica, tan influyente, la Pradera hace gala de su humor:

> No sé si la crítica es imprescindible, pero desde luego es una costumbre. Sin embargo, de mí puedo decir que cuando me enteré de que había críticos me sorprendí mucho, porque yo creía que todas las profesiones se eligen ya en la infancia, y hay niños que quieren ser ingenieros, otros bailarines, otros traperos, otros..., pero no me hago a la idea de un niño que de pronto decida: «Yo seré crítico». Por eso al principio pensé de los críticos: «Esta gente debe de tener muy mala idea para haber elegido esa profesión tan rara»; pero luego he descubierto que no, que son normalísimos y estupendos y hasta en muchos casos dotados de una gran generosidad, que les permite atenuar nuestros defectos o señalárnoslos con discreta originalidad y propósito constructivo, lo que nos permite corregirlos.[25]

La dedicación a Tamayo no tiene carácter exclusivo y, ocasionalmente, la actriz escapa de la severidad de las obras del Español para realizar fugaces incursiones en territorios más ligeros. En 1955, por ejemplo, participa en la función benéfica anual del Circo Price, con recaudación destinada a sufragar cenas de Navidad para los niños menesterosos, un poco como en *Plácido* (Luis G. Berlanga, 1961). Un papelito en un *sketch* de Edgar Neville titulado *Incidente* en el que comparte escenario con Pastora Peña, Pedro Porcel y Conchita Montes.[26] Pequeños interludios que dan aire, aunque sea a costa de echarse más trabajo a las espaldas, a un ritmo absolutamente extenuante.

Han sido dos años agotadores, de intensa actividad artística, pero con la recompensa de haberla situado en una posición principalísima en el teatro español. ¿Y dónde ha quedado el cine entre todo este maremágnum? Pues pese a todos los reparos y a sus múltiples ocupaciones no del todo abandonado, aunque en este periodo solo acepte trabajos breves que no le ocupen demasiado tiempo, como locutar el cortometraje *Los desastres de la guerra* (José López Clemente y Manuel Hernández Sanjuán, 1953). Filmada en blanco y negro, la cinta presenta en continuidad una sucesión de los grabados de Goya sobre los horrores de la guerra de la Independencia que él mismo había contemplado con espanto. No era una idea del todo original: las ochenta y dos láminas al aguafuerte ya habían sido objeto de un documental francés, *Les désastres de la guerre* (Pierre Kast, 1951), con comentario en este caso de Jean Grémillon, y poca duda cabe de que es de ahí de donde toma la inspiración la recién creada productora Studio Films. El resultado es un «documental de arte» tal y como entonces se entendía el género. Los juegos de montaje y planificación —zooms, panorámicas y planos de detalle— no pretenden constituir un análisis formal de los grabados seleccionados, sino la implicación emocional directa del espectador con las situaciones reflejadas. A este fin contribuyen la partitura de Juan Álvarez García y la voz de María Dolores Pradera, que subraya con emoción el dramatismo de los hechos: «El paso silencioso de la guerra va dejando sus huellas silenciosas y trágicas por los campos, los pueblos y las ciudades». Reciben especial atención los cuerpos despojados de sus pertenencias, los descuartizados y torturados, los de las mujeres violadas: «La lujuria brutal de los soldados pugna por conseguir sus bestiales deseos. Mejor que las amargas súplicas o las débiles resistencias es la lucha a muerte». Cierra el metraje la lámina *Nada. Ello dirá*, en la que, a modo de conclusión, un cadáver escribe la palabra inicial ante un grupo de espectros. Una vez más, la declamación refuerza el sentido de la imagen: «El final de la guerra: el silencio y la muerte; el resto, nada». Algún historiador ha visto en este final una sutil alusión (crítica) a la Guerra Civil y ha destacado el carácter pionero del cortometraje al ser uno de los primeros en España locutado por una mujer.[27] A María Dolores Pradera cabe tal honor.

No conviene de todos modos confundir el carácter subalterno de estas labores con que resultaran de escasa relevancia para su carrera. Así sucede, por ejemplo, con la película *Todo es posible en Granada* (José Luis Sáenz de Heredia, 1954), una fábula capriana protagonizada por Merle Oberon, Paco Rabal y, de nuevo, Antonio el Bailarín, que desplaza los *Cuentos de la Alhambra,* de Washington Irving, a la España contemporánea, la misma de los acuerdos económicos y militares con Estados Unidos. La Pradera interpreta en ella una canción que por otra parte tiene únicamente función promocional, ya que ni siquiera figurará en el montaje definitivo de la cinta, pero terminará siendo su inopinado debut discográfico. La composición se titula «Alhambra y tú» y es una melodía orientalizante escrita por el responsable de la banda sonora de la película, Ernesto Halffter, con letra de su director, José Luis Sáenz de Heredia. María Dolores Pradera la interpreta arropada por la orquesta de Indalecio Cisneros, prestigioso arreglista musical del sello Columbia, discográfica encargada de publicarla en el momento del estreno como cara A de un *single* cuyo reverso está ocupado por otra composición de Halffter, «Broadway Granada», interpretada en este caso por Valerio y su Banda y sin participación de la cantante titular.

Tampoco va a ser extraña en estos años su aparición en pantalla dedicada exclusivamente a cumplir con interpretaciones musicales. Es lo que sucede con la cinta anticomunista *Murió hace quince años*, adaptación de un exitoso drama de José Antonio Giménez-Arnau, flamante premio Nacional de Teatro en 1953, en el que un malvadísimo jefe de los servicios secretos soviéticos envía a un antiguo «niño de Rusia» (Paco Rabal) de vuelta a España para neutralizar a su propio padre, beligerante luchador contra la infiltración bolchevique en el país. María Dolores Pradera aparece en un club nocturno interpretando una canción compuesta ex profeso para la película por Cristóbal Halffter, sobrino del autor de la banda sonora de la película anterior. Resulta paradójico que esta secuencia de transición en una cinta de intriga termine siendo lo más cercano que tenemos hoy en día de ver una de sus actuaciones en Alazán: la cantante despliega sus versos ante un público que cena en las mesas del salón, baila en la pista o toma una copa en la barra «para celebrar algo u olvidarse de algo», según dicta el guion de Vicente Escrivá. Acompañada de guitarra española, guitarra eléctrica y percusión, se sitúa ante el micrófono con traje de chaqueta, mirada un tanto sonámbula y voz andrógina para desplegar una letra que evoca las circunstancias del argumento de la película: «Yo sé que volver / Es vivir otra vez / Comenzar a querer / Yo sé que volver / Es soñar con el alma / Lo que no pudo ser». Sin embargo, Rafael Gil no le concede el beneficio del remate de la secuencia: la actuación sirve como mero elemento de apoyo ambiental en una escena entreverada con el diálogo en el que se dirimen otros asuntos desde el punto de vista dramático.

En 1954 cumple con un papel de cierta relevancia acompañada por dos buenos amigos, Lola Flores y José Suárez, en *La danza de los deseos* (Florián Rey, 1954), donde su participación queda acreditada como «colaboración especial». Lola Flores ha sido educada por su abuelo en una isla, ajena a todo lo que supone la civilización, pero el propietario de un yate la lleva a Marsella para que triunfe. María Dolores Pradera es el contrapunto de la fierecilla: la mujer sofisticada que fuma, bebe whisky y juega al bridge. Al verla emparejada con José Suárez evocamos inmediatamente su antipático papel en *Altar mayor*, cuando ambos estaban aún empezando en el oficio, y comprobamos la tremenda evolución que ha experimentado como intérprete. En su breve intervención están presentes la sutileza, la capacidad de sugerencia y la economía de gestos que ha depurado en el escenario. A la esgrima verbal con el hombre cuyo amor está a punto de perder con la irrupción de la pasión primitiva traslada los recursos escénicos que ha ido afinando en el Español. Solo en su última escena —el personaje desaparece a mitad del metraje— cae en el subrayado de la lágrima, en el que adivinamos la imposición de Florián Rey como director antes que su elección personal como actriz.

Más breve aún será su papel en *Zalacaín el aventurero* (Juan de Orduña, 1954) prestando cuerpo y voz a la Iñasi, la hermana de Martín Zalacaín, aunque con la satisfacción de poder participar en una adaptación de uno de sus escritores predilectos, Pío Baroja. No era la primera vez que la novela se llevaba al cine: en los años de transición al sonoro ya había hecho lo propio Francisco Camacho con resultados económicos irregulares pese a que la crítica valorara y holgadamente el resultado. Esta que reedita el intento viene firmada por el director de *Agustina de Aragón* y *Alba de América* (1951), lo que ya apunta a un aire histórico-melodramático que poco tiene que ver con el material literario original y que se trasluce en una auténtica reescenificación de todo su desarrollo, final alternativo incluido. El mayor sacrificio, el que afecta a la desaparición de las innumerables escaramuzas bélicas que tienen lugar durante la segunda guerra carlista, algo que resulta tan evidente y traidor a su espíritu original que tanto el autor como el director se asoman en los compases iniciales del metraje para justificar el cambalache. La contrapartida, insertar no uno sino tres intereses amorosos en las aventuras de Zalacaín y rememorar sus andanzas con una pátina romántica que lima notablemente sus aristas. Con la excusa de su boda con el panadero de la aldea de Urbía, a fin de sustraerla al acoso del señorito Carlos Ohando, la Iñasi canta: «Yo tengo un caserío / En el lado francés / Solo es pasar el río / Pues ya bastante es / Dile al tamborilero / Que deje de tocar / Que aunque por ti me muero / Aquí me he de quedar». El matrimonio tampoco dará mucho de sí porque el panadero no se separa de Martín en sus andanzas, un cuarto bélicas, cuarto y mitad románticas.

En junio de 1954, antes de viajar a Barcelona para embarcarse en el rodaje de los interiores de la película, aquel inminente viaje a París que había anunciado a la prensa sin llegar aparentemente a cumplir nunca comienza a suscitar cierta ironía entre los periodistas:

—¿Cuándo te vas a París?

—Ya falta menos.

La dependienta pregunta a María Dolores qué es lo que quiere.

—Una guitarra.

—¿Una guitarra?

—No, no; unos guantes. Perdón.

Y mientras la dependienta va por los guantes, María Dolores me cuenta que se ha comprado una guitarra que es un piano de cola y que ya sabe acompañarse varias canciones. Y no sabemos en qué quedaría lo de los guantes porque nos despedimos.[28]

Su afilado sentido del humor, que sigue sin transparentarse en los papeles ni en las canciones que interpreta, asoma en cambio en estas entrevistas a bocajarro. Esta, además, conlleva pese a su brevedad una pequeña exclusiva: se confiesa interesadísima por la pintura y anuncia haber pintado el taburete del baño, concluido algunos paisajes y hasta retratado a sus dos hijos, por mucho que estos hubieran preferido una fotografía. Pero lo que los periodistas desconocen es que la cantante ha cumplido ya con el viaje a París. Las actuaciones en Alazán se han prolongado. Muchas noches acude al local bien pasada la una y media de la mañana, al concluir con sus obligaciones teatrales; en no pocas ocasiones debe llevar con ella a sus hijos, pues no tiene con quién dejarlos. Añádanse a ello las largas jornadas de ensayo y la doble función diaria sin día de descanso semanal, de obligado cumplimiento por entonces. Pero inmersa en este ritmo estajanovista también ha encontrado sorpresas inesperadas que parecen colmar sueños de toda una vida. Posiblemente, la mayor de ellas tuvo lugar la noche en la que desde el escenario de Alazán reconoció entre los asistentes a la mismísima Édith Piaf. La Môme está de paso por Madrid y su amigo Ernesto Halffter le ha propuesto acudir a la sala. «¡Casi me desmayo!»,[29] solía rematar la cantante al evocar aquel encuentro. La Piaf ya sabe de ella por la copia que Halffter le ha regalado del que había sido su primer *single*, «Alhambra y tú», y tras el deslumbramiento que le ha supuesto conocer a Atahualpa Yupanqui anda pensando en la posibilidad de ampliar su cancionero con algún aire sudamericano. Y quiere la casualidad que en el repertorio de esa noche figure «Que nadie sepa mi sufrir», un valsito peruano del compositor argentino Ángel Cabral. Al concluir la velada la Piaf pasa a saludar a la artista y ambas terminan, inevitablemente, hablando de la canción. La Pradera le regala un disco de su colección que la recoge e incluso se animará a registrar una maqueta con una interpretación propia que le llevará personalmente cuando viaje a París para visitar a sus familiares exiliados. Pero al llegar a su casa del boulevard Lannes la cantante ya no la recordaba. La Piaf publicará la composición bajo el título «La foule» y conseguirá con ella uno de sus clásicos más incontestables. La Pradera no hará lo propio hasta 1961, cuando cualquier resultado estaba abocado de antemano a quedar ensombrecido por el brillo de la versión de la francesa.

Si hay una película que por su particularidad destaca en el conjunto de los trabajos cinematográficos de María Dolores Pradera durante estos años esa es *La ciudad perdida / Terroristi a Madrid* (Margarita Alexandre y Rafael Torrecilla, 1955). Su carácter de coproducción hispano-italiana propicia una reedición del trabajo actoral conjunto de Cosetta Greco y Fausto Tozzi, protagonistas de la extraordinaria *La città si difende* (Pietro Germi, 1951), así como un regreso al mundo de las calles nocturnas y las brumas de la desesperación en un proyecto desde luego inesperado para una pareja de directores como la conformada por Margarita Alexandre y Rafael Torrecilla, que acaba de debutar en la realización con un documental de largo metraje sobre imaginería religiosa, *Cristo* (1954), y se embarcará poco después en el rodaje de la primera película española en cinemascope, *La gata* (1956).

No acaban ahí las sorpresas, pues *La ciudad perdida* narra la historia de Rafa (Tozzi), un combatiente republicano que regresa a Madrid para cometer un atentado quince años después de haber partido hacia el exilio. Pero antes de entrar en la ciudad se ve descubierto en un control de carreteras. En el consiguiente tiroteo mueren sus tres acompañantes y dos números de la policía. Rafa roba un camión para proseguir el viaje. El comisario que se hace cargo del caso está sobre su pista, pero el rastro del fugitivo se ha perdido en el anonimato de la gran ciudad. Los contactos de Rafa huyen ante la inminencia de la caída de la red y la certeza de una traición. Perdido en esta situación, el miembro del maquis se dedica a deambular por Madrid: por sus escenarios más reconocibles —la estación del Norte, la plaza de España, la Gran Vía, los Jerónimos—, pero también por la calle Sacramento y la plazuela del Cordón, rincones de un Madrid popular y para él cargado de intensos recuerdos personales que le llevan a revivir el pasado. Unos chicos jugando a la pelota y una música evocadora hacen que la cámara se eleve hasta el balcón y evoque el enfrentamiento con su padre, cuando este descubrió al mismo tiempo un arma y su militancia en el Partido Comunista. Cansado de deambular de un lado a otro, Rafa se sienta en un banco del parque del Retiro. Allí descubre a una dama solitaria (Greco) que va a cenar a casa de una amiga aristócrata. Rafa la secuestra a punta de pistola y la obliga a desprenderse de un vistoso sombrero que llama la atención sobre ellos. Una prostituta que hace la calle junto a las tapias del Botánico lo recoge y esta es la pista que lleva a la policía a ponerse de nuevo tras el rastro de la pareja. Para entonces la atracción mutua podría abrir una puerta simbólica a la reconciliación de las dos Españas, pero, al margen de que todavía quedaban tres años para que el PCE decidiera plasmarla en pantalla a modo de declaración de intenciones en *La venganza* (Juan Antonio Bardem,

1958), un flashback nos recuerda la imposible sutura de la herida abierta: durante la Guerra Civil, un grupo de incontrolados da el paseo al padre de la novia de Rafa (Pradera) y esta le responsabiliza de su muerte. Desde entonces, el recuerdo de este desamor es lo que le ha hecho continuar en una lucha en la que hace ya tiempo ha dejado de creer.

Las diferencias entre la copia estrenada en España y la exhibida en Italia afectan especialmente a esta analepsis en la que se concentran las dos secuencias que componen la intervención del personaje encarnado por María Dolores Pradera. En Italia los flashbacks constituyen un único bloque con unidad dramática: desde el enfrentamiento de Rafa con su progenitor hasta la muerte del padre de su novia que abre una brecha insalvable entre ambos. En cualquier caso, el bloque constituye una añagaza de los adaptadores para mantener al público en terreno familiar y amortiguar la previsible reacción de los censores. En la novela, este mismo conflicto se resuelve mediante una escena evocativa de unas vacaciones en Medinaceli y un par de discusiones sobre el fin y los medios con un compañero de la facultad de Medicina.[30] La actriz interpreta esta difícil escena en clave de melodrama en sordina, aunque las transiciones que podían matizarse en el escenario resultan en la película un pelín trompicadas:

> —¡Qué estúpida he sido creyendo que nos bastaba con nuestro cariño! [...] Ya hemos hablado bastante. ¡No quiero verte más!
>
> —Tienes que hacerte cargo... Siempre hay injusticias.
>
> —Solo me hago cargo de que han matado a mi padre y de que tú eres tan asesino como ellos. ¡Asesino! ¡Asesino! ¡Te odio, te odio!
>
> —No puedo dejarte así. Te quiero demasiado.

—Yo ya no puedo quererte. Yo tengo un corazón y quería formar un hogar… y formar una familia. Todo eso para ti carece de valor. Tú lo has preferido así. Has elegido la muerte y el odio. ¡Pues ya tienes el mío! Sal de esta casa. No quiero verte más. Te odio. Vete ya.

A pesar de venir avalada como adaptación de una novela de la escritora falangista Mercedes Fórmica, la película alarmó a los censores, que pidieron la alteración de su final con la pareja jugando al equívoco al esconderse en un vagón abandonado, la supresión de una escena en la que el protagonista aparecía vestido de miliciano y varios cambios sustanciales en el doblaje; el más peregrino, que la dama de alcurnia no debería bajo ningún concepto tutear a su raptor, ya que ello ponía en evidencia que se habían convertido en amantes. En cualquier caso, resulta estimulante que una película que, como *Murió hace quince años*, parecía abocada a nutrir el filón anticomunista, lograra esquivar tan peliagudo escollo ideológico y terminara centrándose en la relación entre los dos personajes principales relegando a la condición de *macguffin* utilitario el armazón policiaco que sustenta la trama.

Una vez más, lo que comienza como una relación profesional acaba transformándose en amistad, hasta el punto de que Margarita Alexandre, que vive en situación irregular con Rafael Torrecilla, servirá de testigo a Carmen, la hermana mayor de María Dolores, en su causa de nulidad matrimonial ante el Tribunal Eclesiástico de la Rota. La humillante experiencia en cabeza ajena hizo desistir a la realizadora de seguir esa senda y la decidió a viajar a México para divorciarse allí. Pero una escala en Cuba en el momento en que triunfa la revolución cambia el destino de la pareja: Alexandre decide comenzar en la isla una nueva etapa de su vida como productora en el seno del recién creado Instituto Cubano del Arte e Industria Cinematográficos (ICAIC).[31]

La relevancia histórica de *La ciudad perdida* no tendrá reflejo en la taquilla ni mucho menos en el caché de la actriz, por lo que, a la vista de los resultados, volverá a volcarse en la canción y en el teatro. Al concluir el rodaje arrancará tres años de intensa dedicación al escenario. No obstante, la revista cinematográfica *Primer Plano* no se olvida de ella y la somete a una encuesta en la que le piden trece propósitos de futuro que, burla burlando, resultan una radiografía sobre su situación personal y laboral en ese momento:

1. Madrugar poco para evitar el que la tristeza me diga: «Buenos días».

2. Quitar el teléfono para que así no me despierten.

3. Saber de mis amigos por cartas y telegramas interiores, como si no viviera en Madrid.

4. Anotar en mi agenda: «No pintar más cuadros», ya que mis hijos me pueden. Son unos pintores impresionistas.

5. Anotar en mi agenda también: «Tocar la guitarra», para que así no se me olvide.

6. No hablar más de irme a París.

7. No caer en la tentación de comprarme unos pantalones de esos vaqueros.

8. Verme en el cine una vez al año, por lo menos, para saber cómo «no» soy.

9. No llevar jamás gafas negras por muy famosa que me crea. Si acaso, unas gafas submarinas.

10. Retratarme un poco más.

11. Engordar medio kilo.

12. Comprarme el disco de la música de *La strada*.

13. No ser supersticiosa.[32]

6

Escenarios y platós

En enero de 1957 José Tamayo concede unas declaraciones a la prensa[1] para responder a otras anteriores del primer actor del Español, Manuel Dicenta, que acaba de presentar su dimisión por un quítame allá esas pajas con su director. «Durante un ensayo se violentó conmigo, y después me dijo que quería rescindir su contrato», se explica. Receloso sobre si aquello no es más que un conflicto puntual o un problema generalizado en la compañía, el *reporter* pasa revista a todos los actores que han ido descolgándose de su disciplina y estos no resultan pocos: Carlos Lemos, Guillermo Marín, Mary Carrillo... Tamayo se justifica: «Llevo diez años en el teatro y nunca he echado a nadie a la calle. Yo accedo siempre a que se vayan por su propia voluntad. Ninguna actriz ni ningún actor se han ido de mi compañía antes de finalizar su contrato, como no fuera por su gusto». Entre los cesantes también María Dolores Pradera, a quien, explica Tamayo, «he llamado en varias ocasiones, y últimamente no quiso seguir actuando en el Español, porque quería descansar. Yo accedí a sus deseos. Pero le dije que le ofrecería una nueva oportunidad cuando tenga un personaje de los que le van muy bien a su temperamento artístico». A la espera de que este llegue, lo que Tamayo no reconoce es que hay una marejada de fondo que amenaza con cambiar radicalmente el panorama teatral madrileño.

Luis Escobar, antiguo rector del María Guerrero, se ha asociado con José María Pemán «y otras aristocráticas personalidades»[2] para comprar de un único golpe de mano tres teatros: el Recoletos, el Goya y el Eslava, el del Teatro de Arte de Gregorio Martínez Sierra en la década de los veinte, que lleva catorce años cerrado. La causa del cerrojazo es la ordenanza municipal sobre seguridad, ya que la sala carece de salida de incendios y la entrada principal está en el angosto pasadizo de San Ginés. La solución pasa por comprar la librería medianera que da a la calle Arenal y hacer una nueva entrada con un elegante vestíbulo. Y, ya puestos, ampliar el escenario y renovar toda la decoración. La faraónica operación concluye con una búsqueda de actores a golpe de talonario. Chismorrean las gacetillas que Escobar ha ofrecido mil quinientas pesetas diarias a Conchita Montes y otras mil a Manolo Dicenta y María Dolores Pradera, las estrellas del Español.[3] El mismo terceto que poco después confirma la prensa que «trabajarán juntos en la ya próxima apertura del Eslava, que se inaugurará con una obra de éxito cómico, como corresponde a su tradición».[4] La entrada de Escobar en el tablero de juego ha hecho tambalear el statu quo de las tablas madrileñas y Tamayo se ve obligado a asegurarse a Paco Rabal, Luis Prendes y Carlos Muñoz «con sueldos de mil pesetas diarias para dejar en blanco a sus recién nacidos competidores».[5]

Mientras se concreta la elección de la obra que abrirá la temporada, María Dolores Pradera decide no perder ritmo escénico afrontando nuevamente el teatro de cámara. Y no con un reto menor: en marzo de 1957 se enfrenta por primera vez a Chéjov representando *Tío Vania* en sesión única en el Teatro de la Comedia. La función corre a cargo de Dido Pequeño Teatro, un grupo independiente fundado por

Josefina Sánchez Pedreño que lleva ya casi tres años proponiendo creaciones de Eugene O'Neill, Samuel Beckett o Albert Camus alejadas del circuito comercial. La compañía no cuenta con un grupo de intérpretes estable; incluso los directores rotan de acuerdo con las características de cada proyecto. Alberto González Vergel se encarga de la puesta en escena de este *Tío Vania* —o *Tío Vaña* en la traducción de Elisabeth Gate— y de la propia Sánchez Pedreño. De las dificultades que pueda entrañar la obra para el público, dice el programa:

> En España, Chéjov es poco menos que un desconocido. ¿Cuánto tiempo hace que no se le representa? Ciertamente, ponerlo en pie no es tarea al alcance de cualquiera. La primera condición indispensable es contar con un plantel de actores que sepan transmitir la verdad dramática sin descomponerse, sin recurrir a la potencia de los pulmones. Chéjov requiere actores inteligentes, sensibles, máquinas de precisión que vayan de un estado de ánimo a otro sin salirse de plazos. Lo que nos ofrece no es una lección que cualquiera puede recitar con un poco de memoria y mediante un prudente acompañamiento de ademanes; sino un poema donde cada intérprete debe encontrar su propia y más profunda realidad. La segunda condición es que la realización del drama se verifique sin algaradas coloristas, verbales o de cualquier otra naturaleza. Y eso encierra siempre el peligro de que el público se aburra.[6]

No sabemos si era la presentación que más podía animar al respetable a acudir a la sala, pero si una ventaja tiene el teatro de cámara es la búsqueda de un público selecto y, «pese a la lentitud con que fue llevado»,[7] según aseveraba algún cronista, Sánchez Pedreño afirma que este fue el primer montaje del grupo que produjo beneficios económicos: cuatro mil duros del ala, ahí es nada. «Esa cantidad servirá para costear dos becas para ir a París en viaje de ampliación de conocimientos interpretativos, de dirección, montaje».[8] Resultado de un proyecto que, según asegura Adolfo Prego desde las páginas de *Informaciones*, es una función de cámara que poco tiene que ver con las que habitualmente montan grupos universitarios o de aficionados, ya que, además de la calidad de la dirección y de los decorados de Manuel Mampaso, el reparto está conformado por actores experimentados.

> María Dolores Pradera alcanzó en Elena Andreievna la cúspide de su carrera de actriz. Derrochó inteligencia y finura al multiplicar los matices de un personaje al que hay que adivinar en su gran verdad psicológica más por sus pensamientos que por sus palabras, más por un leve gesto que por las actitudes contundentes. Dudo que la actriz vuelva a encontrar un papel mejor, pero dudo también que el papel encuentre otra intérprete parecida.[9]

Prueba pasada con nota. Y ya en la agenda, la obra elegida para el estreno en el Eslava: una nueva versión de *La Celestina* a cargo del propio Escobar y de su colaborador habitual, Huberto Pérez de la Ossa. Los adaptadores pretenden conservar el texto de Fernando de Rojas en toda su crudeza podando solo aquello que no aporte dramatismo a la escena. O al menos esa era la intención a falta de pasar el trámite censorial, porque el libreto vuelve al Eslava con la palabra «puta» tachada todas las veces en que aparece en él. Luis Escobar contaba con su gracia impar cómo se salvó el escollo: «Recurrí y dije que en *La Celestina* había

ESCENARIOS Y PLATÓS

que decir la palabra "puta" por lo menos dos veces y que si no, no era *La Celestina*. Por no sé qué milagro, mi tesis fue aceptada».[10]

El mismo despojamiento que en el libreto lo hay en la escenografía, conformada únicamente por un andamio que se ha utilizado en la restauración del teatro. Un recurso perfecto para desarrollar la función en continuidad, sin enojosos entreactos ni cambios de decorado. La gran apuesta del reparto es la elección de la gran diva Irene López Heredia para interpretar a la alcahueta:

> Como seguía siendo una mujer espléndida que siempre había ejercido de guapa, yo no me había atrevido a ofrecerle el papel de Celestina. Fue Huberto quien se atrevió a ello. Irene se quedó un momento parada y me dijo: «Bueno, si es un papel de actriz...». Se lo aprendió rápidamente. Me preguntaba: «¿Cómo me tengo que maquillar?». Yo le decía: «Nada, no te maquilles». Y estaba majestuosa con su cara de águila enmarcada en el rastrillo blanco, el manto y el sombrero casi cardenalicio y su gran planta.[11]

Calixto, Sempronio y Melibea corren por cuenta de José María Rodero, Guillermo Marín y una María Dolores Pradera «más inclinada a la gracia y al sosiego que a la pasión y el grito»,[12] en palabras de Gonzalo Torrente Ballester. En papeles de menor relevancia, Javier Escrivá y Laly Soldevila. Los figurines y el arreglo escénico, de Vicente Viudes; la música, de Cristóbal Halffter. Estreno en el mes de mayo, a las puertas de las fiestas de San Isidro. ¿Qué podía fallar? Pues nada. El nuevo teatro, «sala de mármoles, terciopelos y retratos decimonónicos de las glorias de nuestra escena»,[13] no puede nacer con mejor pie. En breve, la obra supera la cifra

115

cabalística de las cien representaciones, la que marca el reconocimiento inequívoco del éxito en la cartelera madrileña.

Un año más tarde la compañía viaja a París para presentarse en el Festival de Teatro de las Naciones, con interpretación previa de la «Marcha Real» y «La Marsellesa» ante «mil quinientos espectadores en riguroso traje de etiqueta que llenaban hasta la última butaca del teatro».[14] Con un pequeño cambio de reparto: el pujante Javier Escrivá ha tomado el papel de Calixto, pero Irene López Heredia y María Dolores Pradera repiten como cabeza de cartel. Imaginamos que esta aprovecharía para empaparse de novedades teatrales y de *chanson*.

A pesar de sentirse satisfecha por unas reseñas que hablan de una actriz «llena de ternura y contención, [que] acertó a dar a las escenas cumbres toda la pasión necesaria para conseguir que el público se olvidara de sí mismo»,[15] trata con su proverbial ironía a algún crítico galo que ha echado de menos algo «más español» y de más la escenografía abstracta de Vicente Viudes: «Si ya le propuse yo a Huberto que la representáramos con navaja en la liga...»,[16] bromea. Al parecer el principal motivo de la polémica es una representación de la obra en versión de Paul Achard que ha tenido lugar en París durante la Ocupación: aquella *Celestina* contaba con inquisidores, encapuchados y, según el comentario malicioso de Torrente Ballester, hasta un sereno. Pero ataques de chovinismo aparte, las funciones en el teatro Sarah Bernhardt se saldan con un contundente éxito entre un público entreverado de hispanoparlantes y francófonos. No en vano, Escobar es íntimo de Cocteau y de un destacado sector de la intelectualidad *rive droite*.

Tras el *succès d'estime* de *La Celestina*, no es difícil leer como un pequeño traspié artístico el siguiente proyecto teatral del Eslava. *Anastasia* se estrena en pleno verano del 57. El argumento fantasea a propósito de la figura de Anastasia Nikoláyevna Románova, hija menor del zar Nicolás II, y su posible supervivencia a la matanza de la familia real efectuada por los revolucionarios rusos la noche del 17 de julio de 1918. O así, por lo menos, parece que lo contó un miembro de la guardia arrepentido, que la encontró herida pero todavía viva cuando se le ordenó arrojar los cadáveres por la boca de una mina y supuestamente la ayudó a escapar. La historia circuló ampliamente por toda Europa hasta convertirse en una de las grandes leyendas urbanas del siglo xx, lo que dio lugar a la aparición de varias mujeres que afirmaban ser ella. La más notoria fue Anna Anderson, cuya peripecia vital —manicomio, reclamaciones judiciales, biografías que buscaban probar tanto lo uno como lo contrario...— sirvió en 1953 a Marcelle Maurette para escribir la obra teatral que Guy Bolton adaptó para el público anglosajón. No pretendía Maurette establecer si la protagonista era o no la auténtica heredera de los Romanov, sino relatar las tribulaciones de una mujer ante la utilización que diversos grupos de interés hacen de su supuesta identidad. Juliette Gréco la presentó en París en noviembre de 1955, donde probablemente la vieran Escobar o José Luis Alonso. En 1956 la Fox produce una versión en cinemascope dirigida por Anatole Litvak. Ingrid Bergman y Yul Brynner reciben los respectivos premios Oscar por sus interpretaciones al frente del reparto.

La adaptación española del texto a cargo de José Luis Alonso no funcionará como se esperaba: Luis Escobar, que obtiene ese mismo año el Premio Nacional de Teatro en la especialidad de Dirección, ni tan siquiera menciona el montaje en sus memorias. Para la crítica el problema no está en el espectáculo sino en la obra de partida, que califica de mediocre y melodramática. Pero nada de esto afectará a la consideración de la labor de María Dolores Pradera, aplaudidísima pese a las debilidades del conjunto. Así, al menos, lo corrobora el crítico de *Informaciones*:

> La comedia está montada sobre un cable que la protagonista ha de recorrer como una llama viva y vacilante. Esa gran actriz lo fue anoche María Dolores Pradera, cuya versión supongo que no tiene nada que envidiar a las mejores que haya alcanzado el papel en cualquier tiempo y lugar. Para mí no hubo sorpresa. Esperaba esto desde hace tiempo con la seguridad con que se espera que el día sucederá a la noche. No es su primer triunfo ni mucho menos. Pero si es su primer triunfo ruidoso. Cuestión de sensibilidad pública para el matiz. Ya en su entrada en escena anunció que venía dispuesta a probar su capacidad de entrega pasional a un papel cuando el papel lo requiere. Se le aplaudió muy justamente su primer mutis. Todo el primer acto fue obra suya. Dio una lección de sensibilidad y facultades expresivas. El centro de la pieza lo ocupa por entero una sola escena entre Anastasia y la emperatriz madre, que incorporaba Irene López Heredia. La veteranía, el aplomo y oficio de esta encontró durante un cuarto de hora la réplica multiforme y cambiante que la joven actriz daba a su adversaria. Fue una maravilla que el público volvió a reconocer con una gran ovación, en la que iban envueltas ciertas reparaciones necesarias. El nuevo éxito de anoche se apoya, pues, principalmente, en la calidad de la interpretación.[17]

Tanto es así que la reseñista de *Pueblo*, Eugenia Serrano, confesará que no había ido al Eslava a ver *Anastasia*, sino a la actriz:

ESCENARIOS Y PLATÓS

> Mientras una miraba a María Dolores Pradera, tan gentil y suave en sus trajes elegantes, tan dramáticamente desesperada en su atuendo de estudiante pobre, se recordaban nombres extranjeros. Y sí, Ingrid Bergman es una gran actriz, pero jamás será tan juvenil, tan en orfandad poética como sabe comunicar la señora Pradera. Y Juliette Gréco no es más expresiva que ella. Ni tiene mejor voz, ni más clase. Solo que a la Gréco la aúpa un París celoso y cuidadoso de su teatro.[18]

El público también aplaudirá y la obra tendrá una reposición en el Eslava antes de final de año. Entiéndase esto como un paréntesis, porque no será más que una pausa en el largo recorrido de *La Celestina*, que se mantendrá en cartelera hasta diciembre de 1957. María Dolores Pradera está en el momento más dulce de su carrera teatral: al éxito incontestable de la obra de Fernando de Rojas se ha añadido en *Anastasia* un encuentro, el que ha tenido con José Luis Alonso, que resultará fundamental para su recorrido teatral. A partir de entonces, y salvo breves interludios, su carrera escénica estará invariablemente ligada a él.

Su actividad teatral sufrirá un pequeño receso a lo largo de 1958. A nivel personal hay un motivo que no duda en recoger la prensa de la buena sociedad:[19] el estreno de una nueva nariz, pues la artista ha decidido pasar por el quirófano intentando limar ángulos de un perfil que nunca había jugado a su favor. «No he tenido una carrera muy cuidada en el cine, en el ambiente decían que no era fotogénica».[20] Pero mucha más importancia tiene la inesperada orientación del renovado coliseo: ha entrado en su cartelera *Te espero en Eslava*, un autohomenaje a modo de repaso al género frívolo que desde finales del siglo XIX tuvo en el recoleto teatro del Pasadizo de San Ginés su principal asiento.

Protagonizado por Nati Mistral y Tony Leblanc, y con el refuerzo de la veterana Raquel Rodrigo, obtendrá un éxito de tal calibre que supondrá un auténtico vuelco en la programación de la sala. En esta nueva orientación la Pradera, actriz de vena eminentemente dramática, parece no tener cabida. Pero en mayo de 1959 José Luis Alonso le propone un reto al que no puede o no quiere negarse: hacer suyo contrarreloj el papel protagonista de *La gata sobre el tejado de zinc* en las representaciones que de la obra se están realizando en el Teatro Comedia de Barcelona. La cosa ha surgido de manera un tanto inesperada. Es Aurora Bautista quien ha estrenado el drama de Tennessee Williams, pero la prolongación de las representaciones ante el éxito de público se solapa con su obligada incorporación al rodaje de *Sonatas* (Juan Antonio Bardem, 1959) y esto hace necesaria una suplente que cubra su baja en las dos últimas semanas de funciones. Si aceptar un papel como este es de por sí un envite arriesgado, hacerlo de manera tan inopinada y sin apenas tiempo para prepararlo resulta una prueba de fuego para una actriz que se autocalificaba de poco intuitiva y que aseguraba que solo sabía suplir esta carencia con el estudio: «Procuro creerme del todo que el personaje que interpreto soy yo, porque si no lo paso muy mal».[21] Pero la intérprete luce ya suficientes galones como para superar el desafío con holgura, como reflejaría la prensa: «Su labor fue meritísima durante el primer acto, tan cargado de fuerza electrizante. Se la aplaudió mucho y merecidamente».[22]

Subirse a las tablas se ha convertido en un hábito. En los primeros compases de 1960 nos la encontramos participando en *Si las mujeres jugaran al mus como los hombres*, un breve *sketch* escrito por Edgar Neville para una función-homenaje a Marujita Díaz que se representará una única vez en el Teatro Maravillas. Un divertimento que supone su encuentro en escena con las tres folclóricas nacionales más populares, con las que mantiene buena amistad: Lola Flores, Carmen Sevilla y la homenajeada. La compañía responsable de esta pequeña función es la que acaba de poner en marcha uno de los más reputados actores españoles, Guillermo Marín, antiguo compañero en el Español. Las secciones de chismorreos teatrales se ponen a punto de ebullición ante la coincidencia y todos los rumores apuntan a que Marín contará con María Dolores Pradera como primera actriz para su nuevo proyecto. Otro reto para la intérprete, que hasta entonces apenas ha frecuentado el mundo del teatro abiertamente comercial, pues ni tan siquiera el Eslava se había abonado a él y, sí, buscaba abiertamente al público, pero sin desatender en ningún momento la calidad ni el cuidado exquisito en cuanto elemento contribuye a la dramaturgia de sus montajes.

En cambio, el repertorio anunciado por Marín avanza por otros cauces. Al arrancar su camino en noviembre, la compañía inicia su andadura con el inevitable *Don Juan Tenorio*. Las primeras funciones tienen lugar en Zaragoza, una de las plazas más importantes del circuito. Sin embargo, para su presentación en Madrid Marín cuenta con *La coqueta y don Simón*, de José María Pemán, una continuación de su muy celebrada *Los tres etcéteras de don Simón*. El repertorio se completa con una comedia del popularísimo Alfonso Paso, otra de la autora italiana Sara Zagni, *Historia de un hombre muy cansado*, y, para rematar, *Maigret y el asesino de la rue Carnot*, a partir de una de las muchas novelas que dedicó Simenon al personaje.

Juego y danza de la coqueta y don Simón, que tal es el título completo de la comedia de Pemán, es una nueva farsa en torno al donjuanismo burlado del personaje titular. Marín había conseguido un enorme éxito con su primera parte, por lo que no se le puede reprochar que procure apurarlo hasta la última gota. Si en la comedia seminal los personajes femeninos se multiplicaban —ellas eran los tres etcéteras del título—, en esta ocasión solo uno, el destinado a la Pradera, se bastará y sobrará para poner en jaque al conquistador. Así opina el crítico del diario *Informaciones*:

> No creo que se pueda obtener más partido del que María Dolores Pradera ha obtenido de la marquesa de Cerro Altivo, la coqueta impenitente. La picardía, la belleza, la gracia en el gesto, el dominio de la voz, se dieron cita en el personaje, y la actriz volvió a demostrar —esto parece que en el teatro español es algo que debe hacerse todos los días— que tiene uno de los talentos más flexibles de cuantos se producen en nuestros escenarios. El cronista recuerda a María Dolores Pradera en *Tío Vania*, en *Anastasia*, en *Soledad*, y le parece asombroso que pueda la misma persona alcanzar el mismo nivel de arte interpretativo en papel tan distinto como es este de la marquesa de Cerro Altivo. Pemán, al hacer uso de la palabra, dijo algo semejante a esto: «Creo que esta noche no es solo don Simón quien ha estado enamorado de María Dolores Pradera, sino también los espectadores».[23]

La obra de Alfonso Paso que lleva la compañía es *Preguntan por Julio César*, tercera de las diez comedias que el autor estrenará en 1960. La omnipresencia del autor en la cartelera es tal que Antonio Mingote le dedica su viñeta diaria en *ABC*, un hombre rebusca en la cartelera del periódico mientras pregunta a su mujer: «¿Qué prefieres para esta noche: cine o Alfonso Paso?».[24] Esta, eso sí, se diferenció de

ESCENARIOS Y PLATÓS

las restantes por ser uno de sus pocos fracasos sin paliativos. El hecho de presentar a César y Cleopatra en zapatillas, como ya había hecho antes con mayor acierto George Bernard Shaw, el recurso al anacronismo como medio cómico facilón y una cierta ambición artística que se apunta pero no llega a fraguar se conjuraron para que la obra tuviera que afrontar una avalancha de críticas adversas, por mucho que estas no alcanzaran al trabajo de la actriz, ponderado elogiosamente por todos los reseñistas y en especial, como de costumbre, por su gran defensor Adolfo Prego.[25] Pero estas valoraciones no supondrán obstáculo para Guillermo Marín, que, consciente de que todo sirve para hacer un buen caldo, decide aprovecharlas para publicar, enfrentadas, la crítica positiva de Marqueríe en *ABC* —«gentil desembarazo y ágil desenfado»— y la negativa de Fernández Asís en *Pueblo* —«los puñales de Bruto Casio fueron bastante más piadosos que la pluma de Alfonso Paso, y, desde luego, menos homicidas»—, e invitar así al público a decidir por sí mismo.[26] Pero ni por esas: la comedia apenas aguantará diecinueve días en la cartelera del Goya.

Para colmo, su hijo Fernando se presenta un día inopinadamente en el teatro. A sus trece años ha decidido que ya está bien de tanto internado en los agustinos de El Escorial, ha tomado el tren y, al llegar a la estación del Norte, ha pedido a un taxista que lo lleve al Teatro Goya. Entre unas cosas y otras los planes de la actriz se ven seriamente alterados, así que cuando el 9 de marzo la compañía de Marín suple la frustrada *Preguntan por Julio César* por *Maigret y el asesino de la rue Carnot* ha sido sustituida por Luisa Sala. Posiblemente, el fracaso de la obra de Paso la ha desanimado y le ha hecho volver la mirada hacia al cine. Porque la cosa es que para cuando comienzan las repre-

123

sentaciones de la obra de Simenon, ella se ha incorporado en Barcelona al rodaje de *Hay alguien detrás de la puerta* (Tulio Demicheli, 1960). No es territorio olvidado, porque en los últimos tiempos ha colaborado en dos cortometrajes, *El ángel de la paz* (Enrique Torán, 1959), que llevaba a la pantalla un texto de Gregorio Marañón, y *Federico Martín Bahamontes* (Isidoro Martínez Ferry, 1960), que recogía las heroicas gestas montañeras del Águila de Toledo. También ha hecho diversos papeles secundarios como el que acaba de interpretar en *Carlota* (Enrique Cahen Salaberry, 1958), una producción de su amiga Ana Mariscal —actriz principal en la película— que adaptaba a la pantalla un guion firmado por Miguel Mihura sobre una obra teatral propia algo anómala en su producción, a la sombra de las novelas de Agatha Christie que tanto gustaban al dramaturgo y donde el humor queda un poco desleído en favor del componente policiaco. El prólogo en inglés camelístico que abría la comedia desaparece en esta adaptación para dar verismo a un ambiente londinense, con sus paisajes neblinosos y sus coches de caballos, e incluso desaparecen del libreto algunos de los chistes más celebrados de la obra teatral. El final postizo del guion le arrebata al personaje de Margaret —Julia Gutiérrez Caba en el estreno en el Infanta Isabel, la Pradera en la versión cinematográfica— el final trágico del original, cuando el asesino le ordena que toque una pieza al piano que le servirá como coartada:

> Margaret.— ¡Mi pobre Carlota! Ahora estás muerta y él no sabe aún que era mentira todo y que le mentiste porque tenías miedo de perder su amor... ¡Y ningún hombre merece nuestro amor, Carlota...! Y sin embargo, luchamos, fingimos y mentimos por conseguirlo... (*Va hacia el balcón y mira por*

ESCENARIOS Y PLATÓS

detrás de los visillos). Ahora habla con Harris… ¡Pero Carlota ya está muerta…! *(Y va hacia el piano).* ¡Y Charlie me ha ordenado que toque el piano como si fuera ella quien lo tocase…! ¡Pero no lo tocaré! ¡No quiero que ningún hombre me domine! *(Y se sienta en la banqueta llorando).* ¡No quiero! ¡No quiero! ¿Por qué has hecho esto, mi querido Charlie? ¡Nunca has debido hacerlo! ¡Qué crimen estúpido! ¡Y no tocaré el piano como tú me has mandado! ¡No! ¡No!

(Y mientras llora, empieza a tocar en el piano el «Pequeño vals». Sigue tocando cada vez más fuerte. Y mientras tanto va cayendo lentamente el TELÓN).[27]

Bien que en un cometido secundario, la actriz borda su papel de histérica y enamoradiza incorregible. Además, el último flashback, el que conduce al esclarecimiento del asesinato, está protagonizado por ella con la asistencia de dos viejecitas hitchcockianas interpretadas por las veteranas Lola Bremón y Adela Carbone. Comedia negra de las de venenos y encaje antiguo, fallecimientos a tutiplén e inesperadas réplicas de un lirismo bien caro a Mihura, si la versión cinematográfica tiene un referente es una vez más *Rebeca* —«He puesto en la cama la misma ropa que usó la señora en su primera noche de bodas, […] la que le gustaba tanto a mister Smith», anuncia ese remedo de la señora Danvers interpretada por Julia Caba Alba—, aunque para la ocasión el móvil siga siendo un tema inequívocamente mihuresco: el aburrimiento y la monotonía a los que conduce el matrimonio.

Cometido secundario tiene también en aquel *Hay alguien detrás de la puerta* por el que había abandonado su recorrido en la compañía de Guillermo Marín. La película es una producción de los hermanos Balcázar antes de que estos montaran sus propios estudios y se lanzaran a una frenética carrera de coproducciones en las que agotaron cuanto filón popular se les pusiera a tiro, del *spaghetti-western* al pseudobondismo, de las tragedias de jóvenes desarraigados al docudrama de educación sexual.[28] *Hay alguien detrás de la puerta* es, por el contrario, una adaptación de una obra teatral de Alfonso Paso que habían interpretado sobre las tablas Tina Gascó y José Bódalo. La cinta busca la complicidad del mercado latinoamericano mediante el protagonismo del galán mexicano —ya un tanto talludito— Arturo de Córdova y del director argentino exiliado en México Tulio Demicheli, la pareja que ha facturado para la productora el melodrama *La herida luminosa* (1956).

A pesar de que en los títulos de crédito se hace constar que la historia ha sido concebida por Paso expresamente para la pantalla, tanto la estructura —con sus tres actos perfectamente delimitados— como las situaciones delatan su concepción escénica. También su *macguffin*. Dos parejas de matrimonios llegan a un hotel de la costa. El primero está compuesto por Carlos Blasco (Arturo de Córdova), un dramaturgo de éxito, y su mujer, Julia (Aurora Bautista), que aquejada por una fuerte depresión ha intentado suicidarse. El otro (Manuel Alexandre y María Dolores Pradera) ejerce de contrapunto cómico al drama central, el del acercamiento de Julia, cansada de un marido absorto en su trabajo que no le hace ningún caso, a un notorio mujeriego instalado en la habitación contigua que terminará llevando a Carlos al asesinato…, ¿o no? Los giros argumentales son tan previsibles que desde los primeros minutos el espectador está al cabo de la calle. Si algo sorprende, en todo caso, es que lleguemos al final feliz de un modo tan inane. Salvo algún momento aislado de los intérpretes, nada hay destacable detrás de la puerta: el público no llenó las salas y la película resultó obviada por una crítica que, si dejó algún elogio, fue al trabajo de la pareja protagonista y olvidó al resto del reparto.[29]

La omnipresencia de Adolfo Paso en carteleras teatrales y cinematográficas propiciará una nueva adaptación de su obra en otra producción de los Balcázar con María Dolores Pradera en el reparto: *Cena de matrimonios* (Alfonso Balcázar, 1962). Se llega a hablar, incluso, de que va a interpretar a la madre de Simón Andreu en otra más, *Cuidado con las personas formales* (Agustín Navarro, 1961),[30] pero su participación no se materializará. ¿Lo impidieron otros compromisos teatrales y, ahora también, televisivos? ¿Decidiría coquetamente rechazar la posibilidad de encarnar por primera vez a una madre en la pantalla? ¿O quizá se estuviera planteando íntimamente la posibilidad de abandonar definitivamente un cine en el que sigue sin encontrar acomodo? «Hacer cine no me interesa. Ni verlo. Creo que en toda mi vida habré visto alrededor de tres películas. El cine, en justa correspondencia, me devuelve la misma moneda con la que yo le pago y no nos reunimos».[31] Sea como sea, la cosa no cuajará y al regresar a Madrid acepta una oferta de José Luis Alonso para volver al teatro oficial.

Estos rodajes en Barcelona supondrán el fin casi definitivo de su trabajo como intérprete ante las cámaras, que solo conocerá un puntual retorno una década más tarde. Con un mínimo interludio, eso sí: la grabación del tema «Soledad» cuyo playback mima Katia Loritz en el ejercicio hitchcockiano *A hierro muere* (Manuel Mur Oti, 1962). Pero si con esta decisión parecía cerrar definitivamente un ciclo profesional, personalmente también clausuraba otro de mayor trascendencia: tras unos años de distanciamiento, la separación de Fernando Fernán-Gómez es un hecho. No oficial, pues todavía quedaba alguna década para que el ministro de UCD Francisco Fernández Ordóñez se empeñara en la aprobación de la ley de divorcio, pero sí efectivo. Algo que, con dos hijos todavía pequeños, no se intuía sencillo para la artista por mucho que la ruptura fuera acordada y en términos amistosos.

> Éramos muy jóvenes. Nos casamos porque nos queríamos mucho. No teníamos ningún dinero ninguno de los dos, teníamos porvenir, él era ya conocido. Y bueno, unos cuantos años fuimos muy felices y yo creo que como en esta profesión la gente es muy autónoma decides que si no se quiere uno mucho mejor separarse. Y no sé si hicimos bien, no lo sé. A lo mejor no.[32]

Mucho menos reservado y más explícito, Fernán-Gómez hablaría años más tarde de sus motivos para la ruptura, esquivando con elegancia revelar que en aquel momento ya se había cruzado en su vida la actriz Analía Gadé:

> Tuve la sensación de que alcanzaba una buena parcela de libertad y de que algunos episodios vulgares de mi vida iban a perder carga dramática a partir de entonces. Cuando tras mi enconada persecución nocturna de la hembra la alcanzara, no sería un delincuente. Confío —y no solo para tranquilizar mi conciencia, sino por amor— en que a María Dolores le sucediera lo mismo.[33]

7

Gran teatro, pequeña pantalla

Con la entrada en la década de los sesenta Televisión Española supera sus tres años de emisión y su señal llega ya a las principales ciudades del país: Madrid, Barcelona, Zaragoza, Sevilla, Valencia, Bilbao... En unos años en los que todavía no se empleaba la cinta de vídeo y la mayor parte de las emisiones se realizaban en directo, las representaciones dramáticas no tardaron en convertirse en uno de los espacios estrella de la programación, como había sucedido unos años antes en la radio. Y será esta la vía de entrada en televisión de María Dolores Pradera, muy activa ante las cámaras de la pequeña pantalla entre 1961 y 1964, misma etapa en la que trabaja asiduamente con José Luis Alonso en el María Guerrero. No es por ello extraño que gran parte de su labor en los estudios del paseo de la Habana se centre en adaptaciones —en muchos de los casos, reducciones— teatrales, algunas de obras que ya ha interpretado con éxito sobre el escenario: para la actriz, un recurso idóneo para volver a dar vida a unos papeles cuyo recorrido ha quedado limitado a la sala donde los representó; para los espectadores de fuera de la capital, una oportunidad única de paladearlos tras haberlos conocido por las crónicas del estreno. No obstante, también participará en algunos capítulos de series creadas por los dos guionistas estrella de RTVE en aquellos años,

Jaime de Armiñán y Adolfo Marsillach, con quienes establecerá una buena amistad.

No era la primera vez que María Dolores Pradera se asomaba a la pequeña pantalla. Hasta donde sabemos —la desaparición de las emisiones pioneras no permite constatar la afirmación— su primera aparición habría tenido lugar en *Navidad*, una obra del dramaturgo francés Henri Ghéon dirigida por Juan Guerrero Zamora durante las entrañables fechas de 1958 en la que había estado acompañada por Modesto Blanch, Ricardo Hurtado y Luisito Varela.[1] Viejo teatro de raigambre cristiana —Ghéon escribió sus obras a principios del siglo y más enraizadas no pueden estar en aquel tiempo— y, como tal, retablo idóneo por tema y tratamiento a la programación de la todavía incipiente TVE.

Su puesta de gala tendrá lugar el 6 de junio de 1961, cuando se emita *Cyrano de Bergerac* dentro de un nuevo programa dramático titulado genéricamente *El teatro y sus intérpretes* que presenta reducciones de obras clásicas ajustadas a media hora de duración: para la ocasión, se elige el acto final de la obra que Dicenta y María Dolores Pradera ya han hecho en el Español. La realización —poco ágil, a decir de algún comentarista— corre a cargo de Carlos Guisasola Estelar:

> Las cualidades educativas que un programa de este tipo puede tener nos hacen que lo miremos no como un sucedáneo aceptable, sino como algo perfectamente logrado en sí mismo. En media hora, sobre todo si se consigue el máximo interés desde el principio, no se cansa ni el más impaciente.[2]

El resultado es lo suficientemente alentador como para que reincida dos semanas más tarde en el programa estrella de los dramáticos de TVE, *Gran teatro*. Cuenta la leyenda que Juan Guerrero Zamora fue el inventor del teleteatro en España: procedente de las emisiones dramáticas de Radio Nacional, cuando en Televisión Española estaba todo por hacer, fue él quien se lanzó a la aventura de una emisión en directo que no podía exceder los veinte minutos de duración armado con un par de focos y dos cámaras. En febrero de 1957 se incorpora a TVE como responsable de espacios dramáticos, creando el programa *Fila cero* y, con el cambio de década, este *Gran teatro* que permanecerá en antena tres temporadas. Su primera emisión tendrá lugar el 25 de enero de 1960 con *En Flandes se ha puesto el sol,* de Eduardo Marquina, primera incursión en la pequeña pantalla del teatro en verso. Por la calidad de las obras presentadas y por el brillo técnico del programa, la emisión se convirtió inmediatamente en buque insignia de TVE, con una duración que podía llegar a los cien minutos y una novedosa técnica: la inclusión de escenas de transición o incluso de acción rodadas en exteriores en formato cinematográfico que se combinaban durante la emisión con el trabajo en directo en estudio.[3]

La primera intervención de María Dolores Pradera en el programa se produce con *Cui-Ping-Sing*, una *chinoiserie* con formato de fantasía oriental en verso que el aristócrata falangista Agustín de Foxá había escrito y estrenado en San Sebastián en pleno fregado civil. La representación funciona también a modo de homenaje, pues el conde de Foxá acaba de fallecer, lo que explica la sorprendente elección de esta rareza dentro de su producción literaria, recordada casi exclusivamente por la combativa novela *Madrid, de corte a checa.* A juicio de los críticos televisivos, que haberlos habíalos ya a esas alturas, la realización de Guerrero Zamora resultó un acierto tan pleno como el trabajo de la Pradera. En el vespertino *Pueblo* podemos leer que «fue un prodigio de serenidad y enigmatismo»[4] y en la *Hoja del Lunes* que «su femineidad exquisita matizó hasta lo increíble el papel, y ni un solo gesto anubló la tersura interpretativa de la polifacética estrella».[5] Sin embargo, la polifacética estrella confesaba no sentirse demasiado cómoda con la mecánica televisiva:

> La verdad es que no acabo de entenderla muy bien. Una se sitúa ante las cámaras, comienza a trabajar y, de pronto, se encuentra ante una serie de señores que se mueven muy afanosos, que hacen señas con las manos, que apagan y encienden luces... A mí, que soy más bien despistada, esto me produce una sensación muy extraña.[6]

Si una queja expresaban los actores de aquellas primerizas representaciones teatrales televisadas eran las apreturas de los estrechísimos estudios del paseo de la Habana, 77, que les dejaban poco margen de movimiento y creaban numerosas complicaciones a la hora de realizar las emisiones en directo. La cosa se solucionará a principios de 1962 cuando se construya a escasa distancia el denominado «Número 3», un estudio auxiliar cuya instalación central era un plató de 30 × 20 metros. En él debutará María Dolores Pradera poniendo en escena *Crimen y castigo*, de Dostoievski, con el mismo equipo técnico y artístico de la anterior: Guerrero Zamora como adaptador y realizador, Bernardo Ballester y César Fraile como decorador e iluminador y, ante las cámaras, Guillermo Marín y Roberto Llamas.

En el mismo espacio, y también con dirección de Guerrero Zamora, se presenta cuatro meses más tarde *Anastasia*, el gran éxito personal de la Pradera en el Eslava cinco años atrás. En esta ocasión, Lola Gaos retoma el papel que en el escenario hiciera Irene López Heredia y José Bódalo el de Guillermo Marín. Luis de Baeza es el encargado de adaptar la obra de Marcelle Maurette y Guy Bolton, o sea, que queda descartada la traducción anterior de José Luis Alonso, muy probablemente por la dificultad de adaptarla a las limitaciones de tiempo del programa televisivo. La emisión en directo tiene lugar el viernes 11 de mayo de 1962 a las once menos cuarto de la noche. La edición de Barcelona de *Hoja del Lunes* dirá de la actriz que fue una protagonista «sensacional del todo» y que, en cambio, se había visto a un Bódalo demasiado «fuera de papel» y «más chulángano que nunca»;[7] la de Madrid, sin embargo, no pondrá tantas pegas al resultado:

> Lola Gaos fue una emperatriz dura y tierna; María Dolores Pradera, Anastasia ideal y misteriosa mujer; Bódalo, Bounime, ambicioso, escurridizo...; todos, en fin, acusaron la acertada dirección que les hizo vivir materialmente sus respectivos y complejos personajes. Disculpemos la excesiva duración de los cierres en negro, en aras al cambio de ropa de Anastasia entre uno y otro cuadros, que obligaban a sostener aquellos más tiempo del deseable.[8]

No será este su último encuentro con el personaje de Anastasia, que interpretó por tercera vez en marzo de 1964, esta vez dirigida por Pedro Amalio López y en el formato capitulado que exige el espacio *Novela*. Las valoraciones no difieren con el cambio de esquema: de «éxito como la copa de un pino» calificará el pionero de la crítica televisiva Enrique del Corral, Viriato.[9]

A inicios de 1963 se incorpora también a *Primera fila* para interpretar el papel principal de *La heredera*, una adaptación del guion de Ruth y Augustus Goetz para la película homónima de William Wyler, basado a su vez en la novela *Washington Square*, de Henry James. En Hollywood le había valido un Oscar a Olivia de Havilland; en España la obra era también conocida porque la había llevado a escena Luis Escobar en el María Guerrero años atrás. El papel es el de una mujer poco agraciada que ve como su apuesto pretendiente sale de estampida ante la perspectiva de que la deshereden. Un rol, por lo tanto, de lucimiento que le valdrá elogios sin cuento,[10] algo que se está convirtiendo ya en costumbre. Incluso Viriato, que ve equivocada la adaptación y la puesta en escena conforme a las exigencias del medio televisivo, apunta que...

> María Dolores Pradera estuvo eminente. Su Ellen sobrepasó, incluso, anteriores incorporaciones de actrices muy famosas. Ternura, timidez, sorpresa, rabia, complejos (de inferioridad y superioridad) y femineidad siempre fueron cabalmente expresados, sobriamente expresivos en sus momentos precisos. Nos gustó mucho siempre, pero sobre todo en la «escena de la espera», donde María Dolores Pradera acumuló, gradualmente, angustia, rabia, decepción, sorpresa y estupor, y dureza en aquella otra cuando su padre, enfermo de muerte, le anuncia su próximo fin. Aquí, sí; aquí Pedro Amalio López abundó magníficamente en su dominio de la realización aguantando, en larga secuencia valiente de toma y angulación, la marcha de aquellos, escalera arriba. Sublime también la otra, cuando Lavina, tras la discusión con Ellen, sube lenta, apesadumbradamente y la cámara, en toma cenital, varía de campo para encuadrar a Ellen en tiro larguísimo y el cámara, usando el

zoom con magisterio indudable, «se fue» lenta, pausada, so-
lemnemente en busca del primer plano de aquella, sentada y
en gesto que resumía todo. Aquí, sí; aquí Pedro Amalio López expresó en largo parlamento su dominio técnico y estético, con la impagable colaboración del cámara y de la señora
Pradera, que expresó maravillosamente su entendimiento del
personaje. ¡Lástima que un cierre en negro demasiado largo
—doce segundos— rompiera la unidad expresiva, que debió
enhebrarse con más agilidad![11]

Definitivamente, parece que los fundidos a negro suponían un auténtico problemón en aquellas emisiones primerizas de Televisión Española, por mucho que el director-rea-
lizador los destacara como «signos específicos ineludibles»
a la hora de plantear unas transiciones temporales deudoras
de la estructura novelística del original.[12]

El director del programa, Antonio González Vergel, es
quien se encarga de la entrega de *Primera fila* que dará a la
actriz la posibilidad de retomar otro de sus principales papeles teatrales, el de *Tío Vania*. Corría septiembre de 1963
y Vergel acababa de aceptar el cargo tras pasar la temporada 1962-63 al mando del programa de teatro breve *Platea*,
que por su incómodo horario de emisión —las ocho de la
tarde— había pasado un tanto desapercibido en la parrilla.
Pero aquel verano había comenzado a realizar incursiones
en lo que entonces aún no se llamaba *prime time* y, buscando cierta garantía en aquellas sus primeras entregas, no
duda en llamar a María Dolores Pradera y a Antonio Prieto
para abordar la puesta en escena del mismo *Tío Vania* de
Chéjov en el que ya los había dirigido seis años atrás sobre
las tablas. Ahora, con un reparto secundado por Fernando
Delgado, Luis Vilar, Conchita Bañuls y José María Celdrán.

La discreta poda de situaciones y diálogos para encajar el texto en el tiempo de emisión sin alterar su ritmo molestaría a algún crítico; de «mutilación»[13] llegaría a calificarla alguno. Entrevistada durante la grabación del programa, la actriz afirma que se siente más cómoda y segura en estos papeles que ya ha interpretado previamente en el escenario, por mucho que en este momento considere que su mejor trabajo televisivo es *La heredera*, precisamente uno de los pocos que no había representado antes. Además, haciendo gala de un carácter no precisamente visionario, no muestra demasiada fe en el medio: «Yo creo que a la gente en España le gusta salir de casa. Entiendo que los espectáculos para el hogar no darán mucho resultado».[14]

Seis meses más tarde regresa al programa bajo la dirección de Guerrero Zamora con *La casa de la noche*, una obra de tesis de Thierry Maulnier estrenada en París en 1949 que se había presentado en el María Guerrero de la mano de Claudio de la Torre. María Dolores Pradera encabeza el reparto, acompañada por Fernando Delgado, Antonio Casas, Paco Morán, Ana María Noe y una María Massip cuyo trabajo resaltan todas las reseñas.[15]

Ese mismo mes de marzo de 1964 repite en el empeño. Toca el turno a *Proceso a Jesús*, la obra que ella misma había estrenado en el Español en 1956, y ello pese a que Guerrero Zamora ya la había adaptado para el programa *Gran Teatro* el 13 de abril de 1962. En cualquier caso, si en aquella ocasión hizo el papel de la Virgen ahora le toca otro, «breve pero intenso, lleno de posibilidades. En la obra no hay papeles menores».[16] Aúnan esfuerzos en esta nueva versión que el director prepara con esmero, incorporando la parafernalia televisiva —cámaras, micrófonos, decorados— al programa que se ha de emitir con ocasión del Miércoles

Santo. El realizador no conseguirá, sin embargo, rematar su trabajo, pues una apendicitis aguda le obliga a acudir de urgencia al hospital acompañado por su mujer, la actriz Maruchi Fresno, y dejar la labor en manos de Pedro Amalio López,[17] director de *Primera fila* y que ya se había encargado de la realización de *La heredera*.

Pedro Amalio López realiza también *Silencio..., ¡vivimos!*, un espacio dramático ideado por Adolfo Marsillach a rebufo de su anterior creación televisiva, *Silencio..., se rueda*. Había sido esta una producción, primera de TVE con un cierto tono crítico, que lanzaba dardos irónicos e incluso sarcásticos sobre la industria del cine, y a juzgar por las reacciones, que incluyeron amenazas y anónimos a su ideador, había dado en la diana. Por lo que para esta nueva temporada el autor decide poner el foco en asuntos de interés general, como las recomendaciones, las enfermedades incurables, la incomprensión intergeneracional y, en fin, temas un tanto genéricos que pudieran levantar menos susceptibilidades. O, en palabras de su creador, «intenté aplicar la misma fórmula —crítica, ironía y humor— que había utilizado para el cine, trasladándola, de un modo más amplio, a las incomprensiones y molestias de la aventura de vivir».[18] La emisión arrancó el sábado 6 de octubre de 1962 a las diez de la noche, justo antes del programa estrella de variedades *Gran parada*, con una duración de media hora. En abril de 1963, en TVE se emiten los dos episodios protagonizados por María Dolores Pradera: «El balneario» y «Nuestro amor de esta tarde». En el primero algún reseñista quiso ver la influencia de Ingmar Bergman; «pero eso no es ningún demérito»,[19] aclaraba por si las moscas. Se trata de historias breves, con un número limitado de escenas —cinco o seis a lo sumo— y varios giros argumentales. En «El balneario» se ironiza

MARÍA DOLORES PRADERA. DÉJAME QUE TE CUENTE

sobre la profesión de actor, pero también sobre las historias truculentas *fin de siècle*. María Dolores Pradera encarna a la baronesa de Ramales, mujer misteriosa que provoca encendidas pasiones entre los hombres. En cambio, en «Nuestro amor de esta tarde» es una mujer moderna, que entabla un juego de seducción con un desconocido en un cine. Al final, la historia da un vuelco para presentarlos como matrimonio que mantiene el amor libre de rutinas gracias a estas aventuras intraconyugales.[20] Era su primera intervención en guiones escritos directamente para el medio, un formato en el que no se prodigó ni, mucho menos, buscó la comodidad del personaje seriado y, como tal, fijo.

Silencio…, ¡vivimos! supondrá la consolidación de una amistad con Adolfo Marsillach que se prolongará en otros terrenos profesionales. Además de la nueva serie *Fernández, punto y coma*, el actor y teleasta presenta y dirige a partir de diciembre de 1963 un programa quincenal de índole policial que toma como base adaptaciones de relatos de William Irish. María Dolores Pradera participa en los episodios «Proyecto para matar» —con Fernando Rey y Ana Casares— y «El pendiente», con realización de Marcos Reyes.

> Gran guion, estupendo guion el de «El pendiente». Para nuestro gusto, el mejor de la serie de William Irish, a la que Adolfo Marsillach presta concurso invaluable. «El pendiente» fue un puro recreo de matices psicológicos, de reacciones matizadísimas, a través de una prodigiosa interpretación de María Dolores Pradera, Fernando Rey y Julio Núñez, que Marcos Reyes se encargó de subrayar, gracias a una realización absolutamente extraordinaria, llena de aciertos parciales, como aquel del plano corto de la señora Pradera ante la coqueta reflejando el espejo la imagen de «su marido» Fernando Rey,

para conmutar al plano medio en el preciso momento en que la acción lo requería.[21]

La popularidad televisiva la obliga a multiplicarse. Se atreve incluso con algún programa de entretenimiento como *La opinión de ustedes*, que conducen el actor Alberto Closas y Álvaro de Laiglesia, director de la revista *La Codorniz*; a veces, la emisión cuenta con «opinantes» invitados, como en el caso de la actriz en el espacio dedicado al «polifacetismo de Natalia Figueroa».[22] Un sustantivo que a esas alturas bien podría aplicarse ella misma, aunque aclara que no por decisión propia: «Me llaman polifacética. No es que yo lo sea; pero es que tengo que hacer varias cosas "para ir tirando". Aquí todo es difícil».[23] Y para demostrarlo, su actividad como cantante es la que está ganando terreno en esos momentos.

8

Zafiro

La década de los sesenta va a ser la de la incorporación definitiva de María Dolores Pradera al mundo de la música. El salto va a tener incluso su hecho simbólico: tras una década de actuaciones, intervenciones radiofónicas y grabaciones ocasionales, la artista va a buscar el ataque frontal al mercado discográfico a través del gran escaparate público que fue —o al menos intentó ser— el Festival Melodía de la Costa Verde que tuvo lugar en Gijón en 1960. La cantante venía de un largo vacío de publicaciones que duraba ya cuatro años: tras aquel debut ocupando la única cara de un *single* con el tema «Alhambra y tú», solo había registrado un sencillo con el sello Columbia. Había sido en 1956: en su cara A figuraba «Mea culpa», una *chanson* que en Francia había grabado por primera vez Édith Piaf con la orquesta de Robert Chauvigny, y en la B el bolero «Tengo un pozo en el alma». Pero coincidiendo con la llegada de un nuevo ciclo de actuaciones que arranca en Alazán en abril de 1960, decide participar en esta fórmula que el mercado discográfico ha ideado para potenciar su rentabilidad en colaboración con otros sectores industriales.

La concepción de los festivales canoros como gran lonja musical no era nueva, pues había surgido en Italia en 1951 con la puesta en marcha del Festival de San Remo. En principio de manera un tanto timorata, con escasa relevancia local y desde luego nula internacional, pero en 1958 todo cambiará en el mismo momento en el que suba a su escenario Domenico Modugno para presentar su nueva canción, «Nel blu dipinto di blu». El tema se hace tan popular como para que el público lo rebautice al instante «Volare» para integrarlo con mayor comodidad en su vida cotidiana, convirtiéndolo en un éxito planetario que pondrá en el mapa no solo a Modugno, sino también el certamen, e incluso una industria, la discográfica, de la que en Italia apenas existía rastro hasta entonces. Y de rebote, la expectación supuso también un importante impulso para la televisión, la prensa, el turismo y la hostelería. Nacía de este modo el mecanismo ideal para que los sellos discográficos presentaran sus temas con mayor potencial ante una audiencia masiva, en un momento en el que la estabilización económica en Europa permitía a parte de la juventud contar por primera vez con un dinero de ocio y a la industria bajar sus costes de producción. Discos y tocadiscos pasaban a ser producto de consumo común gracias a un precio accesible, muy alejado de aquel estatus de objetos de lujo que habían tenido hasta entonces.

El modelo era desde luego perfecto, y los sucedáneos brotaron inmediatamente en una infinidad de localidades europeas, sobre todo costeras. España, que había comenzado a tocar con la punta de los dedos el primer atisbo de desarrollismo tras la explosión del fenómeno turístico, no se va a quedar atrás. 1959 verá el nacimiento del Festival de la Canción Mediterránea en Barcelona, que sobrevivirá casi una década, y del Festival de la Canción de Benidorm, aún vivo hoy en día tras sufrir infinidad de mutaciones intentando acompasar su recorrido al paso del tiempo. El éxito del certamen, organizado por la Red de Emisoras del Movimiento, fue inmediato: tanto, que hasta una película narraría sus intríngulis, *Festival en Benidorm* (Rafael J. Salvia, 1960). La trama sentimental protagonizada por una Concha Velasco multiplicada en tres personajes sirve para ir hilvanando los temas que han resultado premiados en la segunda edición del concurso, mientras en la pantalla se suceden bellas estampas de la localidad mediterránea en Agfacolor, animando a los aspirantes a pequeños burgueses de toda la península a acercarse a sus playas en cuanto se les presente oportunidad.

Un grupo de empresarios asturianos decide repetir la fórmula en su tierra natal y el Festival Melodía de la Costa Verde, orientado hacia la música de matriz más o menos iberoamericana, ve la luz en Gijón el verano de 1960. Su primera edición se celebra con inmejorables expectativas: Jardines del Náutico, dos noches consecutivas, entradas nada menos que a veinte duros, presidencia de honor de Cayetana de Alba y todo presentado, por supuesto, por Bobby Deglané, que para algo el evento va a ser retransmitido en directo por la radio. Se alzarán con el triunfo Los 3 de Castilla, y quizá no fuera para menos dado que el tema que allí presentaron, «Ojos sin luz», estaba dedicado a la infanta Margarita de Borbón, invidente ella. María Dolores Pradera obtendrá no uno sino dos premios en el certamen: el segundo —cincuenta mil pesetas—, con el vals de Augusto Algueró «Mientras tú duermes», y el cuarto —sin dotación económica—, con el pasodoble «La fuente», de Carmelo Larrea, aquel pianista con el que se había tropezado en Alazán poco antes. A través de los micrófonos de la SER, Deglané no dejó de encomiar las maravillosas noches estrelladas que acogían el evento, aunque aquello no fuera más que un truco para no frenar la llegada masiva de turistas dado que el mal tiempo asoló las dos noches del festival, dejando unas pérdidas económicas de las que nunca se recuperaría. La prensa hablará tan épicamente del acontecimiento como solía ser tradición, señalando que «el festival ha triunfado» y que «ha producido numerosas canciones que darán la vuelta al mundo»,[1] pero lo cierto es que había quedado tocado de muerte en el mismo momento de su nacimiento y solo sobreviviría tres ediciones más, la última de ellas, la de 1963, ya con la entrada de los aires yeyés y rock 'n' roll y un tercer premio obtenido por un casi debutante Mike Ríos frente al triunfo del cantante portugués Rui Mascarenhas con «Soledad», un tema compuesto por Tony Leblanc.

La participación de María Dolores Pradera en el festival gijonés queda emparedada entre dos tandas de actuaciones musicales. La primera había tenido lugar aquella primavera en el tradicional Alazán, donde se presenta acompañada no por una sino por dos orquestas, las de Iniesta y Sampedro, y envuelta en el aura de un cambio de estatus evidente: el anuncio del evento, ya con reserva de mesas disponible, ocupa media página en el diario *ABC*.[2] En otoño realiza también su presentación en solitario en Barcelona. Lo hace durante las fiestas de la Merced y en el escenario del Emporium, escuela de baile con señoritas instructoras durante la dictadura de Primo de Rivera, local de variedades con «alterne» en la posguerra, *night club* desde mediados de los cincuenta. Dirán entonces los gacetilleros que «las salas de fiestas dan un sello de calidad y mérito internacional a las grandes ciudades. Barcelona cuenta con una, Emporium, de verdadero rango en este sentido y que se esfuerza por traer a nuestra urbe las mejores atracciones mundiales con evidente afán de ofrecer al público magníficos espectáculos».[3] Imposible contradecirlos si tenemos en cuenta que por el número 4 de la calle Muntaner pasaron Josephine Baker, Charles Trenet, Charles Aznavour o Luis Mariano. La nota de prensa hincha un pelín el currículum de la Pradera con inexistentes triunfos en Lisboa y París; a lo mejor por eso dicen de ella que como cantante está «en la línea de las mejores *disseuses* francesas».[4] En fin, pequeños truquillos promocionales que demuestran que tras la participación en el festival gijonés María Dolores Pradera ha entrado de pleno en la dinámica de la industria musical y ha comenzado el giro de grabaciones discográficas, actuaciones en directo y presentaciones en radio y televisión.

La primera entrega es un EP que recoge las cuatro canciones triunfadoras en el certamen, tanto las dos presentadas por ella como las dos que han corrido a cargo de Los 3 de Castilla. «Sus canciones cobran vida en la interpretación asombrosa de esta gran actriz. Porque María Dolores Pradera es una gran actriz del teatro y del cine y que, en una nueva y extraordinaria faceta, ha sabido demostrar su sensibilidad llevando a la canción moderna su gran talento artístico», proclama la contra del vinilo. Pero mayor importancia revestirá que el disco venga avalado por una discográfica recién nacida, Zafiro, con la que la artista mantendrá una relación de recíproca fidelidad hasta 1999, cuando el sello sea absorbido por la multinacional RCA y vaya perdiéndose en la maraña de multinacionales que acarreó la concentración industrial del nuevo milenio. Hasta entonces, María Dolores Pradera se convertirá en pieza esencial de su mecanismo: tras su fundación en 1957 por el antiguo barítono Luis Sagi-Vela y bajo el ala protectora del Opus Dei, el sello se ha especializado en música clásica y es precisamente esta grabación la que arranca un proceso de reestructuración que suma un todavía breve listado de intérpretes de música ligera a aquellas grabaciones de la Orquesta Filarmónica de Viena y de jóvenes pianistas españoles desgranando el repertorio de Falla y Albéniz. A lo largo de la década de los sesenta ficharán a Marisol para que ponga voz a un disco de cuentos infantiles y abrirán con ella una nueva línea interpretando canción portuguesa o musicados de Federico García Lorca.[5] En cuanto al catálogo juvenil, se irá ampliando con grupos como Los Pájaros Locos o Micky y los Tonys, y varias chicas yeyés como Betina y Silvana Velasco. Este tropel de jóvenes empujará a la discográfica a crear un sello específico, Novola, que pondrá bajo la tutela de Luis Sartorius, excomponente de Los Estudiantes. Su prematuro fallecimiento en 1964 no impedirá que el sello siga adelante y lance a Massiel o las grabaciones de Serrat en castellano. Del valor seguro que María Dolores Pradera supone para la empresa habla a las claras que todavía en 1985 los responsables de la discográfica presumieran de haber sabido adaptar el sello al gusto de los tiempos, jactándose de tener en la escudería a grupos heavies como Obús o Barón Rojo, pero contando también con artistas que, más allá del signo de las modas, son valores seguros como José Carreras, Chiquetete o la propia María Dolores Pradera. «Quizá no vendo tan aprisa; pero lo importante es permanecer»,[6] señalaba la artista.

Encontrar una discográfica que se desenvuelva con soltura en el mercado —como bien demostrará el triunfo de Massiel en el Festival de Eurovisión— y que apueste fuerte por su potencial va a permitir a la cantante asentar su ritmo de grabaciones y centrar su repertorio en los ritmos hispanoamericanos, que considera más próximos a su sensibilidad y le ofrecen todo lo que pueda dar como artista:

> [Las canciones hispanoamericanas] también son nuestras, o nosotros de ellos, como quieras. Hablamos la misma lengua, somos hermanos... Además, esas canciones van bien con mi temperamento. Son sencillas, dulces, populares... Las cantan cuando trabajan o cuando se divierten, cuando están tristes o alegres... Me gusta el folclore, sobre todo ese que habla de la naturaleza, que se refiere al amor. Soy una sentimental, es verdad...[7]

Esto supone también el fin de aquella vieja ambición de buscar fortuna en París, por enriquecedor que le hubiera resultado su nuevo paso por la Ciudad de la Luz. Allí se ha encontrado con Paco Ibáñez, al que se ha sumado en algunas actuaciones en una *cave* existencialista de nombre imbatible, La Polka des Mandibules, con un repertorio de temas hispanoamericanos y poemas de Lorca y Góngora musicados por él mismo: «Agarrábamos unas melopeas... porque bocadillos no nos daban, pero la copichuela no faltaba. Entonces grabé una canción, "El lagarto está llorando", de García Lorca, a la que Paco puso la música».[8] La Pradera la registraría en estudio unos años más tarde. En París también cumpliría con una prueba para un sello discográfico francés. Paco la acompañará a sus oficinas y la artista interpretará un puñado de canciones ante el micro. Pero todo queda en agua de borrajas porque ese mismo día recibe un telegrama de Tamayo para que se incorpore cuanto antes a los ensayos de *Proceso a Jesús* y debe regresar urgentemente a Madrid. Poco terminaría importando, porque por mucho que la ciudad francesa siga ejerciendo de epicentro de la industria musical europea, la reformulación de su carrera se ha convertido para ella en foco secundario, pues a la hora de establecer un puente entre los dos continentes resulta mucho más razonable tomar como base Madrid. Así se lo confiesa veladamente y entre bromas al actor Simón Andreu, en funciones de entrevistador improvisado para la revista *Primer Plano*:

> —Sus canciones son siempre sentimentales. ¿Puede decirme si piensa en algo en particular cuando las interpreta?
> —Particularmente, en las facturas del modisto.
> —¿Qué tipo de canción prefiere: la mexicana o la francesa?
> —La mexicana. He cantado algunas veces en francés, pero, afortunadamente, descubrí a tiempo que cantar en este idioma produce arrugas prematuras. Es más, te diré que Édith Piaf se aumenta años. Yo no creo que tenga más de treinta y cinco, y, sin embargo, ¡ya ves cómo se ha puesto![9]

José Luis Navarro, arreglista de confianza de la casa, le proporcionará el soporte musical en sus primeras grabaciones para Zafiro. En ellas ha centrado ya su estilo: sus dos siguientes EP, *Rancheras famosas* y *Ritmo de bolero*, se adentraban ya sin complejos en la música hispanoamericana a través de composiciones de José Alfredo Jiménez o Cuco Sánchez. Pero la explosión definitiva llegará con su siguiente cuatro pistas, publicado ese mismo año, que incluye ya «La flor de la canela», el tema sobre el que hará pivotar toda su carrera y que registra aquí por primera vez con el acompañamiento de la Orquesta Maravilla, no acreditada en el vinilo. A mediados de los años cuarenta, esta y otras composiciones primerizas de Chabuca Granda habían entrado en el repertorio de Los Morochucos de Oscar Avilés y otros cantantes peruanos, pero no será hasta 1954 cuando la versión del trío criollo Los Chamas traspase fronteras. Su compositora recordaría cómo, tras divorciarse, se ganó la vida trabajando en una perfumería tras cuyo mostrador encontró la inspiración al atender a su paisana Victoria Angulo:

> Una señora morena, de alcurnia, de raza negra —flor de su raza—, que una tarde, después de hablar un rato con ella en la botica, al despedirse, me dio un beso —nos queremos mucho— y me dijo que se sentía muy cansada, pero que se iba a pie hasta su casa, que quedaba muy cerca, «atracito el puente», a unos pasos detrás del río. La seguí con la mirada y me la imaginé joven, caminando a orillas del Rimac. La vi cuando «Derramaba lisura y a su paso dejaba / Aromas de mixtura que en el pecho llevaba...».[10]

«La flor de la canela», como «Fina estampa», refleja la nostalgia por la vieja Lima, aunque su inmensa difusión desbordará cualquier límite local o geográfico al conectar directamente con lo popular. Su eco había llegado a la cantante un tiempo atrás: «Un hermano mío que estaba en Estados Unidos becado para una cosa de ingeniería me mandó un disco de "La flor de la canela", pero no era exactamente un disco, era un acetato cantado por él y por un grupo de amigos suyos de la universidad peruanos. Me sorprendió la canción, me la aprendí y la canté».[11] Fue un hallazgo fundamental, como también lo sería otro que tendrá lugar en un estudio radiofónico ese mismo 1961: el encuentro con Santiago y Julián López Hernández, Los Gemelos. Nacidos en 1933, han estudiado respectivamente Arquitectura y Matemáticas y, como tantos universitarios en aquellos años, han empezado a actuar con la tuna. Apenas acabada la carrera viajan a Estados Unidos para ampliar estudios y allí realizan algunas actuaciones como dúo. Su vocación por la canción hispanoamericana se refuerza al ver in situ el redescubrimiento y revalorización del folk estadounidense emprendido por la juventud local más inquieta, que, a la espera del estallido planetario que provocará la aparición de Bob Dylan, a finales de los cincuenta ha comenzado a organizar los primeros festivales dedicados al género al tiempo que en Greenwich Village abren los primeros clubes folkies —Cino, Village Vanguard, Wha?, Gaslight—. Algo de todo esto se filtraría en el primer EP de Los Gemelos, que registran al poco de regresar a España en 1960, marcado por la heterogeneidad de eso que, con el paso de las décadas, terminaría calificándose como «músicas del mundo». O algo así suponen los cuatro temas que en él se incluyen: «Mustapha», una canción egipcia popularizada por dos cantantes orientales afincados en Francia, el turco Dario Moreno y el alejandrino Bob Azzam; el calipso jamaicano «Day-O (The Banana Boat Song)», que ha hecho conocido desde Estados Unidos Harry Belafonte; «Mango vendor», versión del dúo folk noreuropeo Nina & Frederik, y «Ansiedad», el celebérrimo bolero del venezolano Enrique Sarabia que ha internacionalizado Nat King Cole. Y no se vea este ensamblaje desde un prisma actual, que forzaría una lectura filológica para buscar coherencia al repertorio: los sonidos latinos eran punta de lanza de una juventud que buscaba una música que les diferenciara de las generaciones anteriores y en esos mismos años su expansión se está combinando sin reparo alguno con las primeras muestras de rock 'n' roll que han aterrizado en Europa. Quienes busquen una explicación a la inclusión del bolero «Bésame mucho» en el repertorio protopunk de los Beatles en Hamburgo, ahí la tienen; quienes busquen otra a la calificación de «cantante moderna»[12] que adjudica unánimemente la prensa a María Dolores Pradera, también.

En 1961 se estrena la emisión *Gran parada*, un espacio patrocinado por Movierecord considerado por los historiadores del medio como primer gran programa musical emitido por televisión en España. Como los estrechísimos estudios del paseo de la Habana son incapaces de acoger semejante despliegue de bandas y orquestas, las actuaciones se realizan en un teatro. Es la ocasión idónea para presentar el nuevo repertorio grabado para Zafiro ya interpretado en directo en su regreso a Alazán. «Quedamos conmocionados. Su actuación alcanzó el cenit en aquella *Gran parada* llena de cosas extraordinarias».[13] Este tipo de comentarios encomiásticos que recibe en su primera aparición televisiva como cantante se repetirá sistemáticamente cada vez que se asome a la pequeña pantalla. La televisión parece creada a propósito para la cualidad íntima de sus canciones y permite además disfrutar del vuelo de sus manos, convertido desde aquel momento en uno de sus principales rasgos de estilo. Más que la radio, los recitales o sus también habituales intervenciones radiofónicas, será la televisión la que fraguará su inmensa popularidad en estos años.

A *Gran parada* regresará en 1964, después de dos años de sequía musical y dedicación casi absoluta a su actividad dramática teatral y televisiva. Lo hace en agosto, en un programa que algún cronista entiende de relleno hasta en las gracias de Tony Leblanc, conductor del espacio. Pero, de pronto, el crítico sale de su estupor estival:

> Súbitamente, cuando no se esperaba nada ya, en la pantalla de *Gran parada* aparece un perfil de gran actriz y suena una voz redonda y morena como un aleteo de palomas. Todo ha cambiado en un segundo. Este gesto, este decir la canción poniendo el alma en el arma de la voz no es de interino, ni de

sustituto, ni de «vice» de nada. Es gesto y voz de quien tiene títulos para mandar en propiedad. Cuando al final suena «La flor de la canela», por la ventana abierta a la noche caliente entra una bocanada de aire fresco y eterno poniendo un fulgor nuevo al oro ceremonioso de los virreyes en la Lima lejana, entre papagayos y palmeras. Gracias mil, María Dolores Pradera, por haber apagado con el cristal de una canción el zumbido lejano de todos los tontos de agosto.[14]

9

José Luis Alonso y alrededores

Música, televisión, vuelta a los platós… ¿Qué ha sido del teatro en todo este vaivén? La Pradera no lo ha abandonado del todo porque poco antes se ha incorporado a la gira por provincias de la compañía de Guillermo Marín. Pero en el verano de 1960 le llega una proposición muy diferente por venir de alguien que la conoce bien como actriz: José Luis Alonso, recién encaramado a la dirección del teatro nacional María Guerrero.

Alonso tiene su misma edad, treinta y seis años, y mantiene con ella una complicidad que se ha ido forjando a lo largo de toda una década: la ha dirigido en *Soledad* cuando aún eran veinteañeros, ha vivido el día a día de su etapa junto a Tamayo, ha realizado la traducción de *Anastasia* ajustando milimétricamente el papel a las características de la actriz, incluso la ha convocado de urgencia para sustituir a la protagonista de *La gata sobre el tejado de zinc* en sus representaciones en Barcelona. Frente a la extroversión de Tamayo, Alonso es un hombre discreto, adicto al estudio meticuloso, a la preparación hasta lo obsesivo. Solía recordar el montaje que allá por 1944 habían realizado Luis Escobar y Huberto Pérez de la Ossa de la obra de Thornton Wilder *Nuestra ciudad* como momento de epifanía que le había hecho caer arrebatado por las tablas. Una vocación fulgurante propiciada por el hecho de que su tío materno, José Luis Mañes[1] —suerte de segundo padre desde la infancia—, asume la gestión del Calderón en 1946. Es ahí cuando, movido por aquella inquietud, comienza a traducir a título particular las obras que le interesan:

> Ya dominaba el inglés. Tenía tarjeta de lector de la Casa Americana y del British [Council]. Comedia nueva que llegaba, comedia que devoraba a placer. Compartía su lectura con Benavente, quien sabía el inglés a la perfección. «Lo aprendí para poder leer a Shakespeare en su lengua original», me dijo un día. Don Jacinto estrenó en el Calderón *La infanzona* y *Titania*, con la compañía de Lola Membrives. Yo estuve a su lado la noche de esos dos estrenos sin perderme ripio.[2]

Las traducciones se ensayan y representan en la casa familiar con alumnos del conservatorio y actores del María Guerrero. Allí conoce Tamayo *El águila de dos cabezas*, de Cocteau, y la incorpora al repertorio de la compañía Lope de Vega. Luis Escobar encomienda a Alonso la dirección de *El landó de seis caballos*, de Víctor Ruiz Iriarte, para liberarse él del cometido y poder así dirigir su primera película, *La honradez de la cerradura* (1950). La década que resta hasta que le ofrezcan la dirección del coliseo ya ha ido asomándose intermitentemente a estas páginas: más teatro de cámara, más trabajos junto a Tamayo, alguna incursión en compañías privadas... Según confesión propia, el vértigo le hará rechazar la propuesta en primera instancia. Pero se refugia en El Escorial esperando en su fuero interno que la negativa no sea tomada en consideración. Y así será.

Adolfo Marsillach, que había entrado en el María Guerrero de la mano de Luis Escobar una década atrás, recordaba así la particularidad de sus intérpretes:

> Formaban una camarilla visiblemente elitista. No es un fenómeno nuevo: los actores contratados en teatros institucionales tienden —puedo aceptar que sin proponérselo— a considerarse superiores a los que actúan en las salas privadas. Supongo que los mismos privilegios de que gozan —menos representaciones, más rigor en los ensayos, mejores condiciones laborales— les va lentamente erosionando hasta hacerles caer en una petulancia y en una intransigencia absurdas. [...] El María Guerrero era una sala insólita para los tiempos que corrían. En primer lugar, estaba situada fuera del centro teatral de la ciudad, que seguía siendo, como en el siglo XVII, la plaza de Santa Ana y sus alrededores —teatros Español, Reina Victoria, Calderón, Comedia...— y, además, ofrecía una programación de *qualité* no siempre en concordancia con los deseos de nuestro público. [...] Si a esto se añade, como ya he dicho, la oferta de unos títulos y unos autores nada frecuentes en la cartelera tradicional, se entiende que el teatro [...] fuese considerado, a veces, como un refugio de pedantes sin redención.[3]

Alonso planea inaugurar la temporada con un Chéjov inédito en España, *El jardín de los cerezos*, coincidiendo con el centenario de su autor. Que este sea ruso supone un escollo ante las altas instancias: no olvidemos que José Muñoz Fontán era por entonces director general de Cinematografía y Teatro y acababa de prohibir *Con faldas y a lo loco* (*Some Like It Hot*, Billy Wilder, 1959) «aunque solo sea por subsistir la veda de maricones».[4] Alonso terminará saliéndose con la suya y cumpliendo todas las promesas que se intuían en él:

> Tuve la alegría de que *El jardín de los cerezos* no fue solo
> un éxito artístico, sino de público. Conformarse con el éxito
> artístico es bien triste, porque es aceptar, resignados, que el
> público no es culto, que solo le gusta el mal teatro. Además,
> era la primera vez que esa obra maestra se conocía en nuestro
> país. Respiré. Había saldado una cuenta.[5]

Algunos historiadores han apuntado lo que de declaración de principios tiene la elección de la obra de Chéjov como inauguración de un nuevo ciclo teatral y hasta de una nueva década, la del desarrollismo.[6] *El jardín de los cerezos* plasma la decadencia de Lubov y su familia, incapaces de administrar las tierras que han heredado, frente al avance de una pujante burguesía representada por el ambicioso Lopajin, hijo y nieto de siervos enriquecido gracias al comercio. La obra finaliza con la agonía de un viejo criado, al que abandonan una vez vendidos huerto y casa, mientras, «como si cayera del cielo, se escucha un sonido lejano, trémulo y tiste, parecido al de la cuerda de algún instrumento que se rompe».[7] La adaptación, de Josefina Sánchez-Pedreño, que ya se había encargado antes de aquella de *Tío Vania* que la Pradera había interpretado en el teatro de cámara. José Bódalo y Josefina Díaz de Artigas —recuperada del exilio para la escena española por Tamayo— encarnan a Lopajin y Lubov Andréievna. Su hija Ania, metáfora del futuro, es Berta Riaza, en tanto que María Dolores Pradera hace el papel de Varia, hija adoptiva y gobernanta de la casa. La propuesta de matrimonio de Lopajin nunca llega a producirse por mucho que ella la espere; tendrá que contratarse como ama de llaves en otra casa que acaso termine corriendo la misma suerte que esta. La presencia de Agustín González, gran aficionado a la guitarra y que anda por el coliseo ensayando la obra que tomará el relevo de *El jardín de los cerezos*, permite a la actriz amenizar a sus compañeros los descansos de los ensayos con algunas canciones.

En 1963 Alonso publica en la revista *Primer Acto* unos «Testimonios sobre el Teatro de Arte» dirigido por Stanislavski, en los que deja claro qué es lo que busca en los actores en general y en María Dolores Pradera en particular:

> La sencillez, la suavidad, el ritmo, la alegría teñida de emoción. Crean «comedias de costumbres» sin altisonancia, sin pretender resaltar símbolos. [...] Las voces, que teniéndolas muy impostadas, nunca dan la sensación de engolamiento. [...] La portentosa manera de escuchar. [...] La maestría con que pasan de los momentos cómicos, casi de farsa grotesca, a los más dramáticos. [...] Y, por último, cómo logran vencer las dos mayores dificultades en Chéjov: la vida interior de los personajes y los monólogos.[8]

Interpretación, escenografía, figurines, diseño sonoro —fundamental— e iluminación son parte esencial de la propuesta de Alonso. Quizá de ello se siga que en esta ocasión ninguna crítica destaque un recurso por encima de los otros ni conceda protagonismo particular a ninguno de los actores. No así los estamentos oficiales: en noviembre el Consejo Superior de Teatro decide otorgar el Premio Nacional de Interpretación Dramática de este año a María Dolores Pradera. Halagada, declara que es el momento más gozoso de su carrera.[9] Las diez mil pesetazas que acarreaba el galardón tampoco eran mancas, imaginamos.

> —¿Cuál fue tu primera reacción al enterarte de que te reconocían como la mejor actriz de la temporada?

—Dije: «Caramba, ahora que me estaba ganando las simpatías de la profesión...».

—¿A quién ha halagado más este galardón, a la actriz o a la mujer?

—A mis hijos. [...]

—¿Qué quiere María Dolores?

—Dormir.

—Cansa el teatro, ¿verdad?

—Sí, pero es que, además, por las mañanas grabo discos y también es trabajoso.

—¿Qué te gusta más, hablar o cantar?

—Cuando estoy triste, cantar.

—Pues como hoy no estás triste, dime, ¿conquistaste anteriormente algún otro premio?

—La Medalla de Oro del Círculo de Bellas Artes, un trofeo de Venezuela por mis canciones en el Festival de la Costa Verde, últimamente unas copas... Total, que se me está poniendo la casa perdida de trofeos.[10]

Ya preveía el flamante director que la recepción de su siguiente propuesta, la obra de Eugène Ionesco *El rinoceronte*, no iba a resultar tan unánime. Pero Jean-Louis Barrault ha presentado la obra en París dos años antes y desde entonces la han montado en el circuito anglosajón Orson Welles y Laurence Olivier. Levantarla en Madrid suponía homologar la ciudad con las principales capitales teatrales de Europa.

¿A qué se debe el éxito de la obra? —se preguntaba Alonso en el programa—. Tal vez a que Ionesco se ocupa en ella de una epidemia que se extiende alarmantemente por todos los países: la rinoceritis. Y cuyos síntomas son: el embrutecimiento y animalización de hombre, su inclinación a seguir a la manada, la anulación del YO.[11]

Obra altamente simbólica, por lo tanto, en una situación que va ganando en gravedad según los personajes de la ciudad se van paquidermizando y el protagonista quedando solo. A fin de aligerar en lo posible la acción y graduar el ambiente de pesadilla, Alonso reduce algunos diálogos y, a cambio, añade soluciones visuales como la celebrada invasión de la oficina por parte de los bomberos para la que el director reconoce haberse inspirado en las películas de los hermanos Marx. Del reparto, la crítica destacó, como no podía ser de otro modo, el tour de force de su protagonista principal, José Bódalo, la mutación en rinoceronte del personaje interpretado por Antonio Ferrandis y, como solía ser habitual, a la Pradera en un rol que se calificó de un tanto insustancial pero al que supo conferir empaque a base de su buen hacer. La reacción del público ante una obra que había caído como un meteorito en la escena madrileña, un tanto virulenta: «Estreno que no olvidaré, de choque, con escándalo incluido. Maravilloso. Los de arriba llamaban rinocerontes a los espectadores de butacas».[12] No eran desde luego tiempos en los que los estrenos se tomaran a la ligera: Adolfo Marsillach recordaba a María Dolores Pradera la noche del 15 de diciembre de 1961 a voz en grito y en pie sobre su butaca del Español defendiendo con uñas y dientes el desastre del *Hamlet* de Tamayo.[13]

Para inaugurar la temporada 1962-63 en el María Guerrero, José Luis Alonso le propone regresar a la *Soledad* de Unamuno nueve años después de aquel estreno en función única que él mismo había dirigido. Con un cambio de elenco: en esta ocasión compartirá protagonismo no con José

María Rodero sino con José Bódalo, su reciente compañero en *El rinoceronte*. Lo que no varió fue la hostilidad con la que siempre fueron acogidas las obras escénicas de Unamuno, ya que ni el paso de los años ni el prestigio del autor hizo a los críticos dejar de ver un desajuste entre las ideas que buscaba trasladar al público y su construcción dramática.[14] No obstante, destacarán la calidad del montaje de José Luis Alonso, la validez de los figurines y decorados de Mampaso y las interpretaciones de su dupla protagonista. El único que se muestra abiertamente a favor del programa es Francisco García Pavón en su debut como reseñista teatral en el diario falangista *Arriba*, tras tomar el relevo de Gonzalo Torrente Ballester. Argumenta el escritor manchego que es precisamente en esa desnudez donde reside el valor del teatro de Unamuno, un teatro donde todo se da despojado de hojarasca espectacular y donde, por lo tanto, el texto queda reducido a lo esencial, libre de cualquier alharaca superflua. En cuanto a María Dolores Pradera, opina que «sus actitudes, su figura, su gesto, su voz (en alguna ocasión baja de tono) fueron una lección de sensibilidad, que culminó en la magistral escena final. Fue reiterada, casi apasionadamente, aplaudida al concluir la representación».[15]

El *reprise* se mantiene durante un mes en cartelera con el curioso complemento de un sainete en un único acto también de Unamuno, *La difunta*, que cubre la escasa duración de la obra. Los recién instituidos Premios Larra de la revista *Primer Acto* valorarán la interpretación de la Pradera como la más destacada del año. Por esas ironías del destino, el galardón al mejor intérprete masculino recae en Fernán-Gómez por su trabajo junto a Conchita Montes en *Mi querido embustero*, versión dramatizada de la correspondencia entre Georges Bernard Shaw y la actriz Patrick Campbell.

Mientras tanto, José Luis Alonso pone en escena *Juana de Lorena*, de Maxwell Anderson, y *Los caciques*, de Carlos Arniches, en las que la actriz no encuentra acomodo. Aprovechará la pausa para viajar a México e intervenir en las funciones de la obra de Lope de Vega *El perro del hortelano* en el inmenso Auditorio Nacional. En el tránsito, pasarán varios meses antes de que vuelva a pisar el escenario del María Guerrero, incorporándose fugazmente a las representaciones de *Los verdes campos del Edén*. Lo hace como invitada con ocasión de su centésima representación: Fernando Rey lee unas cuartillas escritas por Alejandro Casona, y ella se luce en su faceta de cantante. La polémica comedia es la primera incursión teatral de un joven Antonio Gala, que ha obtenido en 1963 el premio Calderón de la Barca, y una obra complicada de montar, con casi tantas mutaciones y cambios de luz como personajes. Así resumía Marqueríe su trama:

> A un lado está la existencia ordenada, cronometrada, y hasta vulgar de ciertos seres, y al otro, la de ese conjunto de descentrados, de vagabundos o de excéntricos y bohemios, en los que se confunde miseria o dolor con imaginación y fantasía y que deciden unos albergarse clandestinamente en un panteón del cementerio y otros pasar con ellos la noche de Año Viejo.[16]

María Dolores Pradera tendrá ocasión de reincorporarse al elenco de la comedia cuando la compañía titular del María Guerrero se presente en octubre de 1964 en el Romea de Barcelona con un puñado de sus últimos montajes, como *El rey se muere* o *Eloísa está debajo de un almendro*. El rasgo trágico, romántico o poético que rodea el aura como actriz de María Dolores Pradera se traslada incluso a la comedia, como sucede en esta última. El personaje de Mariana Briones se encuentra bajo el signo de lo extraño: no es un rol eminentemente humorístico, sino que la comicidad va a funcionar por contraste con el carácter desorbitado del resto. Y además la actriz tiene el placer de reencontrarse con el repertorio de uno de sus autores favoritos, el mismo con el que había iniciado su carrera teatral: Enrique Jardiel Poncela.

De la fecundísima producción humorística de Jardiel, *Eloísa* es la obra que antes alcanzó estatus de clásico. José Luis Alonso suscribía que la comedia es «un compendio de todo su teatro. En ella están esbozados personajes, situaciones y el germen de otras comedias que posteriormente escribió el mismo Jardiel».[17] De ahí que la haya programado en el María Guerrero en noviembre de 1961 con María Jesús Valdés y Amelia de la Torre en los papeles de Mariana y la tía Clotilde. Y de ahí que decida reponerla en las Navidades de 1964, ahora con María Dolores Pradera en el papel principal.

En el prólogo a la edición de la obra expone Jardiel el modo en que la compuso.[18] Se trataría de una especie de crucigrama en el que finalmente todo encuentra su explicación y en el que cada personaje tiene su función precisa y especular. La obra está construida, como de costumbre, por un prólogo —cuya acción se sitúa en una sala cinematográfica— y dos actos; Jardiel se esfuerza en plantear la acción a partir de una única idea motriz: un Landrú ha asesinado a varias mujeres y otra se enamora de él precisamente por esta sospecha. Estos personajes, considera el autor, deben ser interpretados por el actor y la actriz cómica de la compañía, por lo que el galán y la dama deben representar la historia «en serio».

María Dolores Pradera tendrá también oportunidad de regresar a otro de los autores que ya había trabajado previamente. Alonso se propone abrir temporada de 1964 con lo que Jesús Rubio Jiménez denominaría «la gran batalla en pro de la difusión de Ionesco»[19]. Con libreto de Trino Martínez Trives, decide poner en pie un programa doble conformado por una vieja obra de acto único, *El nuevo inquilino*, y por su trabajo más reciente, *El rey se muere*. Alec Guinness la ha representado en Londres e Ingmar Bergman la ha dirigido en Estocolmo: mejores avalistas, imposible.

> *El rey se muere* dura cerca de dos horas —escribe el director en el programa—. Y fue escrita para representarla sin interrupción. Imposible romper con un corte su equilibrio, escapar a su ambiente obsesivo. Y sin interrupción la daremos nosotros. Antes, a modo de contrapunto, ofreceremos *El nuevo inquilino*, un acto muy corto, también de Ionesco, estrenado unos años antes. Y si en *El rey se muere* asistimos a un espectáculo de un Ionesco más «clásico», en *El nuevo inquilino* volvemos a encontrar al Ionesco-Ionesco, con su mundo, con sus características obsesiones —la proliferación de la materia, por ejemplo— y con su sello personalísimo y único.[20]

De nuevo Bódalo se adjudica el papel principal, en tanto que sus dos esposas —vale decir la Muerte y la Vida— están interpretadas por Rosario García Ortega y María Dolores Pradera. A proporcionar al espectáculo su carácter alucinado contribuyen la escenografía y los figurines ideados por Francisco Nieva, recién llegado de París. Satisfecho por el resultado, José Luis Alonso enviará unas fotografías del montaje al propio Ionesco, que felicitará personalmente a su responsable: «*Mon cher* Nieva, me ha encontrado usted una dimensión que yo mismo ignoraba. Una dimensión wagneriana».[21] Pero el deslumbramiento del escenógrafo se volcará sobre todo en el descubrimiento de su actriz principal:

> María Dolores Pradera me fascinó desde el principio. ¡Qué dulcemente bella, elegante, refinada, misteriosa, graciosa y enigmática! Ni pensar en solicitarla carnalmente. No me parecía digna de un trato convencional y grosero. Era todo espíritu para mí. [...] «¿No has oído cantar a María Dolores?», me preguntó el director. «Pues esta noche la vas a escuchar». Se había programado un recital de sus canciones, corridos mexicanos y otros aires de Sudamérica. La escuché embobado, fascinado, embrujado. Representaba para mí «la Eva futura». Yo me perdía afectuosamente en su brillante y espontánea conversación, en su ingenio y su fantasía, tímidamente seducido. La veía resplandeciente de feminidad, de venusta coquetería. Yo había sido muy amigo de Juliette Gréco, y siempre creí que María Dolores la superaba en lo misterioso y enfático de su presencia.[22]

La obra se estrena en el Romea de Barcelona, donde Bódalo debe actuar con una pierna escayolada por un reciente accidente, y el 26 de noviembre inaugura la temporada del María Guerrero. Aunque las representaciones avanzan ante una creciente indiferencia del público, también generan nuevos debates entre la crítica. Marqueríe, por ejemplo, le niega el pan y la sal al autor, en tanto que García Pavón aplaude el afán renovador de su teatro. En cualquier caso, el aplauso para director, escenógrafo, intérpretes y sobre todo protagonista son unánimes. Pero, cosas del teatro, la avalancha de loas termina generando tensiones entre ellos. Trives considera a Nieva un recién llegado, y aunque Alonso de Santos se ve obligado a mediar y falla a favor del escenógrafo, el traductor encontrará nuevos motivos de reproches cuando vea que la baja afluencia de público hace retirar la obra de cartel mucho antes de lo previsto.

El nuevo estreno, que arranca alternándose en la cartelera con los últimos coletazos del programa de Ionesco, es *Intermezzo*, de Jean Giraudoux. El autor francés ya se había asomado al escenario del María Guerrero en 1961 con *La loca de Chaillot*, en interpretación memorable del papel titular por Amelia de la Torre. Ahora la protagonista es Isabel, encarnada por María Dolores Pradera, una maestra que, para evadirse de la aburrida vida provinciana en la que se ve atrapada, acude cada noche al encuentro de un espectro que le abre la puerta del más allá. Bajo su influjo cambiará su método didáctico y decidirá educar a sus alumnas en la naturaleza. Lo sorprendente es que a partir de ese momento la armonía y la felicidad parecen inamovibles: solo se mueren los viejos pelmazos, el gordo de la lotería le cae al más necesitado, los niños maltratados abandonan tranquilamente sus casas... La Administración decide tomar cartas en el asunto y envía a un inspector para que imponga la razón sobre tanto desvarío poético. El final elude la tragedia y se decanta por el pacto, aunque sea a costa de renunciar a la fantasía y abrazar con resignación lo prosaico.

La obra supondrá uno de los momentos artísticos álgidos de una María Dolores Pradera en plena madurez como intérprete. El escritor Francisco García Pavón recordaría así su trabajo y sus capacidades años más tarde:

> Una actriz sensitiva, de tonos tornasolados, acordes con la blancura de su piel y el dorado de sus lacios cabellos. Es ac-

triz de tonos doloridos, de agonías a la amanecida, de suaves monólogos amorosos, de ademanes desmayados y rítmicos. María Dolores es una actriz de medias tintas azorinianas, con no sé qué lejanía.[23]

Pero pese al prestigio de su autor, a esas alturas de 1965 *Intermezzo* parece a la crítica cosa pasada por su carácter abstracto y poético. Lo constataba el propio Nieva en la justificación de su trabajo, irónico sin renunciar a lo tópico cuando conviene: «Giraudoux está, a pesar de sus valores esenciales, adscrito a una estética que ya no es la nuestra».[24] Y así lo confirmará una crítica que, por mucho que defendiera el trabajo del equipo, calificó de errónea la elección de la obra:

> Yo diría que los actores estaban un poco en contra, instintivamente, de la comedia. Su exquisitez es, a la hora de interpretarla, un arma de dos filos. El intérprete se encuentra con un texto literariamente bonito, pero que le deja un poco en el aire, sin el menor apoyo pasional, sentimental o aun intelectual. Todo es un poco sonámbulo, al servicio de una atmósfera que aquí, en el María Guerrero, ante el público del María Guerrero y en el 1964, no hay forma de crear. [...] El espíritu literario, divagativo, imaginativo, del *espirit* de Giraudoux posee una sutileza, un cuerpo de ironías y sobreentendidos, que no agarra el espectador español, habituado a un material dramático más táctil. María Dolores Pradera es la que se mueve de un modo más afín a las exigencias de *Intermezzo*.[25]

Más allá del debate teórico, María Dolores Pradera no puede evitar vivir con emoción el debut profesional en la obra de su hija Helena —Titona para los amigos de sus padres, por el Titón con el que habían apodado a su hermano Fernando—, que interpreta a una de las alumnas. Como buena hija del arte, declara que pretende abrirse camino en el mundo de la interpretación por sí misma, por eso estudia arte dramático, ballet e idiomas.[26] De su madre dice que es una buena actriz y que la admira muchísimo. De su padre, simplemente que es un genio. Unos meses más tarde debutará también en el cine a las órdenes de un buen amigo de la familia, Jesús Franco, en *Residencia para espías* (1966).

Y, mientras tanto, estalla un nuevo terremoto en el panorama teatral madrileño que va a afectar directamente a los siguientes pasos de María Dolores Pradera. Con el estreno de la comedia de Giraudoux, Claudio de la Torre arranca en el saloncillo del María Guerrero la lectura de su obra *El cerco*, que él mismo tiene intención de dirigir. Esto deja un generoso margen de tiempo a José Luis Alonso, que aprovecha para marchar cinco semanas a Nueva York, dirigir allí la puesta en escena en inglés de *La dama duende,* de Lope de Vega,[27] y reflexionar sobre una propuesta que, inesperadamente, acaba de caerle en las manos: asumir la dirección del Español tras la dimisión de Cayetano Luca de Tena. Al parecer, el motivo de la renuncia habría sido precisamente el encargo a Alonso por parte de la Dirección General de Teatro y Cinematografía de los espectáculos clásicos en la Feria Mundial de Nueva York, cuando el teatro clásico había sido hasta entonces competencia casi exclusiva del Español.[28] Privado del teatro público, Luca de Tena se pasa a la empresa privada y se llevará con él a María Dolores Pradera, que cierra así, con *Intermezzo*, su colaboración continuada con José Luis Alonso, una de las más fructíferas de toda su carrera. Perfiles trágicos en Unamuno, humor inverosímil en Jardiel, lirismo de lo inaprehensible para Giraudoux y de preocupación social para Gala, pura farsa en sus dos aproximaciones a Ionesco... El abanico de personajes y registros con los que ha cumplido la actriz a sus órdenes no puede ser más amplio.

10

Adiós a las tablas

En la primavera de 1961 María Dolores Pradera participa en el montaje de *Anatol*, obra compuesta por siete actos únicos ligados por el personaje titular y su contraste, encarnados por Carlos Estada y José Vivó. En el mismo espíritu de la Viena de fin de siglo que también presidía otra obra de Schnitzler trasladada al cine, *La ronda* (*La Ronde*, Max Ophuls, 1950), Anatol va encontrándose con siete mujeres que revelan diversos aspectos de su personalidad, o que deberían haberlos revelado a juicio de la crítica, que consideró que la obra no conseguía levantar el vuelo hasta su último acto por el carácter extremadamente pasivo de su protagonista y a la ausencia de progresión dramática. Tanto es así que algunos reseñistas mencionaban los figurines y decorados de Vitín Cortezo como lo más relevante del estreno[1] y quizá no les faltara razón teniendo en cuenta lo inusual de su planteamiento. Así recordaba aquella noche Julio Torija, representante de la actriz y productor del montaje:

> Como en aquella época no andaba mal de dinero, produje una obra de teatro. Una sola, porque me arruiné. *Anatol*, de Schnitzler, en el Eslava. Se la vi hacer a Walter Chiari en Broadway, en musical, y me enamoré de la función. A la vuelta llamé a Miguel Narros y le dije: «Vamos a hacerla con todos mis

representados». [...] Quise que todo fuera perfecto, y le encargué los decorados a Vitín Cortezo. Vitín hizo una escenografía suntuosa: cada cuadro era de un color distinto. En escena comían ostras de verdad y bebían champán francés. Y contraté a una orquesta para que tocara valses mientras entraba el público. Eso fue en el 62, el año en el que conocí a Ava [Gardner]. Vino a *Anatol* y se quedó deslumbrada. Me dijo que nunca había visto nada así en España. «Ni lo volverás a ver —le dije— porque estoy en la ruina. Fue imposible recuperar toda aquella inversión. Como diría Zorba, fue un desastre esplendoroso». Y brindamos los dos: «Por los desastres esplendorosos».[2]

Cuando se aproxima la festividad del Día de Todos los Santos, Tamayo la vuelve a convocar para que protagonice en el Español *Don Juan Tenorio*, con Carlos Lemos en la piel de don Juan y Guadalupe Muñoz Sampedro dejando su personalísimo sello en el personaje de doña Brígida. Su reincidencia como doña Inés no provocará sorpresa, pero sí la habitual admiración entre la crítica. Su currículum es ya lo bastante nutrido como para permitirse hacer balance. Haciendo gala de su inveterado sentido del humor, se enfrenta en una entrevista a los personajes que más peso han tenido en su carrera teatral: las protagonistas de *Don Juan Tenorio*, *Anastasia*, *La Celestina*, *Cyrano de Bergerac* y *El jardín de los cerezos*: «Doña Inés: mema; Anastasia: amnésica. Melibea: pelmaza. Roxana: sordísima. Varia: misteriosa». En cambio, no titubea a la hora de alabar las interpretaciones de los demás señalando un largo listado de interpretaciones que ha admirado particularmente:

Femeninas: Mary Carrillo en *Diferente*, de O'Neill; Amelia de la Torre en *La loca de Chaillot*; Berta Riaza en *El diario de Ana Frank.* Masculinas: Manuel Dicenta en *Cyrano de Bergerac*; Manuel Díaz González en *El motín del Caine*, y (aunque no se llame Manuel) José Bódalo en *Rinoceronte*.[3]

En 1961 Tamayo logra su gran sueño: tener teatro propio. Junto a su hermano Ramón pone en marcha el Bellas Artes, en los bajos del Círculo, calle Marqués de Casa Riera esquina con Alcalá. El local, que había sido cabaret durante la República y checa durante la Guerra Civil, ha de servir como sede estable a la compañía Lope de Vega. Tamayo pretende representar en este nuevo espacio teatro contemporáneo de calidad con especial atención a los autores españoles. Y uno de los más relevantes por su peculiar peripecia vital es Alejandro Casona. En 1934, siendo todavía maestro rural en el valle de Arán, el dramaturgo asturiano había obtenido el Nacional de Literatura por *Flor de leyendas* y, poco después, el Lope de Vega por *La sirena varada*. Muy implicado en las actividades del Gobierno de la República y exiliado desde 1937, había recorrido buena parte de Hispanoamérica hasta asentarse en Buenos Aires. De su producción primera, la realizada antes de la guerra, Margarita Xirgu había estrenado *La sirena varada* y Josefina Díaz *Nuestra Natacha*. De esta última había rodado Benito Perojo en 1936 una adaptación cinematográfica, perdida para siempre entre avatares bélicos e incendios posbélicos. Casona había dirigido también durante dos años el Teatro del Pueblo de las Misiones Pedagógicas, cuyo cometido era representar refundiciones de obras clásicas para audiencias de pequeñas aldeas que jamás habían tenido contacto con el teatro.

En Argentina escribirá el grueso de su obra, representada regularmente en Buenos Aires y también presente en Europa. En Francia, su producción se sitúa entre las favoritas de los grupos anarquistas exiliados.[4] En el estreno bonaerense de *Los árboles mueren de pie*, Casona se declara uno más de los «españoles sin pasaporte»; ahora, la invitación de Tamayo le anima a regresar a su país. El régimen acaba de iniciar una política de cierto aperturismo que favorece el regreso y los tiempos corren teatralmente a favor: el realismo poético de sus dramas, su lirismo siempre tocado por la fantasía, no se alejan mucho de los que practican autores como José López Rubio o Edgar Neville, que cuentan por éxitos sus estrenos. Cierto es que determinada crítica joven, la más politizada, lo atacará con crudeza acusándolo de conservador y embarrará el terreno plantando sus barricadas en las páginas de la revista *Primer Acto*. Pero también que su éxito popular es incontestable. Las compañías se disputarán sus obras y Casona, ahora sí, se convertiría en uno de los «españoles con pasaporte» durante los tres escasos años que le quedaban de vida.

La obra elegida por Tamayo es *La dama del alba*, una comedia que Casona había concluido en Buenos Aires en 1944. Su estreno en el Bellas Artes queda fijado para el Domingo de Resurrección, la fecha más señera del año para el mundo del espectáculo. Diez meses más tarde le tocará el turno a la que había sido su siguiente obra dramática, *La barca sin pescador*, posiblemente el trabajo más popular del ciclo bonaerense. La inspiración parece provenir de un dilema moral planteado por Chateaubriand:

> En el más remoto confín de la China existe un mandarín inmensamente rico, al que nunca hemos visto y del cual ni siquiera hemos oído hablar. Si pudiéramos heredar su fortuna, y para hacerle morir bastara con apretar un botón sin que nadie lo supiese..., ¿quién de nosotros no apretaría ese botón?[5]

Esto mismo es lo que propone el diablo a un importante financiero para conseguir salvarlo de la bancarrota y arruinar a sus enemigos. A cambio, su alma quedará empeñada cometiendo un crimen en una localidad costera. El hombre acepta el trato y en el instante de la muerte del pescador escucha un grito que le estremece. Dos años después, ya recuperado financieramente, viaja al lugar donde tuvo lugar la muerte y se instala en el hogar de Estela, la mujer que profirió el grito. Antes de condenarse pretende, de algún modo, reparar su crimen.

Enrique Diosdado y María Dolores Pradera desempeñan los dos papeles protagonísticos, secundados por Milagros Leal, Julieta Serrano y Salvador Soler Mari. En su crítica, García Pavón destaca el trabajo de dirección llevado a cabo por Diosdado, que dobla labor en la obra, y concluye que el éxito de la representación descansa principalmente en los papeles femeninos:

> María Dolores Pradera —este doloroso y poético sentir de nuestra escena actual— dio una lección más en su brillante carrera dramática. Milagros Leal, con su vivacidad acostumbrada y recursos de actriz en toda sazón, logró un gran éxito. Julieta Serrano tuvo momentos estupendos, con ese personal patetismo que sabe lograr con frecuencia.[6]

La obra funciona estupendamente y en mayo de 1963 supera la barrera de las doscientas representaciones en un teatro todavía abarrotado. Un emocionado Casona se une al festejo y aprovecha para reivindicarse y desdecirse de anteriores declaraciones hechas desde el dolor del exilio: «El español podrá vivir lejos de España, pero no sin España».[7] Como solía ser habitual entre las grandes estrellas teatrales, María Dolores Pradera se descuelga de la gira veraniega «por provincias» porque, «ligeramente cansada, desea reposarse»[8] y es sustituida por Marisa de Leza. Federico Carlos Sainz de Robles selecciona *La barca sin pescador* en su antología anual para la editorial Aguilar como una de las cinco mejores obras estrenadas en la temporada 1962-63. Así razona su selección:

> Tema intenso, patético, sí, tratado con más hondura lírica que pensante, acaso porque en la obra lo emotivo de la evasión gana la batalla al realismo. Poético —y tanto que chorrea— el ambiente de la obra. Poéticos los diálogos, recamados de felicísimas imágenes poéticas. Poético el propio argumento intemporal. Poéticos los actos y las reacciones de sus criaturas. Poética incluso la aportación demoníaca.[9]

El eco de la obra no se agota en la escena. Ya había conocido una versión cinematográfica en Argentina con dirección de Mario Soffici en 1950 y, tras la estela del éxito alcanzado por la representación de Tamayo, volverá a la pantalla en España adaptada en 1965 por José María Forn. Ese mismo año se repondrá la obra en Madrid con Armando Calvo y Lina Canalejas en los papeles principales. En 1963, en pleno *boom* Casona, coinciden en la cartelera madrileña *Los árboles mueren de pie*, *La casa de los siete balcones*, *Prohibido suicidarse en primavera*, *El caballero de las espuelas de oro* y su versión de *La Celestina* para Tamayo. El 10 de septiembre de 1965 Luca de Tena acoge a la compañía de Ismael Merlo para inaugurar la temporada en el Lara con *Las tres perfectas casadas*. Su punto de partida es el relato *La muerte de un solterón*, de un autor cuyo repertorio María Dolores Pradera ya ha podido trabajar anteriormente, Arthur Schnitzler. Lola Membrives —Doña Lola en el mundillo teatral— la ha estrenado en Buenos Aires en 1941 y desde entonces esta ha tenido numerosísimas reposiciones e incluso una adaptación cinematográfica realizada en México en 1953 por Roberto Gavaldón. *Las tres perfectas casadas* es una de sus obras menos literarias: el texto se ciñe al desarrollo de la acción dramática y el público burgués y la crítica —un poco cansada de tanto experimento escénico— no le regatearán el aplauso. Tampoco lo harán con el trabajo de la actriz: aunque hubo quien le reprochó moderación y falta de brillo en la primera parte de la obra,[10] en la segunda, mucho más centrada en la psicología de los personajes, María Dolores Pradera «ha hecho un estudio inteligente de su tipo. Lo desentraña y lo transmite».[11]

Casona no puede asistir al estreno, convaleciente de una reciente operación. Fallece una semana más tarde, a los sesenta y dos años. Al llegar al teatro para cumplir con la primera de las dos representaciones diarias, María Dolores Pradera se entera de la noticia y se la comunica a Ismael Merlo, quien al terminar la función la traslada al público que abarrota la sala. En el escenario y en el patio de butacas se guarda un minuto de silencio en memoria del dramaturgo. Nueve y cuarto. A las once y media de la noche, suspendida la segunda representación, se instala en el vestíbulo del Lara la capilla ardiente.[12] Al día siguiente el cadáver es trasladado al cementerio tras un acto de homenaje en la Sociedad General de Autores. Su presidente, Joaquín Calvo Sotelo, le despide con estas palabras:

> Pierde con su desaparición la escena española uno de sus más finos y delicados cultivadores. Su muerte, eso sí, llega tal vez en el mejor momento de su espléndida carrera literaria, y

lo libera del posible desánimo que escolta melancólicamente las altas cimas de la vida. Muere, pues, como sus árboles, de pie.[13]

El doloso acontecimiento impulsa al público a acudir a la sala para rendir un último tributo al autor. A principios de 1966 la comedia dobla el cabo de las trescientas representaciones con, todavía, una salud más que envidiable. El acontecimiento se celebra con un fin de fiesta en el que la «cancionista delicada y singular obsequió a la concurrencia con un delicioso recital de los suyos, o de folclore americano, tan rico y bello a través de María Dolores Pradera, que es más que voz, y esta es dulcísima, interpretación de ensueño. Se la ovacionó encendidamente. Y la velada, por todo, resultó brillantísima».[14] El triunfo de *Las tres perfectas casadas* terminará convirtiéndola en la obra más longeva de la temporada teatral. Supondrá también el mayor éxito de público en la carrera dramática de María Dolores Pradera. Pero la actriz no podrá concluir el recorrido de aquel sinfín de funciones: en marzo de 1966, a una semana de alcanzar la que haría el número cuatrocientos, se ve obligada a abandonarla para cumplir con los compromisos musicales que había adquirido con anterioridad, cuando nada hacía prever una carrera tan duradera a la obra.

Y no era para menos, porque la agenda de la artista aparece hiperpoblada por esas fechas. Cuando la obra de Lorca *La zapatera prodigiosa* rebasa las trescientas representaciones en el Marquina, se organiza un fin de fiesta en el que alterna con Antonio Gades y Pilar López, la hermana de la Argentinita. En diciembre, con motivo de las doscientas de *La dama de Maxim*, que Conchita Montes protagoniza en el Eslava, nuevo recital. Durante el verano suena el proyecto de una película musical que protagonizaría con Tito Mora, también guionista y productor.[15] En el programa *Galas del sábado* sustituye a última hora a Carmen Sevilla y la emisión provoca uno de los pocos comentarios negativos a su trabajo como cantante. El anónimo crítico de la *Hoja del Lunes* de La Coruña se queja de que su repertorio esté poblado de anacrónicas «mexicanadas» y de que ya está «muy vista» en TVE.[16] En vísperas de Navidad, junto a Sara Montiel, Raphael, Juanita Reina y Carmen Sevilla, comparece en el festival benéfico que Carmen Polo, señora de Franco, organiza anualmente en el Calderón; poco antes ha pasado también por la habitual recepción con formato de merienda ofrecida por el Generalísimo con motivo del aniversario del 18 de Julio. Y todo ello entre un sucederse sin fin de galas por toda la geografía del país, que pese al éxito de público no termina de vivir con comodidad:

> No es nada agradable cantar aquí y allá. Hoy en Cuenca, mañana en Orense, pasado mañana en Malagón. Y que el alcalde de Malagón vaya y te diga: «Está usted muy *delgá*». No me gustan las galas que estoy haciendo, no. Pero mi filosofía económica es «un duro y quieta». Ganar para vivir; ganar para ser pobre; ganar para «laña *echá*, cuartillo de vino».[17]

Habituada a actuar en un local estable, conocer el frenesí de las giras, donde cada noche debe afrontar espacios desconocidos y no siempre bien equipados, le impide disfrutar de su trabajo. Tampoco le gusta el ambiente de las salas de fiestas donde tienen lugar muchos de sus conciertos, en las que no es extraño que un sector del público, tantas veces enfervorizado por el alcohol, se ponga grosero pidiendo a gritos una música más bailable que la que suele interpretar. Por eso planea un espectáculo a la contra, que le permita cantar en teatros y presentar su repertorio a capela. Lo prevé para el otoño en el Marquina y bajo la dirección de Alfredo Mañas, pero el proyecto no fructificará. Es una de las muchas ideas que baraja para el futuro, pues desde que sus hijos han crecido y son independientes se ve libre para poder afrontar cualquier reto sin limitaciones:

> Siempre me había preocupado desayunar con mis hijos y ponerles la bufanda antes de que se fueran al colegio. Cuando crecieron y aprendieron a ponerse la bufanda ellos solos empecé a dedicarme a cantar mucho más en serio. [...] No dejé el teatro porque cuando canto interpreto. [...] Cada canción es una obra de teatro de tres minutos. De todos modos, la música tiene una magia que, unida a la palabra, llega más al público que solo la palabra, la hace más popular, más sonora.[18]

Entre estos planes también se cuelan proyectos inesperados. Porque con la artista sumida en esta sucesión de galas y propuestas musicales, Jaime de Armiñán, un joven guionista de plantilla de TVE, está viendo su cotización subir sin freno. Su primer cometido había sido escribir y realizar *Érase una vez*, un programa infantil de media hora de duración en el que adaptaba cuentos clásicos para, a continuación y en una pirueta brechtiana poco apta para el público al que van destinados, poner en tela de juicio «la culpabilidad del lobo en *Los tres cerditos* o [...] el mal carácter de las hermanas de *La Cenicienta*».[19] Un desajuste que quedará suturado en sus siguientes programas, mucho más plegados a lo esperable en un medio propicio al convencionalismo: un paso fugaz por el programa *Gran parada* en 1959 y la creación de las series *Galería de maridos* (1959) —protagonizada por Marsillach— y *Galería de esposas* (1960). La anatomía del universo femenino que apunta en esta última alcanzará su pleno desarrollo al año siguiente en *Mujeres solas* y en *Chicas en la ciudad* (1961-1962). En 1963, sin embargo, su amable crítica de costumbres se volverá algo más acre en una nueva serie titulada *Confidencias*. Su andadura comienza en el mes de octubre con emisión los viernes a las nueve de la noche, justo antes del *Telediario*. En los repartos se turnan Amparo Baró, Julia Gutiérrez Caba, Elena María Tejeiro, Nuria Torray, Mercedes Prendes, Lola Herrera... Todo un listado de las actrices jóvenes que se están incorporando al cine y el teatro españoles. María Dolores Pradera se suma al grupo en «Reunión de señoras», el capítulo del 10 de abril de 1964. El tono crítico que caracteriza la serie va a provocar la desazón de algún comentarista:

> A mí me hizo muchísima gracia «Reunión de señoras», guion de Jaime Armiñán, en la semana última. Pero me dejó luego muy triste. Si determinada sociedad es así de estúpida, nos esperan días malos de veras. Porque esa estulticia no puede «ejercerse» en la impunidad. Yo no diré que merezca el castigo que recibió la Pentápolis —Sodoma y Gomorra incluidas— pero sí un azote de los que se recuerdan. Gracias a Dios, uno no tiene tiempo de frecuentar determinados ambientes. Y creo que la caricatura está exageradilla en el dibujo. Aun así, con lo que quede hay bastante. Y de sobra. Si todo es invención, la cosa sería grave.[20]

Sin embargo, otro crítico lamentará la pausa del programa durante el verano porque «Armiñán es uno de los guionistas más sinceros y enterados de TVE y su hueco va a ser difícil llenarlo».[21] Regresa en octubre con una segunda temporada que conoce un nuevo horario de emisión más apacible: los sábados, después del *Telediario* de la noche. Armiñán recibirá por su labor el Premio Nacional de Radio y Televisión en el apartado de guiones televisivos y María Dolores Pradera otro impulso de popularidad que la lleva de vuelta a las páginas de la prensa. En 1964 el diario *ABC* la somete a un cuestionario —calificado quizá un tanto ampulosamente como «Psicoanálisis»— en el que la actriz y cantante, con fama de persona esquiva, da algunas pistas sobre su personalidad:

—Comencemos con el rasgo fundamental de tu carácter. ¿Cuál es?

—Según los que me rodean, dicen que el sentido del humor.

—¿Y tu mayor defecto?

—Aparte de ese sentido del humor, el fumar mucho. [...]

—Si el demonio te propusiera vender tu alma a cambio de volver a la niñez, ¿qué harías?

—Rechazar la propuesta, porque estoy deseando ser viejecita y cobrar del Montepío. [...]

—Si tuvieras que escoger un oficio manual, ¿cuál sería?

—La mecánica, a ver si resuelvo los problemas del motor de mi coche, que siempre está echando humo. [...]

—¿Crees en el amor?

—Por encima, incluso del matrimonio, creo.

—¿Y del matrimonio qué opinas?

—¡Pschss! [...]

—Y del siglo actual, ¿cuál es el invento que consideras más importante?

—Hasta ahora Gregory Peck. [...]

—¿Qué es lo que hace ridículo a un hombre a los ojos de una mujer?

—Personalmente, cuando un hombre se pone en ridículo suelo sentir una gran ternura por él.

—¿Cuál es el colmo de la imbecilidad?

—Hacer proyectos.

—¿Y el colmo de la felicidad?

—Las pequeñas y agradables cosas de la vida. Beber cuando se tiene sed, dormir cuando se tiene sueño...

—¿Qué cualidades son necesarias para ser una actriz?

—Sobre todo un gran equilibrio y armonía en la expresión, en la voz y en la figura. Y, además, que a una la contraten para poder demostrarlo.

—¿Y las cualidades de una cantante moderna?

—Voz agradable en profundidad y ser actriz.

—En el teatro y de las obras por ti interpretadas, ¿cuál es tu predilecta?

—*Soledad*, de Unamuno.

—¿Y la canción que prefieres?

—Anda entre dos el juego: «La flor de canela» y «Fuego lento». [...]

—¿Y tu actriz?

—Mary Carrillo.

—¿Y tu actor?

—Tres que tanto montan: Fernán-Gómez, Marsillach y Rodero. [...]

—De las películas que has visto, ¿cuál te ha dejado huella duradera?

—*La notte*, de Antonioni.[22]

No hay mayor señal de popularidad en aquellos años que ser convocada por TVE para cualquier cometido, y como tal debemos entender que José Luis Borau la reclame para participar en uno de los episodios de *Conozca usted España*, una serie promovida por Manuel Fraga Iribarne para fomentar el turismo interior en el país, dado que el exterior, el de los extranjeros buscando sol y playa, ya va viento en popa por sí solo. Y de paso, una oportunidad para que los jóvenes egresados de la Escuela Oficial de Cinematografía puedan velar sus armas y aportar una mirada nueva a la geografía española. Algunos saldrán rana, como el Pedro Olea de «La ría de Bilbao», el Mario Camus de «La bahía de Santander» o el mismísimo Edgar Neville, que se niega a promocionar la gastronomía gallega in situ y graba su presentación en un falso pazo situado en la Feria del Campo de Madrid. Más ortodoxo resultará este «Lección de Toledo». Se responsabiliza de la fotografía Luis Enrique Torán, y su productora, Cinecorto, participa en la producción: el trabajo que había realizado para ellos María Dolores Pradera en *El ángel de la paz* facilita su participación en el programa, dado que nada la vincula a la ciudad imperial por mucho que durante la promoción explicara al periodista Raúl del Pozo cuán bien la conoce y cuánto le gusta.[23] La actriz desempeña un papel mixto, entre turista y cicerone: pasea entre los visitantes, cede la palabra a los guías, retoma el papel principal para realizar una larga locución que articula la clásica visión de la ciudad como ámbito de tolerancia y crisol de culturas. Además, «Lección de Toledo» pasa de puntillas por el Alcázar como mito fundacional del franquismo, aludiendo a la Guerra Civil solo de manera un tanto abstracta como el «último drama» de una serie de «conmociones históricas del país». Pero lo más destacable es escuchar a la propia actriz cantando la petenera «¿Dónde vas, bella judía?» sobre imágenes de las callejuelas de la Judería: «¿Dónde vas, bella judía / tan compuesta y a deshoras? / Voy en busca de Rebeco / que está en una sinagoga».

ADIÓS A LAS TABLAS

Satisfacción general. Su trabajo recibe los habituales parabienes, y los reseñistas valoran su solvencia en este nuevo cometido: «Todo lo hace bien: cantar, actuar, hablar, recitar y vestirse. "Lección de Toledo" fue, además de una lección de TV filmada, una lección de TV bien presentada».[24]

La dedicación a la música ya casi a tiempo completo hará que concluya aquí el ciclo de trabajos televisivos, como sucederá en la primavera de 1967 con los teatrales tras llevar a las tablas «una obra que siempre pensé hacer y que nunca pude realizar»,[25] la *Mariana Pineda* de uno de sus autores favoritos, Federico García Lorca, que la actriz entiende casi como una deuda pendiente. El autor había estrenado la obra en el barcelonés Teatro Goya y el madrileño Fontalba en 1927, con decorados de Dalí y Margarita Xirgu encarnando a la trágica heroína liberal granadina. Una década más tarde, en plena Guerra Civil, la obra quedará asociada invariablemente al republicanismo al representarse como homenaje al poeta asesinado durante el II Congreso Internacional de Escritores para la Defensa de la Cultura. En consecuencia, tras el final de la contienda varias de sus obras encontrarán notables problemas para representarse en España, bien por cuestiones de censura, bien porque la familia no da fácilmente permiso ante la posibilidad de que se tergiverse su espíritu o su mensaje. Pero tras el estreno de *La zapatera prodigiosa* con dirección de Alfredo Mañas, el sobrino del poeta, Manuel Fernández Montesinos, se decide a presentar a censura el texto de *Mariana Pineda* impulsado por la propia María Dolores Pradera. La actriz es una gran admiradora del drama y este le ofrece múltiples posibilidades para insertar en él algunos temas musicales populares escritos por el propio Lorca.

El cambio de los tiempos permite que las reticencias que pueda provocar el autor se difuminen un tanto: los tres lectores que juzgan su contenido en las dependencias de la censura apuntan que la obra carece de contenido político e incluso uno de ellos escribe que «su tono de romance y distanciamiento del ambiente aleja cualquier identificación con problemas actuales».[26] Pero esta aprobación es amplificada por algunos periódicos foráneos, que, volcados en el antifranquismo militante, remarcan la condición de heroína republicada de la protagonista. Algunos locales también hablarán del intento de Mañas por concebir «este romance popular como una tragedia política».[27] Comentarios que llegan puntualmente al Ministerio de Información y Turismo que dirige Manuel Fraga Iribarne, quien, alarmado ante el eco que puedan alcanzar las representaciones, decide prohibirla fulminantemente por mucho que la obra esté ya ensayada y a punto de estrenarse en el Bellas Artes. Y ello pese a todas las medidas forzadas de antemano: *Le Monde* desvela que la censura ha obligado a bordar para las representaciones una bandera monárquica y no la republicana que defendía con su vida Mariana Pineda en el texto original.[28] En plena etapa de apertura al exterior y tras el éxito de los fastos por los «25 Años de Paz», la decisión de Fraga se intuye como un tropiezo político y Carlos Robles Piquer, director general de Información, intercede ante él para que autorice la obra porque «se dan inevitables factores políticos en un tema que ha dado ya muchos disgustos y que no me parece razonable mantener vivo sin necesidad, sobre todo cuando ello contrasta con la línea general de tu política que trata de normalizar el tema Lorca o el tema Machado».[29] En la misma línea de evitar el mal mayor se pronunciará José María García Escudero, director general de Cinematografía y Teatro, que apoya la autorización advirtiendo a su director, Alfredo Mañas, que de producirse cualquier inconveniencia durante las representaciones la obra será suspendida definitivamente. El caso ha estallado y con tal intensidad que la prensa no se molesta en ocultar estas tensiones. Tercia, desde el diario falangista *Arriba*, Jaime Campmany:

> Jamás esos tres personajes trágicos y terribles que son el Amor, la Libertad y la Muerte entablaron un diálogo tan blanco, tan musical y tan lírico como en este romance de rosas y bordados, de huertos y de lluvia. Y solo una reminiscencia anacrónica del temor a esos nombres que durante tantos años hemos convertido en fantasmas puede explicar la decisión oficial de no autorizar en Madrid la representación de *Mariana Pineda*, obra pura, inocente y marchita como un lirio cortado.[30]

Todo llegará a buen fin. *Mariana Pineda* alzará finalmente el telón del Teatro Marquina sin incidente alguno el 21 de febrero de 1967, aunque no es difícil imaginar el estado de los proverbiales nervios de María Dolores Pradera ante tamaña montaña rusa de advertencias, prohibiciones y autorizaciones y la minuciosa vigilancia policial que controla cualquier palabra, cualquier gesto que pueda realizar desde el escenario. Pero superadas las trabas de la Administración, quedaba por delante el escrutinio de la crítica, no libre de prejuicios. José Téllez Moreno[31] hace una enmienda a la totalidad. Ya desde el propio valor de la obra, para él dudoso —«es difícil, muy difícil, revitalizar lo que de nacimiento es débil»—, lo descabalado del montaje —«con otra dirección menos extraña, la pobreza teatral de la reposición, constantemente desvaída, hubiera conseguido efectos más felices»— y la interpretación de su actriz principal —«no "entra" en el tipo, no entra de lleno, porque, de verdad, de verdad, tiene instantes magníficos y otros desentonados, francamente increíbles»—, de la que solo salva su labor en las canciones, «muy bien cantadas». El reseñista de *La Estafeta Literaria* niega el crédito a Alfredo Mañas cuando asegura que en el «romance popular» de Lorca subyacía una tragedia política que él se ha encargado de devolver a la luz. En su opinión, la principal virtud del drama sigue siendo su carácter popular, que Mañas no ha sabido desentrañar. Debates de cierta abstracción que esconden las muchas esquirlas ideológicas que sigue presentando Lorca en plena dictadura —corren años en los que *Yerma* o *La casa de Bernarda Alba* son tildadas oficialmente de obras artificiosas e insinceras— y que explica que lo único destacable para el cronista resulten los elementos menos susceptibles a cualquier lectura política, la escenografía, los figurines de Concha Fernández Montesinos y la interpretación:

> Seguramente no hay otra actriz en España capaz de corporeizar tan delicada y penetrantemente la protagonista de la obra como María Dolores Pradera, perfecta de dicción y asombrosamente expresiva de los diversos estados de ánimo vividos, desde las inquietudes iniciales hasta el creciente delirio de la estampa final, pasando por la contagiada exaltación conjurante del segundo acto.[32]

Mucho más terrenal y pragmático se mostrará Raúl del Pozo en su crónica del ensayo general:

> María Dolores, clarísima banderola humana, sensibilidad y finura, se mete con el corazón a tumba abierta en el romance. Es la primera vez que interpreta a Lorca. Cantará tres

coplillas recogidas del pueblo por el poeta. [...] En un descanso, María Dolores se echa entre pecho y espalda una copa de coñac para conseguir el trance lorquiano.[33]

El resto de las críticas seguirá la misma línea de despolitización de la obra pese a que, en un momento en el que cualquier gesto es observado con lupa, el escenario se muestra simbólicamente vacío durante los aplausos que culminan las representaciones, escenificando así el homenaje al autor ausente. La conclusión general es que cuanto más alejados de las líneas oficiales se sitúen los medios, mayor valor encuentran al montaje de Mañas. Llevando esto al extremo, José Monleón alzará la voz en *Triunfo* para argumentar que, independientemente de su vigencia, el proyecto constituye una apuesta por «un teatro ético frente a un teatro de enajenación».[34] Pero si algo vive con especial emoción María Dolores Pradera es que los familiares de Lorca se sientan tan conmovidos por su trabajo como para regalarle una mantilla que había pertenecido a la madre del poeta.

La obra permanecerá en cartel hasta el 6 de mayo, y tras el cierre de las representaciones en el Marquina la compañía emprende una gira estival por las ciudades del norte. Para entonces Lola Cardona ha aceptado el papel protagonista y María Dolores Pradera está de galas por Levante. No oculta un cierto cansancio de las tablas: preguntada por las cualidades que requiere el trabajo de actriz, menciona el talento solo en tercer lugar. Por delante sitúa la paciencia y la vocación, y termina anotando, como cuestión fundamental, el estado físico, «porque en el teatro se juega uno la salud. Son dos funciones, son ensayos... Es toda la vida dedicada a esto».[35] Y cuando la prensa le pide que se defina entre el cine, el teatro y la música, apunta que, aunque todo le incumbe por igual, «únicamente me interesa hacer bien lo que estoy haciendo en un momento determinado. Es un deber profesional y creo que siempre lo he hecho lo mejor que he podido. No me gusta hacer nada contra mi gusto, pero tampoco me he marcado ninguna meta».[36]

11
Santiago y Julián

La tentación de dejar la interpretación y centrarse exclusivamente en la música es grande. 1965 ha resultado un año clave. Su propia inexperiencia, sus múltiples referencias y su inestabilidad en el mundo de la música la han hecho moverse en un territorio en ocasiones indefinido, donde la canción latinoamericana ha encontrado un peso creciente pero no único. Su incorporación a la mecánica de una discográfica solvente como Zafiro ha ido, sin embargo, puliendo esta indefinición estilística, que va a encontrar ahora su refrendo definitivo con el inicio de su colaboración con Los Gemelos.

Corrían tiempos de duetos musicales en España y el triunfo del Dúo Dinámico y del Kroner's Duo va a facilitar la entrada de los hermanos Santiago y Julián López en el ritmo taylorista que impone la industria discográfica en aquellos años. A lo largo de 1961 la pareja va a registrar para el modesto sello Carillon, dedicado casi exclusivamente a explotar el catálogo del tenor Alfredo Kraus, cuatro EP bajo el título genérico *Festivales españoles de la canción* donde, desplegando sus juegos de armonías vocales sobre el acompañamiento exclusivo de sus guitarras, van a revisar una larga lista de temas triunfadores en diferentes certámenes musicales del país. Así se presentaba a la pareja desde la contra de uno de ellos:

Santi y Julián, Los Gemelos, artistas jóvenes y universitarios, se han colocado en muy poco tiempo a la cabeza de nuestros pequeños conjuntos de la canción. Un original modo de decir y un extraordinario sentido del ritmo convierten sus interpretaciones en algo siempre nuevo y atractivo. Una reciente gira por Canadá y Estados Unidos ha madurado su estilo.

Pero para comprender lo que está buscando el dúo conviene centrarse en otro EP registrado en aquel mismo año, alejado ya de la órbita festivalera y con cuatro cortes emblemáticos que anuncian lo que está por venir. Porque en sus surcos se esconde un tema procedente de Paraguay, «La galopera»; dos de México, el corrido «El gavilán» y la pieza del repertorio de Miguel Aceves Mejía «Tata Dios»; y, sí, también «La flor de la canela», la canción que en años posteriores interpretarían en miles de ocasiones acompañando a María Dolores Pradera. Tras varias actuaciones esporádicas con la cantante, la colaboración se asienta y el terceto entra por primera vez al estudio en 1965 para registrar un EP bajo el rubro de su tema titular, la composición de Mario Cavagnaro «El rosario de mi madre», donde los músicos la arropan con unos arreglos mucho más escuetos, un tanto ascéticos, que potencian su voz y su interpretación, y con los que la Pradera se siente más cómoda que con el ampuloso sonido de las orquestas que la habían acompañado hasta entonces.

En Los Gemelos la artista encontrará unos socios de probada solvencia musical que la acompañarán fielmente en un recorrido que marcará definitivamente su estilo. Satisfecha por este hallazgo, el trío registrará otros dos EP ese mismo año, compuestos también por melodías de origen hispanoamericano, desde rancheras mexicanas como «Pa todo el año», de José Alfredo Jiménez, hasta valsitos peruanos como «Fina estampa», de Chabuca Granda. De ellos han desaparecido violines, vientos e incluso percusión, tan presentes en trabajos anteriores y que tanto han jugado en la falta de definición de su estilo. Apoyada ahora únicamente por las guitarras de Santi y Julián, las grabaciones cuentan con una mayor estilización y le permiten dar una versión de sí misma mucho más estricta centrada en su labor de interpretación, su gran rasgo de estilo. En ellos la cantante pone en práctica todo lo aprendido sobre los escenarios a lo largo de los años en un tránsito natural: «Cantar, para mí, es continuar en el teatro, continuar siendo actriz, interpretar un papel comprimido, que estudio, que ensayo, que compruebo delante del público, que rectifico».[1] O dicho de otro modo: «Creo que mi profesión de actriz me sirve para representar, a través de cada canción, una pequeña comedia».[2] A fin de cuentas, la intérprete siempre mantuvo que el secreto de su estilo ha sido únicamente que «intento vivir las canciones».[3]

Zafiro ve claro el potencial de la cantante y decide realizar su apuesta definitiva: compilar los doce temas aparecidos en sus discos de pequeño formato en un único LP, que presenta desde su contra una nota del reputado crítico teatral Alfredo Marqueríe:

> A María Dolores Pradera se la ve cuando canta. La finura de su rostro, la delicadeza de su perfil, el resplandor alegre o melancólico de la luz de sus ojos, su gesto elocuente y contenido, su mesurado y ardiente ademán están también en el prodigio de esa voz que sabe ser grave y caliente como el hervor del agua, o tiernamente lírica en el agudo limpio, o desgarrada y profunda en el trémolo de la desesperación dramática, educada voz de excepcional cantante y actriz. Pasión y gozo, alegría y deseo, dolor infinito, pena conmovedora. Y también

gemido y sollozo, quebradura de llanto con los que una criatura entrañable —que es siempre la heroína de las canciones populares— nos comunica los avatares de su historia y nos hace participar en ella, resplandecen en estas melodías. Creadas o recreadas por María Dolores Pradera, que frasea delicadamente o les da el más puro y castizo ritmo a las estrofas y a los estribillos, que sabe y siente lo que dice, que se lo pasa por el corazón y la cabeza, y que imprime a las inflexiones y a la modulación de su canto, vibración de cuerda herida y doblar o repicar de campanas.

No es este un movimiento que Zafiro haga a ciegas, porque la moda de los *long plays* está provocando un pequeño seísmo en el mercado. El EP y el *single* han sido hasta entonces los productos más populares: en un mundo en el que hasta los tocadiscos eran un artículo de lujo al alcance de pocos bolsillos, el formato ha resultado tradicionalmente más accesible económicamente para el público joven. Los discos de larga duración, de un precio superior, contaban con un nicho de mercado exclusivo para compradores adultos, y, como tal, estaban reservados para la música clásica o, en contadas ocasiones, para respetados cantautores que por su aura de prestigio pudieran asimilarse a ella, léase Jacques Brel o Georges Brassens. Pero la estabilización del mercado ha hecho que a principios de los sesenta los nuevos ídolos, desde Johnny Hallyday en Francia hasta Adriano Celentano en Italia, hayan visto sus canciones también plasmadas en el formato largo. Unos años más tarde, la nueva situación económica comienza a sentirse en España y la industria no quiere perder la oportunidad de forzar a los compradores a invertir un poco más a la hora de hacerse con un vinilo y poner así en marcha la máquina recaudatoria. Consecuencia inmediata: casi todas las discográficas deciden subir el precio de sus EP a 95 pesetas, y las más estabilizadas, caso de RCA y La Voz de su Amo, sitúan los LP a 175. La guerra comercial se prolongará durante toda la primavera de 1964. Hasta el vespertino nacionalsindicalista *Pueblo*, tan populista como su nombre indica, lanzará una campaña en contra de la subida. En medio de toda esta zapatiesta, Zafiro contraataca con una fórmula propia: sencillos con dos canciones en funda de papel con el centro troquelado para que el oyente pueda identificarlos a cincuenta pesetas la unidad,[4] por mucho que esto plantee nuevas quejas debido a lo espartano de la presentación. Pero nada de ello afecta a María Dolores Pradera, que cuenta ya en la casa con tratamiento de estrella.

En 1966 publica un nuevo EP, acompañada por Los Gemelos y con producción de Rafael Ibarbia. Es un producto de circunstancias que incluye tres villancicos populares españoles y uno peruano. Pero su apuesta fuerte es un LP que viene nada menos que con portada del prestigioso fotógrafo Gyenes y que está encabezado por «Amarraditos», un nuevo vals peruano que será uno de sus temas señeros. Aunque el auténtico hit del álbum es una nueva versión de «La flor de la canela», su tema más exitoso hasta el momento, que ahora, en una revisión canónica con el acompañamiento de Los Gemelos, se convertirá en el mayor clásico de su repertorio, ineludible en cualquiera de sus conciertos.

Resultó el espaldarazo que uniría ya indisolublemente sus carreras. El problema es el ritmo laboral de los guitarristas, que deciden no profesionalizarse en la música y mantener sus ocupaciones laborales —Julián es matemático, Santiago será durante muchos años profesor en la Escuela Superior de Arquitectura—, pero Los Gemelos serán ya invariablemente la escolta oficial de la cantante. Todo ello no quita para que recurra ocasionalmente a otros músicos cuando desee adentrarse en otros palos, tocando cancioneros que les resulten ajenos, como sucederá en 1968 cuando para su EP *María Dolores Pradera canta a Portugal* decida acompañarse por la viola de Amando Miguel y la guitarra de fado de Fernando Freita. O cuando la agenda haga imposible el trabajo conjunto y opte por suplirlos por el Trío Siboney, un terceto músico-vocal formado por Paco García Gil, Antonio Culebras y Antonio Fernández —que en los ochenta ejercerá también como representante de la artista— especializado en un repertorio latinoamericano bien plasmado en sus trabajos para Philips: «La bamba», «Cielito lindo», «Cucurrucucú paloma» o «Alma llanera» son clásicos de su repertorio. Pero serán incursiones puntuales: con sus trajes oscuros y sus camisas blancas, con el único aditamento de una corbata de seda o una pajarita de terciopelo, Los Gemelos se convertirán para el imaginario colectivo en acompañamiento inseparable y discreto contrapunto de la cantante.

En su especial de Navidad de 1965, *Galas del sábado* se viste de lujo y presenta a las primerísimas espadas de la música nacional. Allí la Pradera, acompañada por Los Gemelos, se trata de tú a tú con Raphael y con Manolo Caracol. Similar relevancia tiene en la Gran Gala Hispanoamericana que se celebra en el Teatro de la Zarzuela unas semanas más tarde. Se trata de una función organizada por el Ministerio de Información y Turismo, el Instituto de Cultura Hispánica y las distintas embajadas latinoamericanas a beneficio de los padres capuchinos del venezolano Santuario de Coromoto. Hay entradas de veinticinco a cuatrocientas pesetas y se exige «rigurosa etiqueta».[5] Sobre el escenario, la Pradera se codea con el tanguero argentino Carlos Acuña, el conjunto folclórico venezolano Los Torrealberos, el Ballet de Sudamérica y el de Pilar López, la hermana de la Argentinita, que mantiene vivo el legado tras su muerte en el exilio. El festival se prolonga hasta altas horas de la madrugada debido a los bises que el público arranca a los artistas a golpe de insistencia.[6] El propio Fraga hace entrega de los premios de honor que se adjudican a los participantes, aunque no lo imaginamos muy centrado en el evento dado que anda por esos días sumido en uno de los mayores quebraderos de cabeza que encontraría en su mandato, la caída al mar de Almería de un B-52 estadounidense con cuatro bombas termonucleares en su interior. Poco después España entera lo verá luciendo calzones ante las cámaras del *No-Do* intentando desmentir la contaminación de una playa, la de Palomares, azotada aún hoy en día por altos niveles de radiación.

En el verano de 1967 se produce el asalto definitivo de María Dolores Pradera al mundo de la música. No parece el mejor momento para ello: la rápida evolución de la música popular tras el terremoto de la *British Invasion* ha hecho cambiar radicalmente los gustos del público, sobre todo el más joven, y junto al estadounidense Frank Sinatra, el italiano Adriano Celentano o los franceses Charles Aznavour, Yves Montand y Gilbert Bécaud, tradicionales favoritos del respetable, la explosión que ha supuesto la aparición de los Beatles ha centrado las listas de ventas en una larga serie de admiradores, seguidores, imitadores y versionadores de la música británica entre los que los denominados yeyés son ya legión. Y qué decir de la música de raíz sudamericana, principal perdedora en este nuevo paradigma, donde solo parecen mantener el favor del público propuestas tan antitéticas a las de la Pradera como las de Luis Aguilé o Lucho Gatica. Pero ella confía ciegamente en su nuevo repertorio y con el fin de las representaciones de *Mariana Pineda* emprende una larga gira estival de conciertos en la que se desplaza en su Standard-8, el modelo pequeño de la British Standard que tiene desde principios de la década. El carnet no, porque no descubrirá que es necesario para conducir hasta que sea advertida de ello en un control de la Guardia Civil. Se lo terminará sacando en 1964, al mismo tiempo que su hijo.

Las galas se multiplican. El escritor Francisco García Pavón, que se ha desempeñado anteriormente como crítico teatral, se sorprende al encontrarla anunciada en una sala de fiestas al aire libre de Benicasim, la localidad levantina donde veranea. Emboscado entre el público, constata cómo, sin más compañía que dos guitaras, la contención del gesto, el fraseo medido y la calidad íntima del recital suponen una apuesta complicada que no termina de calar entre el respetable por mucho que la cantante intente suplir cualquier carencia con unas interpretaciones de emoción desbordante:

> Uno siente de momento que está ante otra María Dolores. Ante una María Dolores folklórica y dispuesta a rebajar su arte para dar gusto al público veraneante. Pero la impresión solo dura un instante. Apenas inicia su primera canción, el crítico que está en la sombra, de incógnito, nota que la María Dolores de la gran comedia, que la intérprete de los grandes escritores españoles anula el tono folklórico y populachero que temimos durante unos instantes. La belleza, el aire nostálgico y levemente dramático de sus canciones; la suavidad de sus actitudes, la autenticidad de sus movimientos y mudanzas y, sobre todo, el tono casi intimista y cálido de su voz, enseguida nos identifican a la María Dolores de la «alta comedia» con la María Dolores de la sala de fiestas. [...] La que canta y la que dice son la misma María Dolores, la misma finura y

SANTIAGO Y JULIÁN

sensibilidad para elegir textos y canciones, para decir amores y tristezas a otro, o a los otros, al son de dos guitarras; para ganarse al público con el corazón y no con la retórica.[7]

Puede que la artista no siempre encuentre el fervor del público, y menos cuando sus recitales se mezclen con bulliciosos espacios festivos donde su música no resulta la más apropiada, pero las apariciones públicas tanto en salas de fiestas como en televisión se multiplican y en ellas va desplegando un repertorio minuciosamente elegido. Las alabanzas ante su dominio de la escena son norma: todos los reseñistas coinciden en que estamos ante una artista en plena madurez, que ha sabido encontrar su camino y que lo enriquece a cada paso creativo. El crítico de televisión Viriato reflexiona sobre su paso por el nuevo programa-concurso musical *Gran premio*, patrocinado por Zafiro:

> María Dolores Pradera canta muy bien; María Dolores Pradera tiene una personalidad arrolladora. María Dolores Pradera es elegante porque sí y porque no (este «no» quiere decir que no lleva nada para ser elegante; por eso es elegante, claro). María Dolores Pradera tiene el don de la simpatía. Y otros muchos dones, entre ellos el de la sencillez y el de la sinceridad. […] ¿Qué tiene María Dolores Pradera para sugestionar así, para emocionar así? Podríamos decir de ella que es «la intelectual de la canción», que es «la melodía hecha música». Porque lo es. María Dolores Pradera arrebata al público; María Dolores Pradera bate la emoción del público, que es lo importante. Por eso triunfa siempre, porque cuando canta, encanta.[8]

En justa correspondencia a la atención que le dedica la pequeña pantalla, actúa en la entrega de los Premios Antena de Oro que organiza la Agrupación Sindical de Radio y Televisión en el Retiro madrileño. Su presencia quedará un poco opacada por ser aquel el escenario en el que se materializa la gran polémica del momento, al coincidir en la misma velada Los Brincos y Juan y Junior, que acaban de separarse de la formación liderada ahora por Fernando Arbex.

Pero si hubo dos escenarios emblemáticos para la artista esos serían las dos grandes salas en las que estabilizó sus actuaciones. En Barcelona convierte en su segunda casa la *boîte* El Papagayo, un coqueto local con sobria decoración a la inglesa del barrio de Sarrià-Sant Gervasi —«muy elegantón»,[9] en palabras de la artista— gestionado por «Chufo» Llorens. Inaugurado en 1964, por su escenario van a pasar desde Núria Feliu y Guillermina Mota hasta Facundo Cabral o los Lone Star. A partir de 1967, también ella. En Madrid, su espacio de referencia va a ser el Teatro de la Zarzuela de la calle Jovellanos. El 27 de noviembre inaugura el primero de los muchos recitales que va a celebrar allí con carácter anual. Y todo ello pese a las numerosas suspicacias que levantó entre la prensa su capacidad para llenar un coliseo de semejante tamaño. El crítico musical Pepe Palau, por ejemplo, no creía que la cantante fuera consciente de que no era lo mismo cantar un puñado de canciones en el recoleto ámbito de una sala de fiestas que enfrentarse a más de un millar de espectadores en un gran teatro que ha conocido como actriz pero no como cantante. A la vista del resultado, el reseñista no dudará en desdecirse. La actuación arranca con «Amarraditos» y con nervios:

> La música de Atahualpa Yupanqui y las palabras de sus canciones fueron como un rápido sedante para los nervios de María Dolores y se serenó. [...] Los Gemelos —siempre fabu-

losos, colocados en un discreto segundo plano, pero llevando la responsabilidad del triunfo de María Dolores—, con sus guitarras y sus voces de fondo a veces, eran el fiel apoyo que María Dolores contaba para lo que en principio me pareció una aventura y luego se convirtió en acierto.[10]

A partir de ahí, un amplio abanico de temas con acompañamiento *ad hoc:* unas veces el piano de Rafael Ibarbia, otras las percusiones de Pepe «Ébano» Ganoza. Cuando les llega el turno a los temas portugueses un citarista luso; de remate, para «Calles sin rumbo», la tuna de la Complutense, en la que Los Gemelos siguen teniendo predicamento. En el patio de butacas, el delegado nacional de Sindicatos José Solís, muchos compañeros de profesión, algún yeyé con miras lo suficientemente amplias como para interesarse por la música hispanoamericana y esos matrimonios burgueses que constituyen el público habitual del teatro:

> Su blanca sencillez, su bien decir y su porte aristocrático y romántico calan hondo en las señoras y gusta, cómo no a los señores. En la venta de sus discos se refleja todo esto porque María Dolores Pradera es una de las figuras españolas que más discos grandes, es decir, microsurcos de treinta centímetros y treinta [y tres] revoluciones por minuto, vende en nuestro país y fuera de nuestras fronteras.[11]

La buena acogida del concierto de la Zarzuela impulsa la concesión del premio del diario *Pueblo* en la especialidad canción hispanoamericana. Los otros galardonados son Juan y Junior como puntales de la canción moderna, Massiel y Joan Manuel Serrat como intérpretes y, como mejor compositor, Luis Eduardo Aute. En varios medios se da la noticia de que Aute está componiendo un nuevo disco de la Pradera que por razones desconocidas nunca se materializará. Será una oportunidad perdida de entroncar su cancionero con el de uno de los más importantes compositores del país, como lo será muchos años más tarde otro proyecto nunca concluido, un álbum titulado *Joan Manuel* que hubiera revisado monográficamente el cancionero de Serrat.

Como había venido siendo habitual hasta entonces, no desaprovecha su popularidad para colaborar en los diversos actos benéficos que requieren su presencia. A principios de 1968 participa en la Zarzuela en el Festival Pro-Damnificados por la inundación que el año anterior ha arrasado Lisboa. De la dirección de la gala se encargan Luis Escobar y José Luis Sáenz de Heredia; de la presentación, Conchita Montes y Alberto Closas. Las dos estrellas de la noche son Pastora Imperio, que regresa a los escenarios tras una década de retiro, y el tótem de la música lusa Amália Rodrigues, a la que el representante del Ministerio de Asuntos Exteriores impone la Orden de Isabel la Católica. Aquella noche María Dolores Pradera entablará con ella una profunda amistad que se prolongará el resto de sus vidas y que tendrá resultado inmediato: un EP con cuatro canciones portuguesas, encabezado por el fado de Amália «Lisboa, não sejas francesa».

Será un año de intensa actividad musical. Las galas son continuas: Santander, La Rioja, Vitoria, la madrileña sala Pavillón, el fin de fiesta del I Festival Internacional de la Canción de Barcelona, más festivales benéficos en la Zarzuela, esta vez para construir un hospital en el territorio de los indios cayapas de Ecuador... También el correspondiente disco para Zafiro. Y aunque no haya actuado todavía allí, viaja a México por diversos compromisos y recibe un sentido aplauso de sus compositores y cantantes:

El viaje tuvo un atractivo especial y entrañable. Recibí un homenaje que agradezco desde el fondo de mi corazón. Homenaje, según palabras de ellos, «a una española que se preocupa por nuestra música y nuestro folklore». Y es verdad. Amo ese folklore y lo tengo incluido con amplitud en mi repertorio.[12]

Colombia es el otro país latinoamericano con el que establece un vínculo duradero. El 12 de diciembre cruza el Atlántico para cumplir allí ni más ni menos que con cuarenta y dos actuaciones que tiene contratadas. La cosa, a decir de la interesada, ha sucedido por pura carambola. Unas azafatas de las líneas aéreas Avianca suelen ir a verla actuar cuando están en Madrid y se han llevado sus discos, correctamente dedicados, de vuelta a Colombia. Es allí donde, en una fiesta, el empresario teatral Faustino García escucha sus canciones y decide contratarla al instante. En un principio se resiste; a su tradicional miedo a volar se une la dificultad de dejar España por un periodo tan largo y cierta prevención a cómo va a ser recibida por un público que desconoce:

> Pensé que era un atrevimiento que una española ¡de Madrid! fuera a Colombia a cantarles sus canciones a los colombianos. Pero al fin accedí. Debuté en Bogotá, después Cali... y fui recorriendo todo el territorio colombiano con un éxito maravilloso, que despertó el interés de empresarios de otros países.[13]

Porque nada más pisar el lugar descubre que sus reparos ante una dudosa acogida del público son infundados: este viaje supondrá la primera escala de un largo amor mutuo y Colombia la acogerá siempre con los brazos abiertos. Su presentación ha tenido lugar por todo lo alto: en el Teatro Colón de Bogotá, posiblemente el escenario más prestigioso del país y una de las grandes joyas arquitectónicas locales. La cantante ofrece en él una selección de su repertorio concediendo especial relevancia a temas mexicanos, valses peruanos de Chabuca Granda y, por supuesto, canciones colombianas seleccionadas para la ocasión. El caluroso recibimiento tiene prolongación en un cóctel al que asiste el embajador de España, José Miguel Ruiz Morales, y las restantes cuarenta y una fechas tendrán una escala memorable: el día de Nochebuena actúa ante mil setecientos reclusos en La Picota, el presidio de Bogotá, y la acogida es tan cálida como solo los sudamericanos saben darla a los artistas de su devoción. O al menos eso piensa cuando al concluir otro concierto, en Bucaramanga, es levantada en volandas por cuatro individuos al final de un concierto, cual triunfadora en el ruedo. Pero pronto se da cuenta de que no les anima a ello ningún fervor artístico:

> Me llevaron campo a través. De momento, no reaccioné, pues creí que me protegían. Pronto me di cuenta de que querían dinero, incluso mis joyas. Más, a la sazón, [...] de dinero nada. Y de joyas, menos. Me planté y les dije muy claro: «Si queréis plata, conmigo no la conseguiréis. Nadie daría un duro de rescate por mí. Estoy sola en Colombia. Mis hijos se encuentran en España. Y no tengo dinero. Yo trabajo...». Tanto les conté que casi terminaron llorando: «¡Pobre señora!». Ya Los Gemelos desconfiaban... Total, nada. Me soltaron inmediatamente, sin más.[14]

En España, la prensa se hace eco del éxito contundente al otro lado del Atlántico, «apoteósico»[15] según los cronistas, y donde ha conseguido colgar el «No hay billetes» en todas sus galas,[16] lo que aumenta inmediatamente su prestigio local. Coincide esto con una fase de expansión en Zafiro, cuya dirección Sagi-Vela ha cedido al abogado opusdeísta Esteban García-Morencos. El crecimiento de la discográfica ha impuesto otros ritmos y la cantante entra definitivamente en el engranaje de la industria. Los discos se sucederán a ritmo de un LP al año, con dos o tres temas-estrella que invariablemente terminan incorporándose a su repertorio en directo. Los EP comienzan a espaciarse y se reservan para recopilar temas que presenten cierta unidad interna.

En junio de 1969, tras una actuación al aire libre en Granada ante cinco mil personas, se dirige por primera vez a Canarias para actuar en un evento privado organizado en el hotel Maspalomas-Oasis y concluye su actuación cantando el pasodoble «Islas Canarias». Es su primera incursión en el folclore isleño, en el que encuentra el eslabón perdido entre la música española y latinoamericana, su territorio natural. Todo culminará en una colaboración con Los Sabandeños —tiene amistad con su fundador, Elfidio Alonso Quintero, desde que este se pasara a saludarla tras una de las funciones de *La barca sin pescador*— y en su relación con el grupo grancanario Los Gofiones, que acaba de nacer bajo la dirección del compositor Totoyo Miralles con la intención de investigar y rescatar el folclore local.

La relevancia creciente de sus actuaciones es palpable en sus regresos a Madrid, desde hace tiempo plaza fuerte de sus recitales. Dos años después de su primer concierto en la Zarzuela, su retorno a este escenario ya no se produce un único día, sino que serán tres las fechas y a teatro abarrotado. Treinta y dos canciones componen su repertorio.

Un contrabajo, una guitarra, un requinto (tres hombres) y una mujer. Cuatro tonalidades de luces y diez centros de rosas y nardos. No pasa nada más por el escenario. Abajo, en la penumbra, un público bienaventurado. Un público que ama la canción, que sostiene la vieja teoría de que para demostrar amor con exactitud solo son necesarias dos palabras. Sin embargo, el argumento que se expone en el escenario es aplastante y universal. Abarca desde la sierra de Guadarrama a los Andes, desde la mantilla al poncho, desde el colorín al cóndor, desde Sevilla a Bogotá. [...] Esta es la tesis que sostuvo anoche, durante dos horas, a pura voz, María Dolores Pradera en el Teatro de la Zarzuela. Éxito absoluto.[17]

La incapacidad de acoger la riada de público que desea escuchar a la artista en directo es tal que dos meses más tarde repite actuación en el mismo escenario y pasan de veinte las veces en que se levanta el telón. La intérprete tiene una explicación sencilla para esta conexión: «Me doy entera cantando y el público es receptivo y lo siente, y yo los siento a ellos. Siento tanto sus aplausos como sus silencios cuando canto. No sé cuál de las dos cosas me llega más hondo. Quizá el silencio».[18] Y es cierto, aunque también cuenta aquel particular repertorio. «Mis canciones las voy aprendiendo a medida que viajo y en los lugares de origen. Unas veces me las enseñan sus compositores, otras, diversos amigos míos, y en una buena parte las recojo del mismo pueblo. Lo que nunca hago es aprendérmelas de discos interpretadas por otros».[19]

La artista es capaz de ahormar a su estilo temas de las más diversas procedencias y plegarlos a su cancionero. Muchos de ellos funcionan tan extraordinariamente en directo que llegan para quedarse: «El ramilletillo», «Que nadie sepa mi sufrir», «La hija de don Juan Alba», «Malagueña canaria», «Cariño malo», «El tiempo que te quede libre»... Se alternan sin reparos con los ya clásicos del repertorio en las dos partes en las que divide sus recitales. A cada una de ellas corresponde un vestido claro u oscuro, en marcado contraste. Aunque no se priva de algún Balenciaga, su atuendo escénico suele estar firmado por Herrera y Ollero, uno de los ateliers más acreditados de la alta costura española: el vestido de novia de Rocío Jurado, por ejemplo, llevará su firma, y no se nos ocurre confirmación más efectiva que esta.

Tras el éxito de su doble paso por el Teatro de la Zarzuela, las galas en Madrid se multiplican y expanden en diversos formatos. El 27 de mayo de 1970 se sube a un escenario que conoce bien, el del María Guerrero, en compañía de sus inseparables Gemelos; a mediados de julio se presenta en uno nuevo para ella, el del Florida Park del Retiro, donde es contratada por una semana de actuaciones compartidas con el combo Lecuona Cuban Boys, con quienes surge la posibilidad de realizar una gira por la Unión Soviética que finalmente no se materializará.[20] Y en ese sucederse sin fin de galas —La Coruña, Zaragoza, Bilbao, San Sebastián, Santander...— se presenta la oportunidad de conocer personalmente a una de sus compositoras más admiradas, Chabuca Granda, la responsable de su canción-bandera «La flor de la canela». La cantante peruana ha viajado a España con motivo de un festival en favor de los damnificados del terremoto de Áncash, con el que se espera recaudar fondos para aliviar las consecuencias de un desastre sísmico que ha dejado más de cincuenta mil fallecidos en todo Perú. Enterada de su presencia en Madrid, María Dolores Pradera se presenta en el hotel Palace donde se aloja la compositora. Por aquello de no hacerlo con las manos vacías decide coger un ramillete de flores de uno de los parterres del paseo del Prado. Un guardia urbano la reprende. Ella hace gala de toda su elocuencia para evitar la multa y presentar su homenaje floral a la autora de «La flor de la canela». La amistad se fragua de inmediato y, al concluir el festival, la Pradera invita a Chabuca a su casa, la lleva a conocer Segovia y Ávila, incluso le propone que la acompañe en alguno de sus inmediatos conciertos, cosa que no podrá hacer por los compromisos previamente adquiridos.[21] La peruana aseguraba no haber conocido nunca a una intérprete que mantuviera una relación igual con sus autores de cabecera:

> María Dolores tuvo la elegancia y la inteligencia de darse cuenta de que el autor que ella canta y quiere tanto hace, en diez o doce años, como pequeño derecho de autor, lo que ella en una noche. Y este es su agradecimiento. [...] Ella es el milagro de la canción popular: es que los pueblos se lleven las canciones a otros pueblos, a su manera, para que las entiendan y que las canten.[22]

Los nuevos recitales de otoño en Madrid vuelven a colgar el cartel de «No hay billetes». El peso de las galas forzará a enriquecer su acompañamiento en directo. Además de Los Gemelos, incorpora a un nuevo guitarrista, Chema Andrés, al contrabajista Miguel Palacios y el órgano eléctrico —signo de los tiempos— de Manuel Alfaro. Imprescindible es ya el percusionista Pepe Ébano. Nacido en Lima, ha llegado a España a finales de los cincuenta como acompañante de cantantes cubanos. Será a partir de su contribución como bongosero en el tema de Paco de Lucía «Entre dos aguas» cuando se convierta en imprescindible en la música española: Miguel Ríos, Camarón de la Isla, Manzanita o Mecano recurrirán a sus servicios en años futuros. Pero ella lo vio primero y hará del cajón peruano un acompañamiento cabal en buena parte de su cancionero.

El repertorio varía lo suficiente como para que el público

renueve su interés, aunque nunca falten los clásicos: a esas alturas, los temas más reconocidos y aplaudidos por el respetable son el inevitable «La flor de la canela» con el que cierra invariablemente todos sus conciertos, además de otra composición de Chabuca Granda, «Fina estampa», y dos valses peruanos como «Amarraditos» y «El rosario de mi madre». Para arrancar la velada, por aquello de la superstición, «Ojalá que te vaya bonito», del imprescindible José Alfredo Jiménez. A los temas hispanoamericanos se suman los tradicionales españoles, como la lagarterana «Las barandillas del puente» o el canto de cortejo segoviano «El ramilletillo», en el que Julián suele acompañarla únicamente con el almirez. Entre las nuevas incorporaciones más celebradas, «Amapolas y espigas», una composición con la que el extremeño Pablo Guerrero ha logrado el segundo puesto en 1969 en el Festival de Benidorm y que la cantante acaba de hacer propia en su recién publicado LP, *Canta María Dolores Pradera*. Entre unas y otras, el cancionero se dispara a las treinta y tantas canciones y alargan el espectáculo hasta las dos horas y media, que al público le saben a poco. «María Dolores Pradera sabe dar a cada una su expresión, su acento, sus giros más adecuados. Puede afirmarse que ella sola, con un programa largo, constituye un verdadero espectáculo lleno de atracción».[23]

Al concluir los nuevos recitales en la Zarzuela decide volver a cruzar el charco. Lo hace en compañía del Trío Siboney, pues Los Gemelos han comenzado ya el curso escolar. Han pasado dos años de su arrollador triunfo en Colombia, donde debe recoger un Disco de Oro, y ahora afronta una gira mucho más ambiciosa que incluye también México. La prensa azteca afirma que, «española de origen, no tiene nacionalidad cuando canta»,[24] algo que dicho por un periodista mexicano entendemos que no es poco decir.

MARÍA DOLORES PRADERA. DÉJAME QUE TE CUENTE

Organiza estas giras el corresponsal en España del *Heraldo de México* Manuel Santiago de la Cruz, que en 1960 había escrito para ella «Qué difícil eres» y «Te tengo rabia». En Ecuador son paradas obligatorias Quito y Guayaquil. En México, la capital —Palacio de Bellas Artes o Teatro de la Ciudad, mil setecientas y mil trescientas localidades respectivamente—, Guadalajara —Teatro Degollado, novecientas butacas—, Monterrey y San Luis Potosí. Aunque a menudo la prensa menciona Perú y Chile como parte de las giras, no llega a actuar nunca en estos dos países, a los que tantos vínculos la unen. En todo caso, Chile está presente en la cueca «Dos puntas», otro tema imprescindible por aquel entonces: «Cuando pa Chile me voy / Cruzando la cordillera / Late el corazón contento / Una chilena me espera / Y cuando vuelvo de Chile / Entre cerros y quebradas / Late el corazón contento / Pues me espera una cuyana / ¡Viva la chicha y el vino! / ¡Viva la cueca y la zamba! / Dos puntas tiene el camino / Y en las dos alguien me aguarda».

Concluida la *tournée* a principios de 1971 decide tomarse unas semanas de descanso en Ciudad de México, donde tiene en propiedad un apartamento en la calle Londres, plena Zona Rosa, a dos pasos de la plaza de las Tres Culturas. Cuenta allí con buenos amigos, muchos de ellos españoles exiliados, que la acogen con los brazos abiertos, como el oscense Julio Alejandro o los gijoneses Paco Ignacio Taibo I y su mujer Mari Carmen. Los martes hay fabada y la casa se llena de nostálgicos. Algunos días se pasa por allí Luis Buñuel, al que hace mucha gracia la capacidad de la Pradera de mantener hábitos locales por miles que sean los kilómetros que la separaran de Madrid: «¡Es usted la auténtica españolaza!»,[25] suele decirle entre bromas.

208

12

Giras, galas, discos

La creciente popularidad de su música hace que, a su regreso a España, María Dolores Pradera se vea obligada a buscar locales de mayor aforo para sus recitales. De manera muy patente en Barcelona, donde va a tener que abandonar el querido pero muy modesto El Papagayo, en el que la afluencia de público obliga a una continua prórroga de actuaciones, por el amplísimo y muy señorial Palau de la Música, recién reabierto tras las obras de remozamiento que han culminado con su declaración como Monumento Nacional. María Dolores Pradera hablará de su primer concierto allí como de «el éxito de mi vida. [...] Ese triunfo, juntamente con los que obtuve en Colombia, son mis mejores recuerdos como cantante».[1] A principios de diciembre regresará al mismo escenario con cinco nuevos recitales de tal éxito que a partir de entonces su paso por el recinto en fechas previas a las fiestas navideñas se convertirá en cita anual. Poco antes ha actuado en el Teatro Pérez Galdós de Las Palmas con motivo de las fiestas de San Pedro Mártir, en una escala de paso hacia México, donde ha celebrado actuaciones durante todo el mes de octubre escoltada por el Trío Siboney. Con ellos graba también su obligado disco anual bajo el escueto título *María Dolores Pradera*, completamente orientado hacia el cada vez más amplio mercado sudamericano. Y no lo decimos porque en la contraportada Mariano Méndez Vigo solicite para la cantante el título de Embajadora Extraordinaria de la Hispanidad, sino porque predominan en él las composiciones de los mexicanos Ferrusquilla y Tomás Méndez. La cantante también abre hueco en él a «La violetera» del maestro Padilla, un tema popularizado por Raquel Meller tan conocido en Estados Unidos que el mismísimo Charles Chaplin lo había utilizado en *Luces de la ciudad* (*City Lights*, 1930).

Los nuevos aires políticos que soplan en España durante el tramo final de la dictadura van a traer también la resolución de una importante fricción: la distancia de un sector juvenil que, desde la explosión del yeyé, ha empezado a ver su repertorio como algo anclado en un tiempo ya pasado. Habrá periodistas que le reprochen no incluir en él «música moderna», habrá también quien hable de ella con un puntín de condescendencia, como Álvaro Retana, que en su *Historia de la canción española* la define como «de aspecto físico aceptable, voz apasionada y señorial distinción, interpreta la canción moderna con la acertada mímica que corresponde a una gran actriz. Lo que es, aunque ella se empeñe en ser una cantante a la moda».[2] Pero no hay modernidad que consiga bajarla de su trono: cuando pasa por *Galas del sábado*, el programa estrella de TVE presentado por Joaquín Prat y Laurita Valenzuela, es ella la encargada de cerrar la emisión por mucho que los otros invitados de la velada sean Los Bravos. Con el tiempo se sentirá orgullosa de no haber cedido a la oleada anglosajona y de haberse mantenido fiel a un repertorio entroncado con una tradición cultural propia. La misma evolución de la música parecerá darle razón: para principios de los setenta, con el beat y el yeyé finiquitados tras todo lo sucedido en 1968,

GIRAS, GALAS, DISCOS

su línea se ha mostrado mucho más estable, al margen del vaivén de las modas.

Su principal habilidad ha sido saber renovar el contenido de sus textos captando a la perfección el aire de los tiempos. Los grupos y cantantes que han ido filtrando la modernidad en España no han sido de su gusto y no ha dudado en bajar al barro cuando lo ha considerado conveniente. Un periodista al que habla de su amor por los Beatles contraataca preguntándole por los ídolos locales; cuando la consulta es sobre cantautores o melódicos como Raphael, Víctor Manuel o Serrat no duda en contestar que «los respeto a todos por lo que cada cual vale», pero cuando este repite la pregunta cambiando el listado por Massiel, Salomé, Karina o Marisol su respuesta es esquiva: «Podría decir lo mismo, pero es un tema que prefiero no tocar».[3] Y está esa piedra de toque que ha comenzado a revolucionar el panorama musical español desde su ala izquierda, la canción protesta, que será empleada como ariete por algún cronista para realizar un ataque frontal, acusándola de que «ninguna de sus canciones encierra protesta alguna»[4] haciéndose eco de unas declaraciones que habían levantado cierta polémica:

No me gusta la palabra protesta para lo que se canta. Esas cosas «de protesta» me parecen más bien memeces. [...] Yo, la verdad, estoy al margen de esta avalancha. Entre otras cosas, porque no tengo nada que ver con estas gentes. No me tolerarían dentro de este tipo de música. Y no creo que, pese al *boom,* se haya ganado en figuras. ¿Quién hay después de la Piaf? ¿O de Frank Sinatra? Posiblemente sean las casas de discos las que se inventen a estos nuevos nombres porque hacen negocio. [...] De todas maneras, estas gentes que han surgido ahora a mí me son simpáticas. Han provocado esa catástrofe que es el baile suelto. [...] Tiene su gracia ese estilo de baile. Y, además, lo encuentro inocentón.[5]

De nada servirán las explicaciones. La falta de contenido político en sus textos va a suponer un quebradero de cabeza continuo ante la prensa más beligerante que, lejos de aplacarse, va a ir enconándose con el paso de los años. Sirva como ejemplo una entrevista que concede a Ángel Casas poco antes de arrancar uno de sus conciertos en la Zarzuela que *Fotogramas* llevará a la portada del número con el que cierra 1971.[6] Viendo que el tema está monopolizando la conversación, la cantante intenta saldar el asunto explicándole que si no canta esas canciones es «porque no las siento». Pero ni ello le basta a Casas, que vuelve al contraataque insistiendo con un «¿Y por qué no las siente?» que hace a la Pradera sacar su proverbial carácter y cerrar la charla con un imperativo «¡Porque no las siento!» que deja un tenso silencio entre ambos.

Pero la cantante sabe que en Hispanoamérica este contenedor tiene otras connotaciones bien diferentes que respeta y no duda en abrir su repertorio para recogerlo. Su siguiente disco se cierra con tres temas populares españoles, «La vaquilla», «Coplas toreras» y «Las vaqueiras» —en esta última acompañada por un pandero para rendir tributo a sus ancestros astures—, pero en él tiene un peso fundamental uno de los temas socialmente más comprometidos de Chabuca Granda, «Paso de vencedores», escrito a propósito de la reforma agraria y que María Dolores Pradera presentará en sus directos explicando que no se trata de una canción de protesta, sino de esperanza: «Paso de vencedores / Tierra en rescate / Clarines de la dignidad / Sol del obrero / Campesino triunfador / Hermano nuevo / Olores de revolución / Patria en barbecho / Madre que vas a parir el hijo erguido / Hambres que veré partir, seré testigo». Y no solo: en el mismo álbum incluye también «Bienvenido, Chamizal», un tema reivindicativo sobre la devolución por parte de Estados Unidos a México en la década de los sesenta de este exiguo territorio fronterizo.

Es un giro inesperado de su repertorio profundamente marcado por todo lo que sucede al otro lado del océano, donde la situación política se está haciendo progresivamente compleja: a las dictaduras de Anastasio Somoza en Nicaragua, de Alfredo Stroessner en Paraguay y de las diferentes juntas militares en Brasil y Argentina se acaban de sumar con el inicio de la década las de Hugo Banzer en Bolivia, Juan María Bordaberry en Uruguay y Augusto Pinochet en Chile, con el consiguiente tránsito obligado de músicos latinoamericanos hacia Europa. España se convierte en cabeza de puente para la mayoría de ellos, y este hervidero va a aportar al cancionero de María Dolores Pradera una apertura temática que ampliará el espectro de su público, al que se incorpora un sector de gente joven más politizada:

> Ancianos, personas maduras, jóvenes, muchachas y muchachos. Mujeres y hombres de lo que tradicionalmente se llamaba «gran clase», y chicas y chicos trabajadores, que contrastaban sus vaqueros y chaquetones con las ropas impecables de aquellos. Fieles y felices seguidores del *dolce far niente* y obreros que hablaban de la fábrica y del tajo en el entreacto.[7]

El fenómeno se expande por todo el país. En agosto de 1972 la noticia para los medios es que los príncipes Juan Carlos y Sofía, que pasan unos días de vacaciones en el Pazo de Meirás, asisten a su concierto del Pabellón de los Deportes de La Coruña acompañados por Alfonso de Borbón y Carmen Martínez-Bordiú. Los cuatro reciben una calurosa ovación del público, dice la prensa.[8] Pero para nuestro recorrido resulta mucho más sorprendente señalar cómo hasta una capital de provincia que no llegaba a los doscientos mil habitantes tiene que alojar un concierto que dista de remar a favor de las modas en todo un pabellón deportivo que, además, cuelga el cartel de «No hay billetes». El paso por la ciudad el año anterior había visto doblar su cita en el Teatro Colón y ni así había dado cabida a todo el público que quiso hacerse con una entrada.[9] En Valladolid, donde también repite actuación, un crítico intenta explicarse el fenómeno, pero parece topar con lo inefable:

> Tiene un público tan concreto, tan propio, que nada, absolutamente nada de lo que pase en el escenario le parecerá mal. El hecho de que María Dolores Pradera se vaya de la letra o de la música no tiene para él ninguna importancia. Que nos cuente las mismas historias, con las mismas palabras, con los mismos efectos... tampoco.[10]

Intentando evitar el agotamiento —el propio y el del público—, cada año se propone espaciar sus recitales y no realizar más de cuarenta en España. Casi todos incumple su propósito, pese a su miedo a los efectos que el exceso pueda tener sobre su voz. «Nunca me ha gustado hacer grandes maratones de actuaciones. Quizá por eso conservo mi voz, porque nunca la he forzado. No hay que forzarla, pero tampoco hay que dejar de ejercitarla. Una voz es como una guitarra. Si no se afina, si no se cuida, se estropea».[11]

Si está en Madrid durante la primavera o el verano, no hace ascos a interpretar cuatro o cinco canciones en la sala

GIRAS, GALAS, DISCOS

de fiestas Pavillón, frente al embarcadero del parque del Retiro. Suelen completar el programa un *crooner* foráneo, un ballet español, un grupo de música más o menos «moderna» y una orquesta que ameniza el baile hasta la madrugada. Sus actuaciones veraniegas en provincias se enmarcan a menudo en la programación de Festivales de España que organiza el Ministerio de Información y Turismo. Pero el tour de force de la cantante pasa invariablemente por sus recitales otoñales en la Zarzuela, una sucesión de papel agotado que en 1972 debe extender a once galas, una por día, entre el 2 y el 12 de noviembre. En esta ocasión, conmueven especialmente al público un bloque de canciones de cuna —cubanas, asturianas, mexicanas— rubricadas por la «Nana de Sevilla», de Lorca. Ante estos recitales, Andrés Moncayo —otro crítico teatral trasvasado a la música— busca la raíz más profunda del alcance de la cantante y sus rasgos diferenciales, sin esquivar la voluntad de transcendencia:

> Es, en el amplio y noble sentido de la palabra, una intérprete: no una imitadora, no una emisora de sonidos o una víctima del colonialismo cultural en el que se está perdiendo la verdadera voz de España. Es un medio de enorme sensibilidad y de capacidad amplificadora que nos transmite la voz popular —o la voz culta de los poetas, que asume a su vez la expresión popular— a través de sí misma, dotándola de matices, acentuando aquello que debe ser percibido; siempre en función de un sentimiento, de una comunicación, a veces de una narración. [...]
>
> Es una figura solitaria en la abigarrada y nerviosa barahúnda de canción española contemporánea, dueña de una personalidad forjada en la larga escuela del buen teatro, sin improvisaciones ni amparada por modas. Culturalmente, cumple

la difícil misión de traernos de regreso músicas y poemas que salieron de España, llegaron a América y allí se transformaron y se enriquecieron.[12]

El éxito se repetirá en Barcelona. Serán cinco los recitales que afronte en el Palau de la Música en diciembre de 1972:

> María Dolores Pradera es extraordinaria por su sensibilidad interpretativa. Cada canción exige de ella una postura, una transformación. Sus brazos son cuna —«Nana de Sevilla», arreglo de García Lorca—, son muro —«Cárcel de papel»—, son aire, sombras, vida. Sus ojos ríen o lloran al compás de esa música del pueblo que María Dolores ha adoptado para que revierta en un amplio auditorio que la recibe como un mensaje artístico y vibrante. [...] El fenómeno María Dolores Pradera hay que explicarlo sobre todo a partir de su cautivadora personalidad. De su modo de «decir» las canciones, de conmover con ellas, de vibrar a través de unas cadencias populares. Su voz se modula, su expresión es tan variante como los cambios de luz en el escenario. En ocasiones dobla sus brazos como si se hicieran prisioneros de sus palabras, o los deja caer a lo largo del cuerpo, marcialmente como en el bello «Paso de vencedores». Pero la explosión de vida, de sentimiento pone en seguida en jaque a la cantante, que reelabora con su cuerpo la canción.[13]

Unos días antes ha viajado a Estados Unidos y a México. En Nueva York es invitada a la presentación del semanario *ABC de las Américas* del grupo Prensa Española. Como estrella de la velada, hace un recorrido musical por España y Latinoamérica ante todo el cuerpo diplomático, el ministro de Asuntos Exteriores Gregorio López Bravo, el premio No-

GIRAS, GALAS, DISCOS

bel Severo Ochoa y hasta el tenor Alfredo Kraus, que está actuando en el Metropolitan por esas fechas.[14] En México se encuentra con su viejo amigo José López Rubio cuando forma parte del jurado del Festival Agustín Lara. Recibe el primer premio un tema de Manuel Alejandro, que, al ser español, le obliga a abstenerse en la última vuelta de la votación; lo hace sin frustración alguna porque lo incluirá en el repertorio de su próximo recital en la Zarzuela y porque en aquella velada localiza una canción que interpreta Mercedes Sosa, «Si un hijo quieren de mí», que en el concurso pasa desapercibida pero que, con ese buen ojo que siempre la caracterizó a la hora de ordenar su cancionero, incorpora inmediatamente a su repertorio: «Si un hijo quieren de mí para matarlo / Prefiero decir un no alto y sagrado». Un nuevo escalón en la canción comprometida, ya que la etiqueta «protesta» parece no terminar de cuadrarle.

Durante todo el año 1972 circula por los mentideros el rumor de que prepara con Joan Manuel Serrat un gran espectáculo que se presentaría en Barcelona y Madrid.[15] Los dos comparten casa de discos y aprecio de sus directivos. Si Serrat ha estado en el número uno de las listas de éxitos durante semanas con su LP dedicado a Antonio Machado, María Dolores Pradera ha alcanzado los primeros puestos con sus últimas entregas. Ambos mantienen buena amistad e incluso han concertado una actuación conjunta en el Parque de María Luisa de Sevilla para recaudar fondos con los que construir una guardería y una escuela en la barriada de la Liebre de Alcalá de Guadaíra.[16] No pudo ser: los innumerables compromisos del Noi del Poble Sec forzarán dos aplazamientos que terminarán en incomparecencia.[17]

No es el único festival benéfico en el que participa por esas fechas: en enero de 1973 se sube a las tablas del Monu-

217

mental para colaborar en otro que busca recaudar fondos para ayudar a los damnificados del reciente terremoto de Managua. Comparte escenario con Raphael, Carmen Sevilla, Manolo Escobar, Mari Trini, Julio Iglesias, Massiel... Léase, el auténtico quién es quién de la música ligera española, aunque ninguno de estos artistas esté tan vinculado como ella a Latinoamérica. Una relación mantenida a base de una presencia constante en los escenarios transatlánticos. Después del verano, nuevo viaje a México. Aparte de actuar en la capital, repiten en el Teatro Degollado de Guadalajara, donde ya ha actuado en marzo. Además de los bises, culminados con la inevitable «Flor de la canela», el reseñista de un diario local destaca «La muerte de un gallero», del mexicano Tomás Méndez:

> En esta última, como a lo largo del recital el lenguaje del pueblo, sus sentimientos y costumbres afloraron con una objetividad sin par en el dramático acento de los poemas musicales. Y en absoluta entrega de la artista, que vive con profunda emoción todo cuanto de poético y musical fue creado por los compositores, llegó a su punto culminante cuando interpretó «Devuélveme mi amor (El rosario de mi madre)» […] y «Pancho Rivera», que puso punto final al recital en medio del clamoroso aplauso de público que la ovacionó con entusiasmo.[18]

Próxima ya a cumplir los cincuenta años, los recitales que afronta a su vuelta a Madrid cambian de escenario: del Teatro de la Zarzuela al Palacio de la Música de la Gran Vía. Reflejo de una cotización siempre al alza: su caché se ha disparado hasta las 200.000 pesetas, lejos todavía de las 350.000 de Raphael, incluso de las 325.000 de Manolo Escobar, pero por encima de figuras de la nueva generación como Joan Manuel Serrat, que anda por las 175.000.[19] Los espectáculos supondrán uno de los grandes acontecimientos de taquilla del año que está por finalizar: «Canciones para todos» es el titular con el que los resume la prensa.[20] En el panorama discográfico han surgido nuevas estrellas femeninas —Mari Trini, Cecilia, María del Mar Bonet— con un brillo mayor que el suyo, pero queda por comprobar su capacidad de perdurar en el tiempo. Otra estrella de Zafiro, Massiel, está demostrando en persona la dificultad de este reto. Un periodista pone a María Dolores Pradera y a Ana Belén —dos actrices metidas a cantantes— en los dos platillos de la balanza de lo que constituye el panorama musical femenino a la altura de aquel 1974:

> María Dolores Pradera y Ana Belén son dos casos contrapuestos. La primera es un fenómeno aparte dentro de la música española, pues su figura escapa a todo tipo de baremos de popularidad, listas de venta o clasificaciones de cualquier tipo. No obstante, su categoría está ahí desde hace muchos años y no podemos olvidarla. Con respecto a Ana Belén, hay que mostrar esperanza en sus cualidades, pues no ha hecho más que empezar. Su primer disco, así como su presentación en directo, no han podido ser más prometedores, principalmente por la reacción de la crítica; pero todavía hay que esperar un tiempo para ver cómo reacciona el público.[21]

Si las actuaciones que realiza ese año en el D. F. dan lugar a un LP y un EP en directo para el mercado local —*En México* y *Fina estampa*—, estas del Palacio de la Música quedan registradas en un doble disco en vivo lanzado por Zafiro. La portada es espectacular: una foto del coliseo de la Gran Vía con la cartelera ocupando toda su fachada —«Siete únicos e improrrogables días»— sobre el tráfico nocturno de la capital. Madrid nunca había estado tan cerca de Broadway. Las críticas de las escalas en su ciudad natal son prácticamente intercambiables de un año al otro: aquello de la cantante que interpreta como la actriz que sigue siendo, aquello de la sencillez y la hondura, aquello de la vibración que alcanza a cada espectador de modo único y le hace escuchar en silencio y prorrumpir en estruendosos aplausos al final de cada tema. Todo culminando con los bises innumerables y la salida de la sala, ya de madrugada, con el alma henchida de emociones. La única variación es la continua incorporación de temas que renuevan el repertorio a cada visita. Aquella primavera de 1975 estos son principalmente dos, «El violín de Becho», del uruguayo Alfredo Zitarrosa, y la ranchera de Víctor Cordero «¿Dónde estás, juventud?», que acaban de aparecer en el primero de los tres discos que publicará ese año, señero para sus seguidores por el retrato del pintor hispanomexicano Manuel de las Casas que le sirve de portada. A nadie se le escapa que la cantante está atravesando una etapa de plenitud, patente en su capacidad de plasmar en sus últimos trabajos pequeñas joyas como «Soledad sola», para cuyo acompañamiento hace venir desde Argentina a Lucho González, el guitarrista de Mercedes Sosa.

Todo mientras Franco agoniza y, como acto postrero, firma la condena a muerte de dos miembros de ETA y tres del FRAP. En señal de protesta, México, que no mantiene relaciones diplomáticas con España desde 1939, cierra las fronteras a sus habitantes, cancela las comunicaciones marítimas y aéreas, y suspende cualquier relación económica y cultural. Para la artista es un duro golpe, no solo por la dinámica de sus continuas actuaciones transatlánticas, sino por sus vínculos allá y por esa casa que en alguna ocasión se ha planteado que podría pasar a ser primera residencia, pese a haber quedado hecha trizas tras uno de los continuos terremotos que sacuden el país. Quien está en México por esas fechas es Joan Manuel Serrat, que se solidariza con la postura del presidente y decide no regresar a España hasta que se resuelva la situación política. Volverá en agosto de 1976, una vez aprobada la amnistía que garantizaba un primer amago de convivencia real en el país, y María Dolores Pradera no faltará en el señero concierto con el que se reencuentra con su público en el Palau Blaugrana. El restablecimiento de relaciones diplomáticas hispano-mexicanas en 1977, una vez solventada la cosa transicional, tendrá su correlato televisivo en *Reencuentro*, un programa especial coproducido por TVE y Televisa en el que, no podía ser de otro modo, la Pradera tiene un papel principalísimo en su doble faceta de anfitriona y cantante.

Y mientras tanto, la tentación de la interpretación sigue estando ahí. En la primavera de 1971 se ha descartado un proyecto que parecía avanzado: su salto al café-teatro para representar el monólogo *La voz humana*, de Jean Cocteau. Tan avanzado, al menos, como para tener espacio reservado para ello, el Stefanis,[22] abierto unos meses antes siguiendo el ejemplo de Lady Pepa y otros locales similares de las principales capitales europeas. Sin embargo, cuando llega la fecha señalada la sala de la calle Bravo Murillo estrena un entremés del televisivo Domingo Almendros titulado *Los indios son muy molestos en casa*. Unos meses más tarde, unos dicen que está preparando su regreso al teatro al lado de Vicente Parra en *La dama de las camelias*,[23] otros, por el contrario, la sitúan en México, donde ha anunciado que va a protagonizar, bajo la dirección de Manolo Fábregas, el musical de Rodgers y Hammerstein *El rey y yo*[24] que habían interpretado en la pantalla Yul Brynner y Deborah Kerr. Los amigos que saben de su potencial dramático no cejan en el empeño de volver a situarla sobre las tablas o ante las cámaras. José Luis Alonso busca una obra que convenga a ambos para volver a trabajar juntos[25] y ella llega incluso a mencionar el nombre Ibsen.[26]

En México, a donde viaja para presentar su disco monográfico *Canciones de José Alfredo Jiménez* acompañada por el Trío Aguilar, se encuentra a Adolfo Marsillach, que le pasa los primeros guiones de la serie que está preparando para TVE: la biografía ficticia de una mujer que frisa la cincuentena, titulada *La señora García se confiesa*, con inicio de rodaje previsto para noviembre de 1975. El proyecto la atrae y busca el modo de ajustar sus compromisos musicales para el largo periodo de rodaje de los trece capítulos.[27] Pero no podrá ser y perderá la oportunidad de interpretar una serie que, protagonizada por Lucia Bosé, se convertirá en una de las ficciones-estandarte de la Transición por mucho que Marsillach la considerase fallida ante el salto de expectativas que supuso para unos tiempos tan atropellados haber sido escrita antes de la muerte de Franco y estrenada después. Por lo que el único empeño como actriz que afrontará en este periodo será su regreso, excepcional y por última vez, al cine.

No parece moverle una gran ambición artística: si ha aceptado el papel es porque, confiesa, el protagonista era Julián Mateos. «Yo hice esa película porque éramos amigos y me animó mucho a hacerla. Era un verano en el que yo tenía muchos viajes y muchos conciertos, que perdí. [...] Entre él y [Luis] Lucia, que era director y además vecino mío, me animé».[28] Y en el fondo, también por la voluntad de realizar una última intentona:

GIRAS, GALAS, DISCOS

> Hace unas semanas me ofrecieron una película en Inglaterra. Yo lo pensé y decidí rechazar el ofrecimiento. Todo el mundo, ò casi todo el mundo, me dijo que estaba equivocada y todo eso. Bueno, pues yo estoy satisfecha de haber hecho lo que consideraba mejor.[29]

La orilla (Luis Lucia, 1970) es la primera película de Producciones Benito Perojo en colaboración con la compañía Picasa, una alianza mediante la que el veterano director y productor intentará mantener a flote su compañía hasta el mismo instante de su muerte en 1973. Y la primera sorpresa es que la cinta no esquiva un tema todavía espinoso como la Guerra Civil: los títulos de crédito, bajo un tema de Alfonso Santisteban que se funde con «A las barricadas», aparecen sobre imágenes de archivo entre las que cobran especial protagonismo las de quemas de iglesias. La metáfora queda enfatizada por una locución que sirve de puente entre las dos posiciones militares enfrentadas en sendas orillas del río: «Esta película está dedicada a los que, en un bando u otro, en una u otra orilla, por distintos caminos, pero con nobleza y generosidad, lucharon por una España mejor».

Juan Castro (Julián Mateos), teniente cenetista del ejército de la República, debe destruir cuatro bombarderos Junkers que acaban de llegar a un aeródromo situado junto a un convento ubicado en la orilla opuesta del río donde se asienta su sección. Se trata de un golpe de mano que debe realizar al amparo de la noche, pero unos «pasados» de sus propias filas han dado el chivatazo y les esperan. El teniente, malherido, se refugia en el convento, donde la madre superiora (María Dolores Pradera) decide hacerse cargo de él. Durante la convalecencia terminará enamorándose de la hermana Leticia (Dyanik Zurakowska). El «mensaje» es

223

puesto en boca de la superiora: «Si cada español se hubiera ganado el afecto de uno de los de la otra orilla, no andaríamos ahora a tiro limpio. Unos con su egoísmo, otros con su resentimiento, nos han traído tanta tristeza…, tanta sangre. Yo quiero dar en mi convento una batalla contra todo esto». El descubrimiento del convaleciente por parte de un capitán enemigo (Antonio Pica) provocará el oportuno giro dramático una vez que las tensiones entre las monjitas y el revolucionario se han diluido. El anticomunismo del anarquista busca justificar las afinidades entre ambos, pero el hecho de que se reconozcan como compatriotas que luchan por una España mejor llega al ridículo cuando el cenetista afirma que fue una lástima que el fundador de la Falange Española, José Antonio Primo de Rivera, no estuviera en el bando republicano. En fin, podría haber sido peor: al parecer, en la primera versión del guion el anarquista terminaba defendiendo el convento de un ataque del ejército republicano. Pero la censura no encontró suficientemente edificante tamaña conversión y entendió que el protagonista debía pagar con la vida tantos crímenes pasados. De ahí la conclusión trágica de la cinta: el teniente Castro intenta regresar a su posición, sor Leticia le sigue y ambos mueren fatalmente en mitad del río acribillados por una ráfaga disparada desde las líneas republicanas. Y para que no falte el final simbólico, la corriente arrastra sus cuerpos abrazados. Con truco, claro, porque la reconciliación solo es posible más allá de la muerte y la militancia en la orilla equivocada ha de ser expiada con la vida.

La orilla es una película descoyuntada, sorprendente por combinar de manera un tanto esquizofrénica una historia de maquis con una versión oficialista a más no poder de la Guerra Civil y, rizando el rizo, con un melodrama de monjitas, con sus rezos y sus alegres cánticos, lo suficientemente demodé como para recordar aquellas producciones religiosas de Aspa Films de principios de los cincuenta. Era difícil que a esas alturas encontrara el éxito popular por mucho que contara con el aplauso generalizado desde las instituciones oficiales: Lucia y Perojo recibirán un premio especial de Sindicato Nacional del Espectáculo por su exaltación de los valores humanos y de la convivencia entre los españoles, pero el público se mostrará tan esquivo como la crítica. Cuando años más tarde revise la cinta, Román Gubern se sorprenderá del carácter epigonal de esta entrada en el cine oficialista sobre la Guerra Civil y subraya la «falsedad histórica» de una Iglesia católica al margen de la contienda, en lugar de alentadora de una cruzada contra el Gobierno legítimo.[30] Falta de sinceridad que no podía adjudicarse a Lucia, plenamente convencido de su mensaje y que poco después exponía a Antonio Castro su idea de reconciliación a partir de la reinterpretación del pasado:

> La película refleja una verdad que funcionó en España en aquella época donde un rojo tenía a dos monjas en casa y un nacional dos anarquistas en la suya. Aparte de la gran crueldad de nuestra guerra civil, hubo una gran ofensiva de amor y de cordialidad en la que nos protegimos unos a otros en los dos bandos. Yo quise reflejar ese ambiente.[31]

Rodeada de buenos amigos y con un papel de lucimiento, María Dolores Pradera siempre reconoció haber disfrutado el rodaje, que se realizó casi por completo en la localidad segoviana de Santa María la Real de Nieva. Ni tan siquiera el proverbial mal humor de Lucia estropearía la experiencia; como diría socarronamente al respecto la actriz, «conmigo no ha tenido mal carácter ni Fernán-Gómez».[32] Y, además, la conclusión del rodaje traería sorpresa:

> Volvíamos en un autobús a Madrid [...] todos los actores. Y en dos ocasiones vimos ovnis. [...] Unas bolas que subían. Salió en los periódicos, que se habían visto unas luces extrañas por Segovia y nosotros lo vimos. Estos eran redonditos, unas bolitas que subían y luego desaparecían a una velocidad incalculable, como una nodriza con varias bolitas alrededor, bajaban no demasiado cerca y nos quedamos pasmados. [...] En Perú también he visto ovnis.[33]

Imaginamos que no sería por estos sustos que decidiera no reincidir en el cine. «No, en absoluto: ha sido una cosa sensacional. Lo que a mí me gusta de verdad es cantar y hacer teatro; el cine tiene, entre otros inconvenientes, el de que hay que madrugar mucho. Al teatro, sí que volveré».[34] Solo se sentirá tentada de contradecirse en dos ocasiones. La primera, un posible regreso a los dramáticos televisados bajo la dirección de José Luis Alonso, arrebatada tras ver su último trabajo, *La visita de la vieja dama,* de Friedrich Dürrenmatt. A esta luz pueden leerse las declaraciones que realizaba por esas fechas: «Me gustaría interpretar algo de tipo contemporáneo y que tuviera una conexión con la realidad».[35] La segunda, cuando en 1974 le propongan protagonizar una película con guion de Chabuca Granda inspirada en «La flor de la canela» que nunca se realizará.[36] De sus ocasionales llamamientos a Pedro Almodóvar en la década de los noventa no conocemos respuesta, sí de la que dará a Víctor García León cuando este le proponga volver a ponerse ante las cámaras en su película *Más pena que gloria* (2000). Aunque agradecerá la propuesta y más viniendo de un director hijo de dos grandes amigos como José Luis García Sánchez y Rosa León, terminará rechazándola porque hace tiempo que siente la interpretación como algo que pertenece al pasado. Años más tarde, con la perspectiva del tiempo, la artista realizará un balance muy negativo de esta faceta de su carrera:

> Realmente a mí no me ha atraído mucho el hacer cine. El cine lo he hecho, eso que se dice, para comer. El cine que yo hice me pareció siniestro. No tuve nunca suerte. He hecho mucho cine, pero reconozco que lo he hecho muy mal. Creo que no sé hacer cine. Creo que nunca supe hacerlo. También es posible que nunca me dieran la película ideal.[37]

13

La gran dama de la canción

Son tiempos de cambios para María Dolores Pradera. En lo personal, desde luego. «Mis hijos han crecido y ya no les canto nanas»,[1] ironiza. Los dos vuelan solos. Helena sigue probando fortuna con la interpretación y la moda y da algún susto a sus padres, como el pequeño incendio casero que la lleva al hospital con quemaduras de cierta gravedad.[2] Fernando trabaja como técnico de sonido, toca la guitarra y se está introduciendo en el mundo del arte gracias a la galería Edaf. Trae pintura mexicana para exponer en España y manda a su homóloga en el Distrito Federal obra de artistas españoles. Y si esto sucede en el entorno familiar, qué podríamos decir en el político. La muerte de Franco ha abierto las compuertas a una sociedad en ebullición y todo parece apuntar a que el cancionero de la Pradera no tiene cabida en aquel nuevo ambiente. Hasta Miguel Delibes usa su figura en la novela transicional *El disputado voto del señor Cayo* para marcar aquella ruptura generacional a través de un diálogo entre dos miembros del partido que buscan el voto del campesino protagonista en las primeras elecciones democráticas que se celebran en España desde 1936:

—A las nuevas generaciones os jode la melodía, eso es lo

que os pasa. Os alucinan los ruidos descoyuntados, lo único que os interesa es romper.

Rafa sonreía piadosamente:

—Tampoco es eso, macho, pero esa música es de la época del Diluvio. Es la que le gusta a mi madre y punto.

—No es tan vieja tu madre —apuntó Víctor.

—¡Joder, cuarenta y cinco! ¿Te parecen pocos?

Cuco Sánchez cantaba «Guitarras, lloren guitarras». Rafa acompañaba ahora su sonrisa con reiterados balanceos de cabeza:

—Huy, la leche —dijo—. Apuesto a que también te mola la María Dolores Pradera.

—Claro —dijo Víctor—. Y la Baez y Machín, y la Piquer, y Atahualpa y la Tuna.

—¡No sigas, macho! Estás definitivamente kitsch.[3]

Sin embargo, aquella nueva atención a lo popular que se despierta entre gran parte de la sociedad española hará que su cancionero adquiera un tono diferente. La artista también parece inmersa en esa preocupación por la realidad inmediata y la oposición a lo establecido que marca el signo de los tiempos, y hace gala de independencia no plegándose a las exigencias de las discográficas:

> En mi profesión, cantar, la gente está sometida a unas multinacionales normalmente. Multinacionales que les dirigen, que les dan a ganar mucho dinero, que puede que les compense, pero están un poco sometidos. Yo eso no podría soportarlo: quiero ante todo ser libre, no sentirme con un dogal al cuello, ni conducida. [...] No podría estar manejada y que me eligieran ellos las canciones... Mi carácter no va con eso.[4]

En abril de 1976 ella misma impulsa este cambio de imagen abandonando el habitual Teatro de la Zarzuela, donde ha tenido trece conciertos el año anterior, para afrontar por primera vez el Monumental. El coliseo de la calle Atocha, recientemente reformado por el empresario Matías Colsada, tiene un aforo mucho mayor —cuatro mil localidades—, lo que permite rebajar el precio de las entradas y apelar a un público tradicionalmente ausente de sus recitales madrileños. «Quiero llegar a un público mayor, a un público más popular, que me sigue, lo sé, por los discos o la radio, pero que no ha tenido ocasión de verme en persona».[5] Tras el éxito de las más de setenta galas que ha rubricado el verano anterior, Zafiro colabora con una notable campaña promocional de toda su discografía y los cinco días de actuaciones cuelgan el cartel de «No hay billetes». Y eso que el de la presentación coincide con el del enésimo partido del siglo que tiene paralizada España: el Real Madrid-Borussia que dará acceso a las semifinales de la Copa de Europa al equipo blanco. El repertorio, como de costumbre, alterna éxitos de siempre y canciones de su nuevo disco y se muestra generosa con su público: cuatro bises prolongan el recital hasta más allá de la una de la mañana y los asistentes aún siguen reclamando más. «Triunfal»,[6] titulará la prensa al día siguiente, cuando algún comentarista compare su categoría con la de Édith Piaf en Francia o la de Amália Rodrigues en Portugal.[7]

Inmediatamente, viaja a la Ciudad Condal, de donde falta desde hace tres años. Al igual que en Madrid, hay cambio de escenario: ya no el tan burgués Palau de la Música, sino el mucho más popular Palacio de los Deportes, donde va a completar dos fechas con todas las garantías, pues el espacio acaba de ser reformado para mejorar su sonorización. Y de allí, de nuevo a la carretera: Zaragoza, Palma, Burgos, nuevo regreso a México y una avalancha de festivales de vuelta a España en verano.

Esta capacidad para seducir a la vez al público popular y al más pudiente queda reflejado en sus frecuentes viajes a Las Palmas, donde los espectáculos más selectos tienen lugar en el Teatro Pérez Galdós y los destinados al pueblo llano en el parque de San Telmo. La Pradera es considerada allí «una figura de dimensión claramente popular»,[8] pero también digna de presentarse en el coliseo. Ella, a su vez, reflexiona sobre esta doble vertiente al tiempo que valora el disfrute que le despierta cantar ante su público:

> Yo creo que no soy una cantante comercial. Pero tampoco una cantante de élite. Mi público es muy variado. Lo que no soy es una cantante populachera. Yo trabajo así y me va bien. [...] Para mí el público es fundamental y cada día más. Antes yo recuerdo que cantaba sola e incluso me apetecía hacerlo. Ahora jamás cojo una guitarra y me pongo a cantar cuando estoy sola. En el público pulso mi éxito o fracaso. Yo creo que me dirige.[9]

Lleva las contrataciones desde finales de los sesenta el promotor catalán José Caturla, marido de la actriz Mari Carmen Yepes. Se había fogueado en el mundo del espectáculo moviendo el monólogo *Las manos de Eurídice* que el actor catalán exiliado en Argentina Enrique Guitart aseguraba haber interpretado en más de cinco mil ocasiones. Con el tiempo, Caturla llevará también a Joan Manuel Serrat y Joaquín Sabina y organizará las giras por España de los argentinos Jorge Cafrune, Mercedes Sosa y Horacio Guarany. Los tres han tenido y tendrán presencia destacada en los discos de la española.

Es entonces cuando recibe su primer Disco de Oro en España —en Latinoamérica ya ha recogido varios— al superar el millón de ejemplares vendidos con sus grabaciones.[10] Para celebrar el triunfo, TVE le dedica un programa especial que, bajo el título *La hora de... María Dolores Pradera*, permite a la artista hacer un amplio repaso de su repertorio, compartiendo escenario (televisivo) y conversación con muchos de los autores que han resultado claves en su carrera: el argentino Atahualpa Yupanqui, la peruana Chabuca Granda, la portuguesa Amália Rodrigues, el español Narciso Yepes, el ballet Perú Negro y los mexicanos Guadalupe y Viola Trigo. A los imprescindibles Gemelos se unen Miguel Martín a la guitarra, Eduardo Gracia al bajo y Pepe Ébano a la percusión.

El *tour de force* de recitales de 1976 convierte a María Dolores Pradera en un auténtico icono. Y no lo decimos ya por el éxito de taquilla, ni tan siquiera porque su audiencia responda a ese difícil reto para cualquier artista de cubrir público de todas las edades y procedencias sociales, ni tan siquiera porque sea entonces cuando la definición «gran dama de la canción» se convierta en lugar común inesquivable. Hablamos de otro nivel de popularidad mucho más masivo, simbolizado en hechos como que su nombre aparezca junto a los de Sara Montiel, Lola Flores o Josephine Baker entre las artistas imitadas en un show denominado *Travestíssimo* que se estrena en Madrid en el Teatro Barceló y poco después llega a Barcelona en el Español del Paralelo.[11] Paradójicamente (o no), el espectáculo está organizado por el productor cinematográfico Eduardo Manzanos, gran amigo de Fernando Fernán-Gómez. En este mismo sentido hay que entender su participación en 1975 en *El día que perdí... aquello*, un libro de entrevistas realizadas por Yale y Jesús María Amilibia que provocará la condena de estos por escándalo público y el secuestro de la publicación.[12] El volumen es, por supuesto, una provocación para el perviviente nacionalcatolicismo, a fuer de ser un catálogo de frustraciones femeninas y sórdidos aprendizajes masculinos. La participación de María Dolores Pradera, como la de otras compañeras de profesión —María Asquerino, Esperanza Roy, Tina Sainz...—, es más una muestra de emancipación y reafirmación que una indiscreción a las que nunca fue proclive. Entre las mujeres de su generación la pérdida de la virginidad durante la noche de bodas es la norma. Para muchas constituyó una experiencia traumática. No es el caso. Ella afirma que su primera noche de amor tuvo lugar en el hotel Palace: «Como Fernando es tan de izquierdas, le gustaban los buenos hoteles. [...] Lo que pasó fue tan enormemente natural como todo lo que he hecho en mi vida».[13]

Es también por estas fechas cuando, tras tantos años distanciados, la pareja va a reencontrarse con motivo de la celebración de la boda de su hijo Fernando. Por increíble que pudiera parecer, no habían vuelto a cruzarse ni por casualidad desde su separación casi un cuarto de siglo atrás: sus comunicaciones han sido frecuentes —los hijos, los dineros—, pero estas han sido exclusivamente por teléfono y el azar ha querido que pese a frecuentar círculos tan similares no hayan coincidido nunca. La noticia, de tan sorprendente, salta incluso a los medios.[14] Tras tantos años sin verse, todo funcionó con la misma soltura con la que la pareja había digerido aquella separación que veintiséis años después hacen oficial gracias a la aprobación de la Ley del Divorcio el verano de 1981. «El divorcio fue tan sencillo que no significó nada para mí —diría Fernán-Gómez—. Un simple papeleo, y de los más sencillos».[15] Y también un alivio en lo económi-

LA GRAN DAMA DE LA CANCIÓN

co, porque, a decir del actor, la tributación conjunta era una sangría ya que ella ganaba una millonada con los discos y las galas y a él le tocaba compartir los impuestos derivados. En 1983 María Dolores concede una entrevista a Maruja Torres[16] que supondrá uno de los extraños momentos en los que hable abiertamente de sus relaciones sentimentales:

> Mi relación con Fernando es muy buena, en cuanto nos separamos fue muy buena. Porque eso es lo malo del desamor, que te llevas muy bien luego... Mientras te dura el amor lo echas a perder o lo echan ellos. A mí siempre me han tocado hombres muy celosos, y no sé por qué, porque yo soy una mujer muy fiel. [...] Una vez tuve un novio inglés que no sabía palabra de castellano, y todo fue muy bien hasta que aprendió. [...] Es que yo creo que en el amor es mejor no hablar. Por eso las relaciones con los perros resultan tan buenas.

El suyo se llama Rufo. Que no era el nombre que quería ponerle porque había optado por Rulfo, por el autor de *Pedro Páramo*, pero su hijo le había prohibido terminantemente semejante sacrilegio literario. También confiesa a Maruja Torres que ha ido a ver la sensación teatral de la temporada que acaba de estrenar su ya exmarido, *Las bicicletas son para el verano*. Le ha gustado, sí, y le ha retrotraído a «algunas conversaciones que habían tenido sobre aquel tiempo horrendo». La Pradera dice no haber perdonado nunca a Franco que la condenara a una infancia truncada:

> Yo nunca pude mirar con simpatía al hombre que había hecho que nos tiraran las bombas y que no nos llegaran las naranjas desde Valencia, que pasáramos hambre. Marcó mucho eso. Es un punto de referencia, para mí, la guerra. Siempre

235

calculo los acontecimientos por ese corte terrible: fue antes de, durante la, después de la guerra.

No obstante, en unos tiempos en los que parece imprescindible definirse políticamente, ella esquiva el envite de los periodistas y se confiesa «tan inconcreta como la misma política, pero creo que la gente debería hacer lo que le diera la gana en cada momento, siempre y cuando no se moleste a nadie. [...] Puede decir que soy anárquica».[17]

Seguir el ritmo de sus actuaciones en estos años es un ejercicio tan complejo como, quizá, inútil. Las galas son continuas. Tras el baño de masas del Monumental no rehúye los espacios amplios y populares, y ahí quedan para refrendarlo sus actuaciones de 1984 en el parque de atracciones madrileño, pero por lo general prefiere lugares más recogidos, donde puede disfrutar del contacto directo con el público, incluso lanzarse si se tercia a cantar sin microfonía, bien sea la sala de espectáculos del Retiro, Pavillón, o el Windsor, donde una noche de primavera de 1982 no solo tiene que lidiar con la competencia de la actuación de Simon y Garfunkel en el estadio del Rayo Vallecano, sino con un ambiente propio de película apocalíptica, bajo una tormenta de inusitada intensidad que deja sin fluido eléctrico a toda la zona de Azca y obliga a la torre a recurrir a grupos electrógenos para poder acoger al público. Oportunidad única que aprovecha para arrancarse con la canción del mexicano Rubén Fuentes «El sí, que sí» y poder recitar aquello de «Detrás de la nube viene la tormenta».

No siempre le resulta sencillo hacer entrar al público en su repertorio. La variedad de espacios donde actúa termina creando ambientes muy diversos que a veces juegan a la contra. La artista no duda en expresar sus preferencias:

«Me satisface mucho más cantar en un escenario que en una sala de fiestas o en una sociedad. El público te escucha con mayor atención, y es muy superior la compenetración entre el artista y los espectadores».[18] Pero, siempre profesional, no duda en afrontar cualquier tipo de recinto y, cuando este no es favorable, hacer uso de su capacidad de réplica y de su sentido del humor para centrar la atención del público: ante la insistencia de una señora pidiéndole reiteradamente «El rosario de mi madre» responde contestándole desde el escenario «No puedo, ya me lo ha devuelto».[19] Misma arma fulminante que emplea cuando en Zaragoza una admiradora le pide un autógrafo y al devolverle el papel le dice muy seria: «Tómate dos después de comer y dos después de cenar».[20] O cuando su amiga Sara Montiel piropea públicamente su cutis con un «¡Qué piel tan bonita te dejó tu madre!» y ella replica que hubiera preferido que le dejara una finca en Cáceres.[21] Pero en ocasiones el despiste es generalizado y ahí no duda en tirar de actitud sobre las tablas para centrar su repertorio, como sucede en los recitales que celebra el verano de 1979 en el Florida Park, donde lejos de encontrar a una audiencia cautiva debe luchar para reclamar su atención en una actuación que más parece uno de aquellos fines de fiesta que hace tiempo habían dejado de representarse en los teatros. Su recital solo empieza cuando la gente ya ha cenado, bailado las canciones de moda y visto sobre el escenario a prestidigitadores, caricatos y hasta un grupo de baile español. El público está constituido por...

esos cincuentones de mirada alegre a estas alturas, los cuarentones de tripa más que incipiente, calvorotas, bigotito, las madres de familia que han hecho un exceso este lunes y visten sus trajes de crepé negro y sus perlas, esa burguesía satisfecha porque, en una mesa de pista, bien situados, [José María] Íñigo, deportivo y popular, celebra su cumpleaños con catorce amiguetes.[22]

La bullanga se va apaciguando según empieza a desgranar sus habituales veintitantas melodías, en esta ocasión ha incluido alguna milonga argentina como novedad. La artista va tomando de una mesita el complemento escénico que requiere cada tema: un poncho salteño, un jorongo mexicano, un pañueluco portugués... El bis no llega hasta el filo de las tres de la mañana. No le hace falta acompañamiento, ni tan siquiera micrófono: una folía canaria a capela crea un silencio casi religioso en la sala que hace enmudecer hasta a los celebrantes del cumpleaños de Íñigo. El estruendo de los aplausos da fin al espectáculo.

Aquel 1979 había conocido también otro escenario madrileño: el del Alcalá Palace, que marcará su regreso a la capital coincidiendo con las fiestas de San Isidro. Han pasado tres años desde sus últimas galas en un teatro madrileño, aunque en ese tiempo ha estado muy presente en salas de fiestas y festivales. Actuación única miércoles y jueves, y en sesiones de tarde y noche viernes y sábado: «Cuatro días de recitales son poco para lo que Madrid quiere a María Dolores. Pero es todo lo que podemos tener...», se lamenta el crítico de espectáculos de la *Hoja del Lunes* capitalina.[23] Y después de asistir al recital, se aplica a desentrañar el secreto de tan clamoroso éxito:

Ha trasladado a la canción su sentido teatral: no se le escapa una sílaba, una letra de lo que dice, y dice cosas hermosísimas en textos que son verdaderos poemas. Las inflexiones de su voz arrancan todos los matices a la canción, la interpretan realmente; no se limita a cantarla, sino que hace una versión personal de letra y música. Su presencia en el escenario es la de una gran actriz, además de la de una gran cantante.[24]

Habrá también actuaciones, y no pocas, por el resto de la geografía española. La artista afirma no conocer la crisis.[25] A lo largo del verano, la inevitable gira por la península y las islas[26] en un continuo trasiego de galas por los puntos más dispares, de Madrid a Tenerife, de Las Palmas a Oviedo, sin tiempo apenas para conocer otra cosa que no sea el teatro, el hotel y, cuando no hay más remedio, el aeropuerto. En las fiestas de Guadalajara vive la otra cara de la popularidad y hasta de la Transición cuando ve cómo su actuación en el Palacio del Infantado termina provocando un auténtico motín popular. La Caja de Ahorros de Zaragoza, encargada de organizar el evento, no acierta a comunicar a los ciudadanos que el espectáculo es gratuito pero que para asistir deben retirar previamente invitación por aquello de lo reducido del aforo. La cosa es que ante el histórico edificio se concentran a las once de la noche tres o cuatro mil personas dispuestas a todo para entrar pese a no tener la acreditación correspondiente. Ante el riesgo de que tiraran abajo las puertas de acceso, se da la orden de abrirlas para evitar males mayores. Los asistentes —los educados burgueses que constituyen el público habitual de la cantante, pero también el pueblo reivindicador del «cultura para todos»— se abren paso a codazos y empujones para hacerse con un sitio. El recital no arrancará hasta casi la medianoche, con protestas y abucheos de los que han podido entrar pero no ven nada y la frustración de quienes prefieren regresar a sus casas antes que ver el concierto en esas condiciones.[27] Ella se rebela contra cualquier etiqueta: «No soy burguesa, no canto para los burgueses. Soy una artista para todo tipo de público y canto para quien me quiera escuchar».[28]

Su popularidad se refuerza en sus numerosas apariciones televisivas como invitada en las emisiones de variedades de la primera cadena o como protagonista de programas monográficas en el UHF, como el *Retrato en vivo* que TVE dedica a revisar la carrera de grandes intérpretes en lengua castellana, desde Raphael y Camilo Sesto hasta Mercedes Sosa o Víctor Manuel. El turno de María Dolores Pradera llega en las Navidades de 1979 y le permite cantar nueve de los temas más queridos de su discografía junto a alguna composición que acaba de agregar a la misma en sus últimos álbumes, como «Mi mejor tristeza» —«Mi mejor tristeza, mi mayor coraje / Es que de mi mente no puedo borrarte / Todas las palabras se las lleva el viento / Pero tu cariño se ha quedado adentro»—, «Amor, miedo y soledad» —«Tú tienes miedo de amar y morir / yo de morir sin amar»— o «Dulce Juanita» —«Dulce Juanita, dulce Juanita, mi tierna pajarita, ay / Cómo pudo caberte, en el cuerpecito, toda la muerte»—. No son exclusivos de España: también en Latinoamérica graba especiales televisivos, como el que le dedica el Canal 13 mexicano el 1 de septiembre de 1980.[29]

En una entrevista realizada en 1981 para el programa de TVE *Bla, bla, bla* cuenta que está pensando en incorporar una guitarra más a su banda en directo y que su hijo, que ha ejercido en ocasiones de músico de refuerzo sobre el escenario, ha pasado a controlar el sonido en sus actuaciones. Su preocupación, ajustar el ritmo de grabaciones y conciertos al tiempo libre que deja la universidad a Los Gemelos, apenas dos o tres meses. Fuera de este arco temporal baja la intensidad de su labor, y confiesa aprovechar cualquier oportunidad para pasar tiempo en casa y estar con sus hijos.

Fernando suele ir todos los días a comer; Helena, noctámbula, es más proclive a las cenas.

Las críticas de sus recitales en esta etapa son invariablemente encomiásticas. Para buscar el contrapunto, nos vemos obligados a recurrir a la voz aislada del siempre reivindicativo José Miguel Ullán, que desde las páginas de *El País* hace una enmienda a la totalidad:

> Pese a las múltiples ovaciones cosechadas, da la sensación de que ella misma es consciente de que ha estado paseando por una calle sin rumbo, a enorme distancia de quien ella señala al paladear *tú*, intentando en vano arroparnos en la magia de lo que ya no se estila. Ha habido tales dosis de voluntad que el misterio se difumina, da albergue a la carencia, a la irrealidad de una elegancia sin origen ni fin. Y, sin embargo, a uno siempre la amargura le invade al comprobar que esta mujer, ayer actriz maravillosa, poseedora de todo un arsenal de posibilidades para cautivarnos también en el terreno de la canción, equivoca a menudo su repertorio, la elección del dialogante y, muy en especial, la escenificación de sus recitales. En su voz y en sus gestos anidan miles de recursos para no persistir en el error, para no seguir desdibujándose a base de cultivar una imagen pavorosa de señora aristocrática, de timbre aterciopelado, de dicción cursi y de pregón, en fin, que ni rompe ni marcha. María Dolores Pradera, dentro de otro contexto donde hubiese menor demanda de celofán, hace tiempo que habría dejado de ser esa máquina sosa de versiones planchadas y almidonadas para consumo bobalicón de una clase media alta, que siente escalofríos cuando una maestra de su rango da clase de fonética sin exigir examen trimestral. A lo mejor un día rompe las bridas de su caballo inmóvil. Ganaría entonces.[30]

Acaso por ello, un año después Juan Luis Cebrián, director del diario, decide enviar como cronista a Luis Antonio de Villena, poeta como el anterior pero más proclive al dandismo y menos comprometido con lo popular —recordemos que en *Tatuaje* (TVE, 1985) Ullán rendirá tributo al Fary y Los Chunguitos—. Villena verá desde un prisma diametralmente opuesto los recitales que ofrece la artista el mes de julio, en los que destaca la erudición de ciertas elecciones, como cuando funde «Guitarrero y pescador», de Horacio Guarany, con la copla «La hija de don Juan Alba» aprovechando la similitud de sus cadencias, y queda completamente convencido en el último tramo del concierto, cuando la artista enhebra temas de amor arrebatado, «cuando es más ella», cuando «sufre, padece, se torna mística, pero ni excede, ni cae, ni muere, ni levita».[31] A los espectáculos lo mismo asiste la venerable escritora Rosa Chacel que el actor Antonio Ferrandis, con el que compartió escenario tiempo atrás y al que ahora todo el mundo identifica con Chanquete, su personaje en la serie *Verano azul* (Antonio Mercero, 1979-1980).

Aunque si hay un encuentro con el público madrileño señero en esta época es el que tiene lugar en el Teatro Salamanca en la primavera de 1983. Ha planificado siete conciertos para presentar las canciones de su nuevo disco *Caballo viejo*, pero dos semanas antes de alzar el telón le llega la noticia del fallecimiento de Chabuca Granda. La cantante decide desplegar en la primera parte del repertorio su cancionero de siempre y, antes de concluir con la inevitable «Amarraditos», acomete un amplio y emotivo tramo central dedicado a los temas de la compositora peruana, con parada obligatoria en «Fina estampa» y «La flor de la canela», pero también con temas más inesperados que canta con particular emoción, como el mortuorio «Me he de guardar» o aquel que unos años atrás había puesto el énfasis en la vertiente más social de su cancionero, «Paso de vencedores».

> Era una mujer extraordinaria, una mujer muy inteligente, y por tanto bondadosa, porque yo siempre he creído, quiero creer, que la inteligencia genera bondad, porque cómo vas a ponerte a pensar maldades si compensa tan poco... Bueno, pues Chabuca era inteligente y buena, no por comodidad, sino porque lo era. Y conservaba una enorme capacidad de entusiasmo, una curiosidad y una ilusión por todo completamente adolescentes.[32]

Luis Antonio de Villena seguirá una vez más el recital con pasión, como recoge en un texto devoto ya desde su propio título —«El oro alquímico»— que termina por resultar una de las más atinadas radiografías de su estilo:

> Escuchar a María Dolores Pradera tiene dos sesgos. Puede ser como embarcarse en un gran trasatlántico de lujo rumbo a Suramérica e ir escuchando a bordo, letra y música, el anticipo de lo que va a ser un grato viaje sentimental. O puede, asimismo, ser cual mirar por el ventanuco de un viejo sabio antiguo: ver cómo ciertos metales —auténticos sin duda, pero comunes— se convierten en oro, devienen, por magia personal, en el amarillo brillar que soñaron y pretendieron los alquimistas. De todo hubo anteanoche en el teatro Salamanca de Madrid, donde un público encorbatado y pulcro siguió con mimo el recital de la artista. María Dolores Pradera procuró —dentro del clasicismo— renovar su repertorio. Más las canciones que el estilo. Cantó rancheras, folías, cuecas, valses peruanos,

cumbias… Pero era, sobre todo, *ella*. La Pradera es, ante todo, y la otra noche lo demostró a la perfección, un estilo. Cantando, en ocasiones, los mismos temas que otras divas del género —digamos Mercedes Sosa o Chavela Vargas o Lola Beltrán— es siempre distinta. Otra entonación, otros gestos, otra manera de sentir el texto, otro tono al expresarlo. Y ahí está el oro. María Dolores Pradera hace que la canción suramericana, sin dejar de ser popular o populista, se transmute —por sus maneras— en una especie de aristocrático desfile. Ella hace que lo popular sea elite. En cierta manera redime el populismo. Es la artista hipersensible, la artista *romántica*, que tiene siempre al público en un hilo porque diríase que va a desmayarse, que no aguantará la tensión, que se le quebrarán pulseras y cintura, pero que resiste siempre, y hace que la delgadez se le torne mística. María Dolores Pradera, con muchísimas tablas, cultivó la otra noche el manierismo. Sacó de los recursos de su arte la última voluta. Jugó a ser, como decía Baudelaire, «sublime sin interrupción».[33]

El homenaje a la peruana es emitido por Radio 80. Zafiro le propone aprovechar el momento para grabar un disco monográfico dedicado a sus composiciones, pero rechaza la oferta porque, consciente de que Chabuca ha sido la espina dorsal de su carrera, prefiere seguir diseminando las canciones de su repertorio en siguientes LP. Tirando por la calle de en medio, la casa de discos solventa la papeleta publicando *Homenaje a Chabuca*, un recopilatorio que agrupa los temas de la compositora grabados con anterioridad por la cantante y que se edita también en México, Colombia, Estados Unidos, Venezuela y hasta Checoslovaquia. Pero si algo caracteriza estos años son los continuos viajes a Iberoamérica, con parada obligada en México, Colombia y Ecuador,

LA GRAN DAMA DE LA CANCIÓN

convertidos desde su primera visita en plazas fuertes. Es así como se produce el salto a Estados Unidos, en plena fiebre del *crossover* latino, con estancias semanales en *night clubs* de la Gran Manzana que alterna con el *supper club* Los Violines y el Dade County Auditorium de Miami. Tras un rápido viaje a España, vuelta a Florida para cantar en el Esmeralda, «situado en una de las zonas más populares y más alegres de la ciudad».[34]

En estos recitales americanos no duda en alterar la selección de canciones en función del público para adaptarlo a sonidos y colores locales. En Guadalajara, por ejemplo, nunca deja de interpretar «La muerte de un gallero», un tema tremendamente popular en la voz del cantante local Vicente Fernández, al que ella dota, como de costumbre, de acento propio. El cariño que siente por México es tan grande que todavía sigue barajando la posibilidad de instalarse allí. En ocasiones recibe la visita de público español: la celebración del Mundial de Fútbol de 1986 coincide con una tanda de actuaciones de la Praderita, como allí la llaman, en el Degollado de Guadalajara y una noche se encuentra entre el público a la selección española al completo, que prepara en la ciudad su debut contra Brasil en el campeonato. Pero la sorpresa es toparse un buen día entre un grupo de aficionados a Pepe Ébano, que, tras haberse descolgado sistemáticamente de todas las giras transatlánticas aduciendo un miedo insuperable al avión, parece haberlo superado repentinamente gracias a su afición al balompié.

Inmersa en tal avalancha de conciertos, giras y grabaciones, la inesperada decisión de regresar al teatro no dejará de sorprender a todo el mundo. «¡Ha sido un momento de debilidad!»,[35] bromea la artista. Bien es cierto que durante todos estos años los rumores de una posible vuelta a las tablas no han cesado, pero también que han pasado ya dieciséis años desde la última representación de *Mariana Pineda* con la que se despidió de las funciones teatrales. La propuesta de José Luis Alonso y el empresario Enrique Cornejo de encarnar el personaje principal de *Cándida*, de George Bernard Shaw, le ha hecho pensar seriamente en la posibilidad de despedirse de los escenarios con una obra a su altura.

En España la había estrenado, y con notable escándalo, la compañía de Irene López Heredia en el lejano 1928 y, desde entonces, no hay noticia de que haya vuelto a levantar el telón en ningún otro escenario. La consecución de este nuevo montaje es indudablemente de José Luis Alonso, que lleva años tentando a la Pradera para que repitan colaboración: «Un día se marchó por esos mundos a "echar sus cantes", como ella, burlonamente, decía. Desde aquella decisión suya ha pasado mucho tiempo. Quiere hacer, ahora, un alto en el camino, recogerse y reencontrarse con ella misma».[36] El tira y afloja ha sido largo: la Pradera no está del todo convencida de lo adecuado de su regreso a las tablas y el proyecto lleva coleando un tiempo; ya en 1982, tres años antes, la prensa había dado por inminente su montaje.[37] La actriz despeja sus dudas en 1985, tras concluir unas actuaciones en Monterrey.

> En principio dije un sí tenue, y al regresar de mi última gira hace un mes y medio me encontré con el contrato firmado y empezamos los ensayos. [...] Estaba un poco cansada de las galas de verano, safaris, como las llamo yo, porque va uno con las cañas de pescar y los botes de tomate por todos lados. Me sentía algo deprimida también, porque el año anterior había perdido algunos amigos muy queridos. Ahora el

contacto con estos compañeros y la disciplina de los ensayos me han ayudado mucho y me encuentro muy contenta con esta experiencia.[38]

La actriz pone en valor la obra: «Sigue estando vigente. Se ha hecho teatro muchísimo más audaz, pero creo que todo el teatro moderno tiene algo de esos señores, como Shaw, a los que ya se puede considerar clásicos».[39] Y confiesa que no ha extrañado en absoluto la interpretación, pero también que si ha decidido regresar a ella ha sido «sobre todo por trabajar nuevamente con José Luis Alonso como director, y en esta obra, que es bellísima».[40] Reconoce tener sus dificultades para coger el ritmo del personaje: «Sin embargo, cada día, con los ensayos, me parece comprenderlo mejor y ver en ella cosas que no había descubierto»,[41] al tiempo que se le va revelando como «indefinible, con muchos matices, una mujer mágica y desconcertante».[42] El de la Pradera no es el único regreso a la escena que ofrecerán las funciones; junto a ella, en el papel de clérigo socialista, estará Eduardo Fajardo, que lleva más de treinta años alejado de los escenarios españoles. Completa el reparto Juan Ribó. El telón se levanta el 8 de febrero de 1985. La crítica refunfuña un poco sobre lo anacrónico de la obra[43] o lo descuidado de la dirección,[44] pero la actriz disfruta del reencuentro con la electricidad de la interpretación: «Estoy agotada, pero rejuvenecida»,[45] confiesa a los amigos al concluir la noche del estreno. El público parece encantado, aunque algún despistado se sorprenda al descubrir que aquello es una obra de teatro y no un recital: «Ayer vinieron a verme unos chicos de quince o dieciséis años. Se marcharon muy decepcionados del teatro porque yo no cantaba. Ellos habían visto mi nombre en los anuncios y no pensaron nada más. ¡Qué tierno, qué bonito! ¿No?».[46] La Pradera tiene varios compromisos musicales en América a partir de junio y busca la forma de compatibilizarlos con la obra, que aspira a llevar de gira por otras ciudades.[47] Pero el 29 de marzo hay que parar por motivos de fuerza mayor: la actriz sufre un desvanecimiento antes de salir a escena y es ingresada de urgencia en la clínica Loreto. Un problema grave de oído que la ha dejado completamente sorda y con vértigos. En primavera tenía galas firmadas en Venezuela, Colombia, Estados Unidos y México, que también hay que suspender. Y ahí, aquella jornada, terminará definitivamente el recorrido de la que Vicente Molina Foix definió como «una de las más grandes actrices que ha conocido el teatro español».[48]

La recuperación será lenta y su siguiente aparición pública no tendrá lugar hasta tres meses más tarde, cuando asista al estreno en el Reina Victoria de *Hermano hombre,* de Joaquín Grau, una comedia en la que su hija Helena intenta relanzar su carrera, un tanto estancada.[49] Con su padre ha trabajado en *Los lunáticos* (1972) en el Marquina, en televisión en la serie *El pícaro* (1974-1975) y en cine en *Mi hija Hildegart* (1977). En los espacios dramáticos de TVE ha tenido papeles en *Las entretenidas* (Luis Calvo Teixeira, 1976) de Miguel Mihura, y en *Un marido ideal* (Francisco Abad, 1982) de Oscar Wilde. También ha colaborado fugazmente en la película de culto entre las películas de culto, *Arrebato* (Iván Zulueta, 1979). Pero la mayor parte del tiempo se le va en cursillos de danza o expresión corporal durante los meses operativos. Que son los que no coinciden con el verano, porque este ha decidido reservarlo para broncearse, tomar té con hielo y enamorarse.[50]

Los problemas de salud se solaparán con un par de accidentes automovilísticos que no revisten particular gravedad pero que aumentan la necesidad de ralentizar una actividad que hasta entonces ha sido frenética. Pasada la barrera de los sesenta, la artista aprovecha la forzada pausa para disfrutar de su casa, a la que siempre ha sido tan aficionada, y para dedicarse a actividades mucho más sedantes. «Necesito descansar. Ahora no hago nada más que pasear e inventar platos con la olla a presión».[51] Y retomar la lectura, su pasión desde la infancia. Es el momento de volver a Sorayan, a quien tanto leyó en su adolescencia, de descubrir y redescubrir muchos libros, de releer *Mortal y rosa*, de Umbral.

> En poesía tengo mis «clásicos»: Hernández, Bécquer, tan romántico, Rubén Darío con todos sus colores y sus brillos. Suelo interesarme por las biografías de gentes de cine o teatro —leo ahora las memorias de Simone Signoret— porque me hace gracia ver cómo, más o menos, tenemos experiencias similares, aunque cada cual pertenezca a un país diferente. No, novelas policiacas he leído pocas. Soy demasiado impaciente y no me interesa el género a no ser lo que hace Simenon, pero sus obras tienen de todo menos las características típicas de las historias criminales.[52]

14

Amarraditos

A estas alturas, el repertorio de María Dolores Pradera parece haber entrado en la memoria emocional de millones de españoles e hispanoamericanos: hasta fans tan insospechados como el teniente general Gutiérrez Mellado le declaran públicamente admiración desde los platós televisivos.[1] El testimonio del mexicano Guillermo Guerrero resulta esclarecedor del tipo de relación que el público establece con la cantante a pesar de no haberla visto nunca en directo:

> El mayor reconocimiento es el que le hacíamos nosotros los alcohólicos en lugares como el bar Colón (supongo que en todo el mundo su voz iluminaba cantinas y almas en pena). Ahí se le escuchaba con la misma devoción de verla en vivo. Con la certeza de que su pasión nos redimía. Nos salvaba del abismo. De las voces femeninas graves, siempre preferí a Pradera sobre Chavela. Pradera era elegancia, era mesura, era dignidad. Chavela, en cambio, incitaba al arrebato, a la locura y al desasosiego. Y en El Colón aprendí que un alcohólico puede perder muchas cosas, pero nunca la compostura. Se bebe para vivir y se debe vivir con aplomo. Pradera lo traslucía en cada tono, en cada estrofa, con esos finos ademanes teatrales y movimientos suaves. «Yo nunca me despeino, solo me desmeleno por dentro», dijo alguna vez.[2]

La cantante se va a encontrar en la segunda mitad de los ochenta lo suficientemente cómoda con su imagen pública como para decidir ampliar su exposición en numerosos programas televisivos, ya no solo musicales, sino también de tertulia y de entretenimiento. Como la pequeña pantalla sigue siendo un foco de reunión familiar en todos los hogares, su omnipresencia va a proporcionarle el momento de mayor popularidad que nunca haya conocido en su carrera.

Aquel cénit de fama podría haber comenzado en 1985, cuando, poco después de haber vuelto a actuar en el parque de atracciones madrileño, espacio simbólico de la música más popular —Serrat, Julio Iglesias, Rocío Jurado, Raphael, Rocío Dúrcal o Camilo Sesto han pasado por su auditorio al aire libre—, decide participar junto a Pedro Ruiz en su programa de TVE *Como Pedro por su casa*, una de las enseñas del ente público. Pañuelo en la cabeza y vestida de riguroso luto, interpreta junto al anfitrión un sketch en el que encarna a una vieja aldeana. Una pequeña parodia de la película-sensación de la temporada, *Los santos inocentes* (Mario Camus, 1984) que resultará también una de las raras ocasiones en las que ha mostrado su sentido del humor frente a las cámaras. Pero la cosa no tendrá continuidad porque dos enfermedades serias que le llevarían incluso a algún ingreso hospitalario la tendrán casi un par de años en el dique seco. Aprovechará el parón para dejar el tabaco, suponemos que una buena noticia porque, como ella misma decía, con tres paquetes diarios se había convertido en «una fumadora tremenda, parecía Popeye».[3] No deja el hábito por voluntad propia, sino porque sus nietos se burlaban de ella. «Me imitaban con unos lapiceros de madera, [...] mordían los cigarros y hacían como que los prendían uno detrás de otro, como yo. No me afectaba, no me hacía daño a la garganta. Dejé de fumar porque los niños al salir del colegio traían a amigos para que vieran cómo fumaba su abuela».[4]

La vuelta a la actividad será tan ajetreada como siempre. En junio de 1987 reaparece en TVE y anuncia una nueva gira por Latinoamérica que concluirá con una actuación en Nueva York. También acepta un encargo insólito en su carrera: interpretar la sintonía de una serie televisiva. Luis Eduardo Aute se había hecho cargo de la de *La señora García se confiesa* e Hilario Camacho ha pegado el pelotazo con la de *Tristeza de amor* (Manuel Ripoll, 1986). *Clase media* (Vicente Amadeo, 1987), por su parte, retrata las vivencias de una familia de provincias durante el reinado de Alfonso XIII, con el caciquismo, el feminismo y la lucha de clases muy presentes en su trama. La televisión pública ha invertido un dinero considerable en ella y ha reunido a un reparto estelar encabezado por Antonio Ferrandis, viejo compañero en el Español y ausente de la pequeña pantalla desde *Verano azul*. La colaboración de María Dolores Pradera debe inscribirse en este entorno de *qualité*. En su reseña de la serie, Vicente Molina Foix lo toma como emblema de los males —«carácter ampuloso, discursivo, rígido y pasado de rosca»— que aquejan a la producción dramática de TVE. «La bella voz de María Dolores Pradera [...] lucha por salvar tan ardua copla».[5]

Al año siguiente retoma sus habituales actuaciones madrileñas, esta vez en el Teatro Albéniz. Es ahí donde presenta un nuevo disco, *A mis amigos*, que incluye textos y composiciones de Antonio Burgos, Manuel Vázquez Montalbán, Amancio Prada y una versión de «María la Portuguesa (Homenaje a Amália Rodrigues)» que sirve para festejar a una vieja amiga y saludar a uno nuevo, su compositor Carlos Cano. La apuesta convence al respetable: seis bises, seis, tendrá que realizar antes de concluir las veladas.[6] Poco después viaja a México para su habitual ronda de actuaciones. Cruza el charco con una novedad bajo el brazo: su primer CD, una reedición digital de su ya clásico *Canciones de José Alfredo Jiménez*. No le gusta el formato. Por más que lo mira parece que aquello, en comparación con el vinilo, resulta irrisorio. Cuando llega a casa de su amiga Lola Beltrán para regalarle una copia, esta se limita a comentar, lacónica: «Ay, Dolores, nos hemos quedado en nada».[7]

El ápice de su popularidad se producirá cuando a este regreso a la música se sume su incorporación a la tertulia femenina «Mesa camilla» del programa radiofónico de Encarna Sánchez, impulsada porque la comunicadora, que había hecho un amago de carrera como folclórica en su adolescencia bajo el nombre Encarnita de Almería, es una gran admiradora de la canción española y de la propia Pradera. La colaboración, sin embargo, no se extenderá mucho: en septiembre de 1985, con el arranque de la segunda temporada del programa, es la primera que abandona la emisión, sustituida por la actriz Mari Carmen Yepes, mujer, recordamos, de su representante José Caturla. La explicación oficial, la imposibilidad de compatibilizar el espacio con sus compromisos profesionales; aun así habrá quien afirme que algo tuvo que ver que en una de sus últimas apariciones tuviera a bien gritar «¡Viva la República!» en antena,[8] algo que en una cadena propiedad de la Iglesia como la COPE quizá no cayera particularmente bien. Seguirá frecuentando estudios de radio y platós televisivos, aunque ya solo de manera ocasional, como cuando Luis Carandell la invitara a su programa *La hora del lector*.

Musicalmente todo ha vuelto a moverse a la velocidad de costumbre. Su caché ha sido superado por varias figuras de actualidad como Isabel Pantoja, Rocío Jurado o Miguel Bosé, pero se mantiene en un millón y medio de pesetas, misma cifra que Sara Montiel o que su antigua compañera en Zafiro, Massiel. Todas ellas muy lejos de la cotización de Raphael, que tantos años después sigue siendo el rey de las taquillas con sus cuatro millones por actuación.

La complicidad que encuentra en la prensa tras su regreso es tan absoluta como muestra un detalle casi inédito: por primera vez no tiene reparos en hablar de su vida privada, asunto que salvo extrañas ocasiones lleva esquivando desde el inicio de su carrera. Pero en las Navidades de 1988, en plena gira de actuaciones por Colombia, da una pista sobre sus relaciones:

> En general, al hombre, sea de donde sea, le molesta el exitillo de la mujer. Se han acercado a ti porque te han visto en un escenario y todo eso les ha parecido bonito y a lo mejor se han deslumbrado. Y luego resulta que eso mismo les molestaba muchísimo. Ha sido muy complicado. Más pronto o más tarde, el ultimátum: o la tumba o yo o el escenario. Y yo me he quedado con el escenario.[9]

Es una excepción. Sus confidencias nunca irán más allá de pequeñas anécdotas resguardadas bajo el anonimato de los pretendientes, como la de aquel que detuvo el coche en el que viajaban en el arcén de una carretera solitaria y «yo, claro, me alarmo, porque no me gustaba nada, y aunque una ya no sea virgen, algo tiene que perder», para descubrir que lo que quería en realidad era colocarle un casete de sus mejores canciones interpretadas... por él.[10] Meros apuntes por los que intenta siempre pasar de puntillas: en 1988 participa en una tertulia femenina sobre la figura del seductor en el programa de Fernando García Tola *Querido pirulí*[11] y consigue saldar todas sus intervenciones con una larga lista de fintas sin entrar nunca en materia. El «¡yo soy muy viejecita porque no me siento seducida ni nada!», con el que responde a una pregunta directa nos da perfecta idea de aquel juego de esgrima con el que encubrió siempre cualquier confidencia. Lo mismo que sucederá al año siguiente, cuando entrevistada por Julia Otero en un programa televisivo se escape con este regate:

> Soy una mujer a la que le gusta la soledad [...]. Los hombres que yo he conocido, que no han sido muchos no porque no tenga años, que tendría tiempo de haber coleccionado, sino porque no he sido aficionada a coleccionar, realmente me han conocido en un escenario, pero luego les molesta mucho que esté en el escenario. Hay un dicho peruano que dice «con lo que encantas, espantas». Y eso me ha pasado justo a mí.[12]

E inmediatamente, sin apenas terminar la frase, se lanza a presentar y piropear a los músicos que la esperan en el escenario del programa para no dar tiempo a la presentadora a continuar la conversación. Quizá con esta historia sobre amores devorados por los celos se refiriera a aquel amante al que aludió su amigo Adolfo Marsillach, que, llegado a México para trabajar en *El hombre de los hongos* (Roberto Gavaldón, 1976) y poner en escena *El león en invierno* con la mismísima Dolores del Río, se alojó en el apartamento que allí mantenía la Pradera aprovechando que ella andaba ausente esos días.

> María Dolores tenía un novio ganadero. [...] Y, como siempre sucede, la pareja atravesaba sus horas altas y bajas.

AMARRADITOS

Mi ocupación del apartamento de la calle Londres coincidió, por lo visto, con una de las peores. [...] Estaba empezando a adormilarme cuando escuché unas voces y una música. Sonaban muy cerca. Apagué la luz de la mesilla de noche y, a oscuras, entreabrí las cortinas de la ventana: el ganadero de María Dolores con un mariachi. Supongo que vio las luces encendidas del piso, sospechó que la cantante había vuelto al D.F. sin avisarle, se mosqueó y decidió darle una serenata. Se pasaron horas obsequiándome con un variado surtido de rancheras, corridos, adelitas y otras catástrofes de la revolución y el sentimiento.[13]

Por lo que su única relación conocida en aquellos años fue la que mantuvo con Luis Calvo, director del *ABC*. Una relación discretísima, de la que solo quedó noticia en aquel «excelente periodista y encaprichado galán de María Dolores Pradera»[14] que utilizaría en sus memorias Marsillach para definirlo y en aquella discusión «que yo no acababa de saber si era tomada de una comedia o les estaba ocurriendo realmente» que decía haber presenciado Paco Umbral en su libro autobiográfico —cuál de los suyos no lo es— *Días felices en Argüelles*.[15] Tras su muerte en 1991, la propia María Dolores le dedicaría una carta de despedida en las páginas del diario que había dirigido. Sentida, sí, pero ni en una ocasión como esta dejaría de lado su sentido del humor:

Ojalá puedas leer estas palabras que son para decirte lo mucho que te he querido y admirado. También quiero significarte el gran vacío que me deja tu ausencia. Una cualidad preciosa de tu carácter estaba en el afán de compartir tus amistades y tus alegrías. A través de ti conocí personalmente a gentes que yo admiraba y había leído, Julio Camba, Pérez de

Ayala, Foxá, Baroja, entre otros. [...] Querido Luis, noto que empiezo a ponerme triste porque además de que es la primera vez que te escribo me doy cuenta de que también es la última. Solo te reprocho que no te hayas despedido de mí. Ahora dime a quién consulto yo. No tengo más remedio que comprarme una enciclopedia.[16]

Pistas nimias en periódicos y entrevistas rápidamente olvidadas. La discreción será siempre seña de identidad y ni tan siquiera en sus últimos años dejaría de ironizar al respecto recordando en público única y exclusivamente su antigua relación con Fernán-Gómez: «Mi gran amor, mi primer amor, fue el padre de mis hijos [...]. Pero claro, cuando conoces a una persona tan inteligente, tan original, tan especial, después te quedas un poco como taradita y vas coleccionando tontos».[17]

La cantante desea dejar constancia de su trabajo sobre los escenarios y el 22 de noviembre de 1991 se registra el concierto que ofrece en el Alcalá Palace madrileño en compañía de Los Gemelos, el contrabajo de Fernando López y la percusión de Pepe Ébano. El resultado se publica pocos meses más tarde en formato de disco doble: *Por derecho*. Y al año siguiente pone su voz junto a Concha Velasco, Nati Mistral y Olga Ramos en *De Madrid al cielo*, un disco que recopila canciones populares de la capital a cargo de la Orquesta de Pulso y Púa de la Universidad Complutense de Madrid, de la que uno de Los Gemelos, Santiago, había sido fundador y es ahora director. Por desgracia, el trabajo supondrá una despedida: Santiago fallecerá inesperadamente unos meses después devorado por un cáncer. El Ayuntamiento de Madrid lo homenajeará otorgándole su Medalla al Mérito Artístico a título póstumo y representando por primera vez su única composición sinfónica, que había escrito tras la muerte de su hijo a los veintidós años.

Con él desaparece una pieza clave del equipo que ha conformado la estructura básica de su carrera como cantante y que la ha acompañado fielmente en lo musical y en lo personal durante tres largas décadas. En su regreso a las tablas madrileñas dejará espacio para su requinto y, tras pedir al público un largo aplauso en su memoria, le dedica la canción «De carne y hueso». En cierto modo, era el fin de un largo capítulo: Julián seguirá actuando con ella un tiempo, aunque no conseguirá superar la pérdida y terminará retirándose de los escenarios un par de años después. Las despedidas comienzan a convertirse en algo cotidiano. En 1992 participa en un homenaje póstumo a José Luis Alonso que organiza la Asociación de Directores de Escena en el María Guerrero. Su antiguo amigo y responsable de gran parte de su carrera teatral se había tirado por una ventana de su domicilio asolado por una profunda depresión. Son dos muertes muy sentidas que comienzan a mostrar en el horizonte el final de un recorrido que ella desea hacer acompañada de su público.

Así que la maquinaria no deja de estar en marcha. Tras los conciertos madrileños del ciclo Veranos de la Villa y otras actuaciones estivales, llega, a mediados de septiembre, su recital en el marco de la Exposición Universal de Sevilla. Por entonces lleva su carrera el excantante Jaime Morey, en cuya agenda están también Bertín Osborne y el prometedor Alejandro Sanz. En otoño parte nuevamente hacia Latinoamérica para emprender una gira llamada «20 Años México». Allí reformula su banda con el requintista mexicano Juan Salvador «Chava» Regalado supliendo a su querido Santiago. Con él se presenta en el tradicional *tour de chant* madrileño de Navidad. Lo hace en el Monumental, con un doble concierto que coincide con el lanzamiento de *Toda una vida*, un álbum recopilatorio de grandes éxitos que incorpora a su repertorio dos temas nuevos, el homónimo y una composición de Lolita de la Colina, «Dos amores». Es el primer disco de un contrato indefinido con su discográfica de siempre, el primero de esta clase que, según la prensa, se firma en España.[18] Un reconocimiento de su sello después de tres décadas de recorrido conjunto.

En las actuaciones de aquellos años prensa y público parecen haber llegado a un consenso ya definitivo y el apelativo de «gran dama de la canción» se ha convertido en lugar común. «Me parece excesivo, [...] muy solemne, pero lo agradezco porque supongo que está dicho con buena intención. Eso me lo han puesto en América, que son muy dados a ponerte cosas rimbombantes».[19] Sin embargo, a esas alturas hay prensa a la que el apelativo parece habérsele quedado pequeño y recurre al mucho más aparatoso «mito viviente de la canción española». Tras su tradicional paso por el Palau en 1994, el cronista de *La Vanguardia* emplea titulares como «Un auténtico fenómeno del espectáculo»,[20] y deja constancia de cómo la artista despeja durante su actuación «cualquier asomo de rutina en el escenario y de sensación de cansancio en el auditorio» hasta alcanzar las dos horas de espectáculo, con bises conformados por «El rey», «La flor de la canela» o «Amarraditos», alguno de ellos interpretado sin micrófono.

Son años de conciertos abarrotados, de premios y honores: a finales de los ochenta la Medalla de Madrid al Mérito Artístico, a principios de los noventa la Medalla al Mérito Cultural y Artístico de la Complutense, en el emblemático 1992 las mujeres del colectivo Sudacas Reunidas le conceden el Premio Orquídea por su reivindicación del cancionero popular latinoamericano, en 1995 la Encomienda de la Orden de Isabel la Católica —que no «escafandra de Isabel la Católica», que dirá por error en una entrevista— por su labor en estrechar lazos entre los países iberoamericanos, en 1999 la Medalla de Oro al Mérito de las Bellas Artes, en 2001 es homenajeada en los Premios Amigo. Carácter especialmente reivindicativo ha tenido la entrega de los Premios Larra en 1992, coincidiendo con los treinta y cinco años en la brecha de *Primer Acto*, la revista que los auspició. La celebración en la Comedia, sede de la Compañía Nacional de Teatro Clásico que por entonces dirige Marsillach, reúne a un buen número de profesionales de la escena entre los que se encuentran Berta Riaza y María Dolores Pradera. José Monleón, el director de la revista, explica que los premios de 1962 y 1964 no se pudieron entregar en tiempo y forma «al prohibirnos la censura de la época la representación de una pieza breve de Lauro Olmo, *El milagro*, que debía estrenarse bajo la dirección de José Luis Alonso, con ocasión de la ceremonia».[21] Esta se había visto pospuesta hasta 1966 en un acto un tanto descafeinado donde había brillado con luz propia la actriz: «La compañía [...] oye unos aplausos corteses por *La dama duende*, que siguen interpretando tan pobremente como el primer día. María Dolores Pradera interpreta unas dulces canciones que deslumbran».[22]

En facetas menos severas, se hace por aquellos años habitual de las noches en casa de Joaquín Sabina, donde comparte conversación y copas con todo aquel que se pase por allí. Fito Páez la recuerda con emoción improvisando versos para él y su pareja, Cecilia Roth.[23] El guitarrista Josu García fue otro de los que se cruzó con ella en aquellas veladas:

No eran noches. Eran noches y días de conversación, de guitarras, de todo lo que te puedes imaginar. Mucha fiesta, pero también muy estimulantes intelectualmente. Es que aparecías ahí y, por ejemplo, recuerdo llegar una noche y estaba Gabriel García Márquez, que casi me caigo de espaldas. [...] Y recuerdo otra noche, también preciosa, que llego y está María Dolores Pradera. ¡María Dolores Pradera, que mis padres eran fanáticos y recuerdo de pequeño que mis padres tenían como quince o veinte discos suyos! [...] Al día siguiente, claro, llamé a mi madre para decírselo: el de Joaquín era un ambiente de gran salón, con guitarras y sofás, quince o veinte personas, tocando, hablando, riéndose..., noches fantásticas.[24]

En 1996 publica su primer disco tras la muerte de Santiago, *Caminemos*, en un formato, el de las colaboraciones musicales, que será habitual en sus últimos años. El cambio también se debe a que ha habido un cataclismo en su compañía de toda la vida: Zafiro ha lanzado en 1993 un tema de Los del Río titulado «La Macarena» al que la multinacional BMG Ariola ha visto el potencial que terminará teniendo y, cara a su relanzamiento internacional nuevo *mix* mediante, decide comprar todo el catálogo del sello. Esto pone al alcance de la Pradera a primeros espadas como Caetano Veloso, Joaquín Sabina, Israel López Cachao o el acordeonista Flaco Jiménez, así como a alguien que será fundamental a partir de entonces tanto en su recorrido profesional como en el personal: la productora Rosa León. A su estela suma también el grupo vocal El Consorcio, que acaba de encontrar un inusitado éxito con dos discos que ella misma les ha producido donde revisan el cancionero popular en la radio española de los años cuarenta. Aunque lo que más impacta del álbum no es este listado estelar, sino la portada firmada por la pintora Isabel Villar, donde la Pradera descansa con su típico gesto de la mano en el pecho en un jardín con una balaustrada que da a un mar de atardecer con un tigre tumbado a sus pies. En palabras de Diego A. Manrique, una reaparición «a lo grande»[25] que tendrá su correspondiente plasmación comercial: Disco de Oro, el número treinta de su discografía, y rampa de lanzamiento hacia otra dimensión del negocio. ¿Quién le iba a decir que pasados los setenta años vería una revitalización de su carrera y un inusitado rejuvenecimiento de su público?

No lo hará sola, sino de la mano de Carlos Cano, un granadino que a su regreso de la emigración en Suiza y Alemania se ha erigido en una de las figuras más destacadas del Manifiesto Canción del Sur que reivindica la tradición de la música andaluza desde un prisma de izquierdas. Con los años, Cano ha pasado a ser uno de los cantautores más populares del país, con unas composiciones que se mueven en la frontera de muchas músicas locales e hispanoamericanas con particular parada en la copla, que intenta remozar en un momento en el que parece haber quedado asociada irremediablemente a cierto franquismo sociológico. Su objetivo no está lejos del de María Dolores Pradera, a quien el cantante no había pasado desapercibido: «Un hermano mío que vivía en Granada me habló de él y me dijo que, en masculino, tenía el mismo color de voz que la mía. Fui a verlo a varias actuaciones».[26] Aterrado él al encontrarse en persona a uno de sus grandes referentes, no se atreve a saludarla; tímida ella, hará lo propio. Hasta que un día, por fin, es Cano quien acude a uno de sus recitales y decide pasar al camerino: «¿Y a ti qué te pasa que no entras a verme aunque parece que me sigues como a los toreros?»,[27] le pregunta. «Ahí nació algo muy importante para mí, nos hicimos amiguísimos».[28] La cercanía se plasma por primera vez en 1986 en el álbum *Reverdecer*. En su contraportada, Manuel Vázquez Montalbán calificaba a la cantante de escultora de canciones, al igual que Miguel Ángel afirmaba que lo único que hubo que hacer para esculpir la *Piedad* fue eliminar el mármol que le sobraba al bloque con el que trabajó: «María Dolores Pradera ha conseguido exaltar la belleza necesaria y necesitada de una canción tan popular como literaria, precisamente porque es una canción destinada a abastecer al público de una dignísima literatura vinculada a su esperanza de memoria, vida y muerte».

El este disco incluía las famosas «Habaneras de Cádiz» que había escrito Carlos Cano con su amigo Antonio Burgos. Un día, la hija de Cano ve a la Pradera cantándola en televisión y corre a avisar a su padre: «¡Papá! ¡Papá! ¡Una mujer te está robando las canciones!».[29] Pero más allá de estos sobresaltos familiares el resultado es tan satisfactorio como para que la Pradera duplique su presencia en su siguiente álbum, *A mis amigos*, donde figuran su celebérrima «María la Portuguesa» y «Habaneras de Sevilla», una nueva composición de Cano con Antonio Burgos, encargado también de esbozar las notas de contraportada. Es entonces cuando la carrera de ambos toma un viraje común:

> Carlos es fantástico. Él me dio la mano para volver a los escenarios. Estaba delicada, había sufrido una caída en el Palau de la Música de Barcelona. [...] Luis del Olmo me dio un homenaje en el mismo escenario de mis sufrimientos y allí canté con Carlos Cano. Fue un momento muy especial. Él acababa de salir de su problema de corazón y yo me sentía atemorizada con mi tema. Nos dimos la mano mutuamente,

mejor dicho, Carlos me la dio más a mí, porque él es joven y fuerte. Aquel día empezó todo y con su ayuda salí adelante.[30]

Corría 1996 y el granadino había llegado oportunísimamente. La cantante, en efecto, había tenido una caída durante una actuación en el Palau que la había forzado a un parón durante el que se presenta, además, un problema en el oído. La complicación le termina provocando unas severas crisis de vértigo que la mantendrán alejada de los escenarios durante tres años. El regreso al directo se produce en 1993 con una gira por México, pero no resultará sencilla. La artista se ve con dificultades para concluir los conciertos: durante el parón ha desarrollado miedo escénico y se ve incapaz de cantar en público. Cano va a ser quien la ayude a superar todas estas dificultades y, como buenos cantantes, aquella amistad quedará plasmada en una canción. También la ha escrito el andaluz en el hospital. Se titula, claro está, «María Dolores Pradera» y verá la luz en 1996 en el disco de Carlos Cano *El color de la vida*.

> Los ojos de ella, las manos / El estilo y la manera / De cantar, siendo española / A toda América entera / Praderita de las flores / María Dolores / En tus ojos / Mal de amores / Y en tu boca / Una canción / Cántala, María Dolores / Una canción / Llena de flores / Con tu poncho de colores / Cántala, María Dolores / Llena de luz / Tu corazón.

Hablaba María Dolores Pradera de un problema de corazón de su amigo. No había sido asunto menor. En diciembre de 1995 el cantautor viaja en un avión de Madrid a Granada cuando comienza a encontrarse mal. Ayudado por los pasajeros conseguirá tomar tierra, pero el primer chequeo no resulta alentador: una patología cardiaca heredada por vía genética, la misma que habían sufrido previamente su madre y su hermano. Prácticamente sobre la marcha, su mujer decide trasladarlo en un avión-ambulancia para ser intervenido por vía de urgencia en el hospital neoyorquino Mount Sinai. La operación, de quince horas de duración, saldrá bien, y unos días después el cantante muestra señales de mejoría. En «Habaneras de Nueva York», la canción que compondría sobre aquellos días, dejará en verso aquel «Nací en Nueva York, provincia de Granada». Tras unos meses de recuperación todo parece volver a la normalidad. Ambos retoman contacto y se embarcan en dos años de gira conjunta bajo el título «Amarraditos». Benjamín Torrijo, pianista de aquellos conciertos, recordaba a la cantante como «una mujer encantadora a la que le gustaban mucho los chistes verdes, aunque muchas veces no los entendía» y añoraba particularmente aquellos espectáculos: «Ella y Carlos estaban muy unidos y fue muy bonito estar con ellos en el escenario y ver la química tan especial que tenían».[31]

Decía ella: «Fue una época preciosa. Él había estado muy malito y yo tenía miedo, pues había estado delicada, pero salíamos los dos al escenario cogidos de la mano y se me fue pasando el susto. Fue una etapa en la que caminamos juntos y tengo de ella un recuerdo inolvidable».[32] El destino no tardará en volver a mostrar sus cartas. El año 2000 es de aparente normalidad: Cano publica su aplaudido álbum *De lo perdido y otras coplas* y la Pradera *Esencia de mujer*, un recopilatorio en tres discos con ambición de gran antología de su obra que va a convertirse en superventas durante las fiestas navideñas. Pero al igual que había sucedido cinco años atrás, al subirse en un avión Cano comienza a sentirse mal. El mismo aneurisma que tantas complicaciones le había provocado entonces. Tras una larga y dificilísima intervención la situación parece encarrilarse, pero después de tres semanas de convalecencia hospitalaria en Granada y cuando más evidentes parecían los signos de recuperación, fallece el mismo día en el que los médicos piensan en permitirle abandonar la UCI. Era un 19 de diciembre y la noticia deja destrozada a la cantante. El biógrafo de Cano y amigo común, Fernando González Lucini, recuerda cómo «supe de la noticia de su muerte a través de María Dolores Pradera, que me llamó para decírmelo y me pidió que fuera a su casa porque estaba muy afectada. Lloramos mucho los dos».[33] El suceso resulta devastador también por inesperado: apenas un mes antes, la confianza en su recuperación era tan segura que ella había anunciado que «en cuanto se ponga bien haremos lo que tenemos previsto y saldremos nuevamente de gira en común, porque dejamos la gira anterior muy viva».[34] Lo que tenían previsto era un disco conjunto producido por Rosa León cuyo contenido estaba ya definido y que la Pradera, como homenaje póstumo a su amigo, decidirá llevar adelante. Profundamente encariñada con un álbum al que llamará «mi hijo», es ella quien se encarga de ponerse a los mandos del proyecto y concluirlo en solitario. El resultado será *A Carlos Cano*, un disco que recopila los temas más queridos del cancionero del compositor con el añadido de «Rocío», una copla de León y Quiroga por la que el cantante tenía particular devoción, así como un inédito datado en 1976 dedicado al nacimiento de Federico García Lorca, «A las cinco de un cinco de junio». La artista presentará el álbum en el aniversario de su muerte y, por supuesto, en Granada. «Le he llorado como a un hijo»,[35] confiesa.

Tampoco dudará en embarcarse en una gira para homenajear al amigo ausente interpretando en directo su material. En aquel 2001 devorado por la música electrónica no faltará un sector crítico que la acuse de vivir fuera de un tiempo que ya no es el suyo: tras acudir a los habituales recitales de Navidad madrileños, en esta ocasión en el Palacio de Congresos, el cronista Luis Martín, escudándose en que su labor es decir «verdades sin paliativos», dinamita los puentes indicando que «el nombre de María Dolores Pradera a mí no se me hace reclamo suficiente para atraer a la clientela en torno a la enésima operación de rentabilización del recuerdo del malogrado Carlos Cano». En su crónica habla de un «rutinario espectáculo», de «una interpretación que, en ocasiones, parecía avanzar a trompicones», le acusa de leer en un atril el texto de las canciones inéditas que presenta aquella noche y de exhibir una voz «artificialmente amplificada hasta límites que le hicieron caer en el esperpento cuando, desafinando, peinaba algunos finales para su fraseo». En fin, para que no decaiga la fiesta termina preguntándose si «es posible que todavía nadie se haya cansado de la reproducción *ad infinitum* de canciones como "Caballo viejo", "Que te vaya bonito", "Fina estampa", "Luna tucumana" o "Toda una vida"» para saldar que «así no es extraño que lo solemne acabe moviendo a la risa inoportuna, lo supuestamente divertido se salde con algún bostezo y lo romántico sobrepase los límites de tolerancia al azúcar».[36]

No dejó de ser una opinión aislada, porque aquella gira terminó convirtiéndose en una auténtica celebración colectiva. El éxito fue unánime y la revisión del mismo repertorio en el Palau de la Música de Barcelona dos días más tarde encontrará valoraciones muy diferentes, como las que hace Donat Putx en *La Vanguardia*, donde bajo el título «Una saludable costumbre» recoge la avalancha de aplausos y bises solicitados por el público, tan apabullante que la artista no puede evitar guasearse desde las tablas: «Siempre he dicho que morir en un escenario es una horterada, pero ustedes están provocando que yo la cometa».[37] La artista interpreta allí lo mejor de su repertorio, con la sorpresa de una versión de «La gota fría» que acaba de convertir en éxito mundial Juanes, pero reserva el bloque central del concierto para las composiciones de su añorado amigo.

Habrá recopilatorios, muchísimos, y conciertos, aún más, en los que la artista se muestra en buena forma y con los que aún consigue cumplir sueños, como actuar en la casa natal de Lorca en Fuente Vaqueros coincidiendo con el aniversario de la muerte del poeta, que aprovechó para recitar la tirada final de aquella *Mariana Pineda* que había protagonizado sobre los escenarios más de treinta años atrás. Y aunque tras concluir *A Carlos Cano* había anunciado que «este disco ha sido tan doloroso y emocionante que, de momento, me aterra hacer otro»,[38] habrá nuevas entregas. Con Los Sabandeños, su banda estable en los directos de esta etapa, graba *Al cabo del tiempo* (2006) y *Te canto un bolero* (2008), con El Mariachi Premier de México *Canciones del alma* (2003).

Para entonces, como demostrará el concierto-homenaje que le dedican en el WiZink Center sus compañeros en enero de 2024, poco antes de cumplirse el centenario de su nacimiento, el respeto que le demuestran no ya los músicos de su generación sino los de las siguientes es absoluto. El cantante Loquillo recuerda la alegría con la que siempre celebraron sus muchos encuentros en los platós televisivos, donde terminaron hilando una buena amistad. Admiración compartida por los hermanos Auserón: Luis dice contar entre los momentos más emocionantes de su vida aquel en el que, en Valencia con su hermano Santiago para promocionar un disco de Radio Futura, se encontraron repentinamente a la artista en el ascensor del hotel donde todos se alojaban. Impresionado, Luis miró a la cantante y le dijo: «Con su permiso», antes de abalanzarse sobre ella para darle un beso que ella recibió con una sonrisa.

El aura de la artista llega también a las generaciones sucesivas. Atraídos por su figura y su carácter de pionera, algunos intentaron colaborar con ella, aunque sus propuestas llegarían por lo general demasiado tarde, cuando la edad le había obligado a reducir su actividad. Coque Malla quiso que fuera una de las diez cantantes con las que compartió en formato de dúos su disco de 2013 *Mujeres*:

> Estaba la gran dama del teatro, mi madre, que representaba otras cosas más freudianas, y se me ocurrió que hubiese una gran dama de la canción. Me fui a ver al mánager de María Dolores Pradera. [...] Le llevé una carta para ella, contándole la maravillosa historia de amor y la canción grabada por mí. Fuimos a verla al teatro, luego al camerino. El mánager ya le había dado la carta. Había una cola de gente. Entré a saludarla y, cuando llegué, me dijo: «Ay, peque, no voy a poder hacer lo tuyo», y siguió con la cola. El mánager ya me había dicho que era dificilísimo, que había rechazado a Bunbury. [...] Que tenía un disco apartado... Que está cansada, mayor, asustada... Me debía conocer de los Ronaldos y de ser el hijo de Amparo [Valle] y Gerardo [Malla], porque compartieron teatro, reuniones clandestinas en el franquismo.[39]

Aunque posiblemente nadie le planteó un proyecto tan ambicioso como Quique González, que le propuso realizar todo un disco conjunto, «de versiones, tipo los de Johnny Cash con Rick Rubin, muy acústico, con muy poca instrumentación, y prepararle un repertorio. Canciones escritas por mí, versiones, encargos para compositores...». Era la forma que tenía de mostrarle su respeto, que había crecido a la sombra del que siempre había sentido por ella su padrino en el mundo de la música, Enrique Urquijo:

> María Dolores Pradera tenía más rock and roll detrás, y más experiencia, que la que yo voy a tener en toda mi vida, seguramente. Hay mucho que aprender ahí. Es gente que ha inventado este oficio, que ha recorrido el mundo cuando las carreteras eran de piedra. Imagínate los equipos de sonido en los años sesenta o setenta, la odisea de viajar a México entonces. [...] Haber estado allí y llevar cuarenta o cincuenta años de carrera tiene mucho mérito. Es una heroína.[40]

Los últimos años, sin embargo, irán virando hacia la cómoda fórmula de los duetos, que uno de los grandes ídolos de María Dolores Pradera, Frank Sinatra, acababa de lanzar a la primera división del negocio con sus dos últimos y megamultimillonarios álbumes. A la vista del resultado, BMG propone a la cantante probar la misma estrategia orientándola hacia el mercado español. El primer impulso, todavía tímido, se saldará en 1999 con *As de corazones*, un álbum en el que llevaba a su terreno varios éxitos del pop hispano con la incorporación de sus cantantes originales en alguno de los temas. El Disco de Platino hizo obligado el reintento. Y a la espera de que este se produjera, un álbum que recopilaba todos los que había realizado hasta entonces. Se tituló *En buena compañía* e incluía como añadido un DVD con los registrados por las cámaras de Televisión Española y una reciente actuación en el Monumental.

El disco llegará finalmente en 2012, *Gracias a vosotros*. En él reúne a catorce intérpretes que hacen con ella otras tantas canciones, la mayoría propias, alguna ajena. Entre los invitados, un poco de todo: grandes figuras de la música nacional, cantantes de generaciones más jóvenes, nuevas figuras del flamenco, apuestas de la discográfica por aquello de cuidar los intereses comerciales y, sobre todo, viejos amigos. Para ella, un placer. Y para la discográfica otro tanto a la vista de las ventas, por lo que no tardarán en animarla a repetir la operación con una nueva entrega, *Gracias a vosotros, volumen 2*. No resultarán sus discos más recordados, pero sí pueden calificarse de señeros. El díptico constituye una muestra del reconocimiento que le ofrecen músicos de todas las generaciones, que ponen públicamente en valor su admiración por una carrera tan dilatada y por esa capacidad de haber mantenido contra viento y marea un repertorio anclado en una música vinculada a nuestro patrimonio popular incluso en años en los que el viento de los tiempos no soplaba a favor. El listado de participantes provoca admiración: Joan Manuel Serrat, Raphael, Luis Eduardo Aute, Enrique Bunbury —ahora sí—, José Mercé, Miguel Poveda, Ana Torroja, Joaquín Sabina, Manolo García, Diego el Cigala, Víctor Manuel, Ana Belén… Un abanico heterogéneo de la *summa* de la música española al que se une también Armando Manzanero desde México dada su imposibilidad de viajar a Europa. La cantante se muestra encantada en su compañía y dice que solo hay un dueto que lamenta no haber podido grabar, con el recientemente fallecido Frank Sinatra.[41] Pero si hay alguien a quien María Dolores ha echado de menos en el estudio es a Carlos Cano, al que homenajea cantando con Estrella Morente su «Habanera imposible».

Léase por lo tanto el resultado como un broche dorado a una carrera musical que es celebrada colectivamente a través de la nueva tanda de premios con los que es galardonada estos últimos años. En 2008 recoge el Grammy Latino de honor a toda su carrera, en 2011 el premio del Festival Iberoamericano de Teatro de Cádiz, en 2013 es nombrada miembro honorífico de la Universidad de Alcalá de Henares y galardonada con el Ondas de la Música por el conjunto de su trayectoria, en 2017 llegará la Orden Civil de Alfonso X el Sabio que le impone el presidente del Gobierno. Hasta el programa de la televisión gallega *Luar* dejará en sus manos uno de sus momentos estelares: colocar la cinta correspondiente a la ganadora de su tradicional concurso de belleza «Miss Vaca 2009». Aunque de todos ellos, el encuentro organizado por el Instituto Cervantes en 2011, con el lema «La voz de las dos orillas», tendrá un valor especial. En la presentación, la periodista Concha García Campoy asegura que no se trata de un homenaje sino de un acto de amor, y en ello coinciden quienes van pasando por el escenario: Ana Belén, Iñaki Gabilondo, Concha Velasco, Rosa León, José Luis García Sánchez, Carmen París, su hija Helena… Luis Alegre actúa como archivero del anecdotario praderiano, dejándole en bandeja ocurrencias que nos hacen evocar a Guadalupe Muñoz Sampedro: «Cuando me dijeron que Alazán se había convertido un local de alterne, dije: "¡Vaya, con que yo canto todos los días y estas chicas, uno sí y otro no!". ¡Lo decía en serio, muerta de envidia!».

La impresión es que, a la espera de lo inevitable, el público desea exprimir hasta la última gota de una artista querida por todos, como aquel chico que había conseguido colarse en el camerino tras un concierto y la había felicitado con estas palabras: «Me ha gustado usted muchísimo. He venido porque me ha dicho mi abuela: "¡Vete a ver a esta señora antes de que se muera, que te va a gustar!"».[42] El país entero parecía unirse colectivamente a aquella frase que le había gritado una admiradora al finalizar un concierto: «¡No te mueras nunca!». Ni entonces perdió la Pradera su rapidez de reflejos: «¡Estoy en ello, señora, estoy en ello!».[43]

Para entonces la artista está a punto de superar la barrera de los noventa años y los problemas de salud son cada vez más acuciantes. En noviembre de 1999, durante la presentación de *As de corazones*, ha sufrido una caída con resultado de fractura de mano y esguince de tobillo. Cuando narra el episodio a la prensa, un periodista le comenta que siempre se está rompiendo cosas, a lo que ella replica que «solo dos veces en mi vida. Pero cuando me caigo, la armo buena. Como me dijo un médico: "¡Pero qué mal se cae usted!"», y explica que dado que la recuperación se preveía lenta había decidido pasarla en un hotel, «en plan Greta Garbo».[44] Aunque, como bien diría a su doctor, a ella la voz no le duele, por lo que en cuanto se siente mejor decide seguir viviendo como siempre, recorriendo medio mundo, haciendo giras por mucho que estas sean cada vez más reducidas, limitando en lo posible los viajes largos para evitar el agotamiento.

Sin embargo, en 2012 tendrá que decir basta. El 11 de febrero, día particularmente frío en Madrid, nota que algo no iba bien nada más salir de casa. Una neumonía le obliga a cancelar los siguientes conciertos de la gira «Toda una vida». La enfermedad se complica: un medicamento le provoca un choque metabólico que le hará perder diez kilos en apenas una semana. Superponiendo capas de ropa para ocultar su delgadez, asume la promoción de *Gracias a vosotros*, que presenta con notable buen humor: canta a los periodistas «Las mañanitas», bromea con la prensa diciendo que le ha preguntado a Sabina cómo nota él que está afónico, evita extenderse en sus problemas de salud porque le resulta «poco elegante»,[45] habla incluso de su voluntad de volver a América, que lleva una década sin visitar, pese a que a su tradicional miedo al avión ha añadido una lógica aversión a los aeropuertos. E incluso marca fecha y lugar de regreso a los escenarios: 10 de mayo en el Teatro Principal de Alicante. La salud no termina de acompañar, aunque confía en acumular energía suficiente para presentar su repertorio, recortado a una hora y media y lejos ya de aquellas dos y media largas durante las que solía prolongar sus recitales en tiempos. Pero no pudo ser: una semana antes de la puesta de largo se ve obligada a comunicar la suspensión indefinida de la gira. Para una persona de su edad, un anuncio más o menos encubierto de una prudente retirada. A su fiel público le quedará la última e inesperada sorpresa de verla subir una vez más a un escenario. Lo hará el 21 de junio de 2013 como invitada de honor de Miguel Poveda en el concierto con el que el cantaor celebra sus bodas de plata con la música en Las Ventas. La emoción es palpable cuando se encuentran, a pleno sol, para la prueba de sonido. Ella ha llegado con bastón, pero cuando empuña el micrófono su pulso es firme. Recibe trato especial a pesar de que hay otros invitados ilustres, como Carmen Linares o Joan Manuel Serrat. Como no se fía de su memoria, Poveda organiza un ensayo relámpago en el camerino, con los guitarristas y los palmeros, tan solo unos minutos antes de que empiece el concierto. La cantante se excusa: «¡Es que a estas horas o estoy durmiendo o estoy en urgencias!». Pero no. Está en el escenario, frágil pero erguida, ante un público entregado que canta con ella «Fina estampa». «Me emocioné muchísimo. Pasé mucho miedo, no estaba bien de salud, además fue muy emocionante, con toda la gente de la plaza en pie. Me sentí muy pequeñita ante tanta multitud llena de cariño».[46] La ovación final no es un homenaje a la cantante, ni siquiera a esa mujer que sonríe feliz. Se aplaude todo un legado que Poveda recoge como representante de una nueva generación y que legará a su vez a las venideras. Y ahora sí, se corre el telón. Había sido su última aparición pública.

No hubo burlas más frecuentes en estos últimos años que las provocadas por la cercanía de la parca. Preguntada sobre el trámite final, confesaba: «Yo antes tenía mucho miedo a la muerte. Ahora no es que no tenga miedo a la muerte, pero vamos, no me gustaría morirme, me parece una cursilada morirse y que no hay derecho».[47] Una cortina para esconder que la proximidad ha convertido ese miedo en real. La preocupación le ronda desde hace tiempo y cómo no ser consciente de que muchos de quienes han compartido su vida han ido desapareciendo: para entonces ya lo han hecho la mayoría de sus amigos, se han ido sus tres hermanos, Fernando Fernán-Gómez ha corrido el telón en 2007. Pero la ausencia que más le pesa es la de su madre, cada vez con mayor intensidad por tiempo que haya pasado desde su fallecimiento. «Murió con ochenta y siete años con la cabeza perfecta y con una gracia enorme. Murió porque se cayó y se le rompió la cadera. La operaron y no lo superó. Estaba mal y ya no quería estar aquí. No quería dar molestias».[48] La cantante decía sentir desde entonces su presencia protectora por casa. En esta situación que parece abocarla a la soledad, su principal punto de apoyo serán los amigos y la familia, sus dos hijos y su gran debilidad, los nietos. También la satisfacción por la vida que ha llevado, una vida que siempre reconoció que le había dado mucho, quizá porque ella no le había pedido nada. Y por supuesto ese sentido del humor que le permite sortear cualquier nueva situación que le depare la vida. «Procuro estar alegre. Si no lo estoy, me lo impongo, me cuento chistes de cuando era pequeña y me río muchísimo».[49] Porque sí, pese a todo se reconoce como una persona feliz, o al menos «dentro de lo que cabe».[50]

La muerte llegará el 28 de mayo de 2018. La encontrará rodeada de los suyos, reconciliada con todo y con todos. La despedida contará con unas exequias tan discretas como ella misma, celebradas por decisión propia en una intimidad que evite escenas como las de Fernán-Gómez, tan masivas que habían terminado dejando fuera a sus propios hijos. El funeral tiene lugar en la basílica de la Virgen Milagrosa, la misma a la que solía acudir con sus padres cuando era niña. Sus restos reposan en el cementerio de la Almudena de aquel Madrid que la había visto nacer noventa y tres años atrás. Quizá se llevara con ella una única pena: tras cumplir con más de dos mil conciertos, no haber conseguido celebrar nunca uno en ese Chile que tanto la unía a su infancia.

Unos años antes, preparando su primer disco de duetos, había propuesto a su amigo Luis Eduardo Aute que eligiera un tema de su repertorio para cantarlo con ella. Aute no lo había dudado: «Caminemos», la primera canción que había interpretado en público. La Pradera, cómo no, bromeó con la elección: «Y hay que ver cuánto he caminado desde entonces. Tanto que me duelen un poquito los pies».[51]

Apéndices

Filmografía - como actriz

Tierra y cielo (Eusebio Fernández Ardavín, 1941). Productora: CEA. Figuración.

¡A mí no me mire usted! (José Luis Sáenz de Heredia, 1941). Productora: Ediciones Cinematográficas Faro. Figuración.

Escuadrilla (Antonio Román, 1941). Productora: Productores Asociados, S.A. Figuración.

Porque te vi llorar (Juan de Orduña, 1941). Productora: Producciones Orduña Films para Cifesa. Figuración.

Fortunato (Fernando Delgado, 1941). Productora: P.B. Films. Figuración.

Dilema (Ramón Quadreny, 1942). Productora: Ediciones Cinematográficas Iberia. Inacabada.

Mi vida en tus manos (Antonio de Obregón, 1943). Productora: UCESA (Unión Cinematográfica Española). Director: Antonio de Obregón. Guion: Antonio de Obregón, del relato *Le buste*, de Edmond About. Fotografía: Enzo Riccioni. Decorados: Amalio M. Garí. Figurines: Vitín Cortezo. Montaje: Julio Peña. Música: Jesús García Leoz. Intérpretes: Julio Peña, Isabel de Pomés, Guadalupe Muñoz Sampedro, Juan Calvo, María Dolores Pradera. 89 min. Blanco y negro. Formato: Académico (1,37:1).

Antes de entrar, dejen salir (Julio de Flechner, 1943). Productora: Ediciones Cinematográficas Faro. Director: Julio de Flechner. Guion: Julio de Flechner. Argumento y diálogos:

Antonio Paso y Enrique Paso. Fotografía: Isidoro Goldberger. Decorados: Francisco Escriña. Montaje: Octavio F. Roces. Música: José Muñoz Molleda. Intérpretes: Valeriano León, Rafaela Rodríguez, María Dolores Pradera, Ramón Martori, Luis Latorre, Pedro Calderón, Alfredo Herrero, José Latorre, María Teresa Sánchez. 76 min. Blanco y negro. Formato: Académico (1,37:1).

Altar mayor (Gonzalo P. Delgrás, 1943). Productora: Procines. Director: Gonzalo Delgrás. Guion: Margarita Robles, de la novela homónima de Concha Espina. Fotografía: Isidoro Goldberger. Decorados: Francisco Escriña. Montaje: Juan Serra Oller. Música: Pedro Braña Martínez. Intérpretes: Maruchi Fresno, Luis Peña, María Dolores Pradera, José Suárez, Fernando Fernández de Córdoba, Margarita Robles. 103 min. Blanco y negro. Formato: Académico (1,37:1).

Yo no me caso (Juan de Orduña, 1944). Productora: Ediciones Cinematográficas Faro. Director: Juan de Orduña. Guion: Juan de Orduña, de un argumento de Ricardo Mazo. Fotografía: Francesco Izzarelli. Decorados: Francisco Escriña. Música: José Muñoz Molleda. Intérpretes: Marta Santaolalla, Luis Peña, Raúl Cancio, Manolo Morán, María Dolores Pradera y el cuarteto Los Xey. 80 min. Blanco y negro. Formato: Académico (1,37:1).

Inés de Castro / Inês de Castro (José Leitão de Barros y Manuel Augusto García Viñolas, 1944). Productoras: Ediciones Cinematográficas Faro (España) / Filmes Lumiar (Portugal). Director: José Leitão de Barros. Dirección artística: Manuel Augusto García Viñolas. Guion: José Leitão de Barros, Manuel Augusto García Viñolas, basado en *A paixão de Pedro, o Cru*, de Afonso Lopes Vieira. Argumento: Ricardo Mazo, José María Alonso Pesquera. Supervisor literario: Manuel Machado. Diálogos en portugués: Afonso Lopes Vieira. Fotografía: Enrique Guerner. Decorados: Schild-Escriña-Simont (S.E.S.). Figurines: Manuel Comba. Montaje: Jacques Saint-Leonard, Giovanni Doria. Música: José Muñoz Molleda. Intérpretes: Alicia Palacios, Antonio Vilar, María Dolores Pradera, Gregorio Beorlegui, Raul de Carvalho. 88 min / 98 min. Blanco y negro. Formato: Académico (1,37:1).

Noche decisiva (Julio Flechner, 1944). Productora: Talía Films. Director: Julio Flechner. Guion: Julio Flechner, de un argumento de José María Linares Rivas. Fotografía: Mariano Ruiz Capillas. Decorados: Antonio Simont. Vestuario: Pedro Rodríguez. Montaje: Antonio Martínez. Música: Fernando Moraleda. Intérpretes: Julio Peña, Guillermina Grin, Alicia Romay, Alberto Vialis, María Dolores Pradera, Manolo Morán. 88 min. Blanco y negro. Formato: Académico (1,37:1).

Espronceda (Fernán, 1944). Productora: Nueva Films. Jefe de producción: Alberto A. Cienfuegos. Director: Fernán. Guion: Eduardo Marquina, Fernán. Fotografía: Cecilio Paniagua. Decorados: Schild-Escriña-Simont (S.E.S.). Figurines: Vitín Cortezo. Montaje: Antonio Martínez. Música: Manuel Parada. Intérpretes: Amparo Rivelles, Armando Calvo, Concha Catalá, Ana María Campoy, Jesús Tordesillas, Nicolás D. Perchicot, Fernando Fernán-Gómez, María Dolores Pradera. 112 min. Blanco y negro. Formato: Académico (1,37:1).

Es peligroso asomarse al exterior / É perigoso debruçar-se (Arthur Duarte, Alejandro Ulloa, 1946). Productoras: Hispania Artis Films (España) / Doperfilme (Portugal). Guion: Arthur Duarte, Manuel Tamayo, Alfredo Echegaray, de la comedia homónima de Enrique Jardiel Poncela. Fotografía:

José Gaspar, Aquilino Mendes. Música: Juan Durán Alemany, Jesús García Leoz. Intérpretes: Ana María Campoy, Alejandro Ulloa, Guadalupe Muñoz Sampedro, Fernando Fernán-Gómez, Erico Braga, María Dolores Pradera. 87 min. Blanco y negro. Formato: Académico (1,37:1).

Los habitantes de la casa deshabitada (Gonzalo P. Delgrás, 1946). Productora: Hidalguía Films. Director: Gonzalo Delgrás. Guion: Gonzalo Delgrás, de la comedia homónima de Enrique Jardiel Poncela. Fotografía: Emilio Foriscot. Montaje: Antonio Cánovas. Música: Juan Durán Alemany. Intérpretes: Fernando Fernán-Gómez, María Dolores Pradera, María Isbert, Jorge Greiner. 75 min. Blanco y Negro. Formato: Académico (1,37:1).

Embrujo (Carlos Serrano de Osma, 1946). Productora: Producciones Boga. Director: Carlos Serrano de Osma. Guion: Pedro Lazaga, Carlos Serrano de Osma. Fotografía: Salvador Torres Garriga. Decorados: José González de Ubieta. Montaje: Antonio Graciani Pérez. Música: Jesús García Leoz. Intérpretes: Lola Flores, Manolo Caracol, Fernando Fernán-Gómez, Camino Garrigó, María Dolores Pradera, Fernando Sancho, La Bella Dorita. 80 min / 68 min. Blanco y Negro. Formato: Académico (1,37:1).

Vida en sombras (Lorenzo Llobet Gràcia, 1948). Productoras: Producciones Boga / Castilla Films. Director: Lorenzo Llobet Gràcia. Guion: Lorenzo Llobet Gràcia, Victorio Aguado. Fotografía: Salvador Torres Garriga. Decorados: Ramón Matheu. Figurines: Jaime Ferrater. Montaje: Ramón Biadiú. Música: Jesús García Leoz. Intérpretes: Fernando Fernán-Gómez, María Dolores Pradera, Isabel de Pomés, Alfonso Estela, Félix de Pomés, Joaquín Soler Serrano (locución). 85 min / 80 min. Blanco y negro. Formato: Académico (1,37:1).

Tiempos felices (Enrique Gómez, 1950). Productora: Dayna Films. Director: Enrique Gómez. Guion: Luis María Delgado, José Ochoa, Enrique Gómez, de un relato de Armando Palacio Valdés, con diálogos adicionales de Wenceslao Fernández Flórez. Fotografía: César Fraile. Decorados y Figurines: Eduardo Torres de la Fuente. Música: Juan Durán Alemany. Intérpretes: Fernando Fernán-Gómez, Margarita Andrey, Amparo Martí, Francisco Pierrá, Paquito Cano, José María Mompín, María Dolores Pradera. 75 min. Blanco y negro. Formato: Académico (1,37:1).

María Antonia «La Caramba» (Arturo Ruiz-Castillo, 1950). Productora: Hércules Films. Director: Arturo Ruiz-Castillo. Guion: Arturo Ruiz-Castillo, Antonio Guzmán Merino. Fotografía: Ricardo Torres, César Benítez. Montaje: Sara Ontañón. Intérpretes: Antoñita Colomé, Alfredo Mayo, Rafael Albaicín, Guillermo Marín, Mary Lamar, Francisco Rabal, Mario Berriatúa, Manuel Dicenta, Francisco Pierrá, María Dolores Pradera, Julia Caba Alba. 90 min. Blanco y Negro. Formato: Académico (1,37:1).

Niebla y sol (José María Forqué, 1951). Productora: Ariel P.C. Director: José María Forqué. Guion: Horacio Ruiz de la Fuente, Pedro Lazaga, José María Forqué, basado en la obra teatral *El infierno frío*, de Horacio Ruiz de la Fuente. Fotografía: Juan Mariné. Decorados: Julio García de la Fuente. Figurines: Vitín Cortezo. Montaje: María Rosa Ester. Música: Jesús García Leoz. Intérpretes: Antonio y Rosario, Carlos Muñoz, Asunción Sancho, José María Mompín, María Dolores Pradera. 79 min. Blanco y negro. Formato: Académico (1,37:1).

Fuego en la sangre (Ignacio F. Iquino, 1953). Productora: IFI Producción. Director: Ignacio F. Iquino. Guion: Ignacio F. Iquino, Juan Lladó, de un argumento de Antonio Guzmán Merino. Fotografía: Pablo Ripoll. Decorados: Antonio Liza. Montaje: Juan Pallejá. Música: Augusto Algueró. Intérpretes: Antonio Vilar, Marisa de Leza, Rafael López Somoza, María Dolores Pradera, Antonio Casas, Modesto Cid, Conchita Bautista. 90 min. Blanco y negro. Formato: Académico (1,37:1).

Fantasía española (Javier Setó, 1953). Productora: IFI Producción. Director: Javier Setó. Supervisor de dirección: Pedro Lazaga. Guion: Manuel Bengoa, Juan Lladó. Fotografía: Emilio Foriscot. Decorados: Miguel Lluch. Montaje: Juan Pallejá. Música: Augusto Algueró. Intérpretes: Antonio Casal, Ángel de Andrés, Paco Martínez Soria, José Sazatornil «Saza», María Dolores Pradera y el ballet de Emma Meleras. 94 min. Blanco y negro. Formato: Académico (1,37:1).

Vuelo 971 (Rafael J. Salvia, 1953). Productoras: Atenea Films / Chamartín. Director: Rafael J. Salvia. Guion: Rafael J. Salvia, Fernando Merelo, Ricardo Toledo, Francisco Naranjo. Fotografía: Eloy Mella. Decorados: Antonio Simont. Montaje: Antonio Martínez. Música: Arturo Dúo Vital. Intérpretes: José Nieto, Germán Cobos, Antonio Casas, Santiago Rivero, Raúl Cancio, Antonio Ferrandis, Julia Martínez, Juan Capri, Enrique A. Diosdado, José Bódalo, Doris Duranti, María Dolores Pradera. 90 min. Blanco y negro. Formato: Académico (1,37:1).

La danza de los deseos (Florián Rey, 1954). Productora: Suevia Films-Cesáreo González. Director: Florián Rey. Guion: Ramón Perelló. Fotografía: Alfredo Fraile. Decorados: Pierre Schild. Montaje: Antonio Martínez. Música: Daniel Montorio, Luis Gómez. Intérpretes: Lola Flores, José Suárez, María Dolores Pradera, Antonio Puga, Nicolas Perchicot. 83 min. Blanco y negro. Formato: Académico (1,37:1).

Murió hace quince años (Rafael Gil, 1954). Productoras: Aspa P. C. / Suevia Films. Productor: Cesáreo González. Director: Rafael Gil. Guion: Vicente Escrivá, Ramón D. Faraldo. Fotografía: Alfredo Fraile. Decorados: Enrique Alarcón. Montaje: José Antonio Rojo. Música: Cristóbal Halffter. Intérpretes: Rafael Rivelles, Francisco Rabal, Lyla Rocco, Gérard Tichy, Maria Piazzai, Fernando Sancho, María Dolores Pradera. 101 min. Blanco y negro. Formato: normal.

Zalacaín el aventurero (Juan de Orduña, 1954). Productora: Espejo Films. Director: Juan de Orduña. Guion: Manuel Tamayo, de la novela homónima de Pío Baroja. Fotografía: José F. Aguayo. Decorados: Sigfrido Burmann. Montaje: Antonio Cánovas. Música: Juan Quintero. Intérpretes: Virgilio Teixeira, Elena Espejo, Margarita Andrey, Jesús Tordesillas, Carlos Muñoz, María Dolores Pradera y Pío Baroja. 95 min. Blanco y negro. Formato: Académico (1,37:1).

La ciudad perdida / Terroristi a Madrid (Margarita Alexandre y Rafael Torrecilla, 1955). Productoras: Nervión Films (España) / Pico Film (Italia). Directores: Margarita Alexandre, Rafael Torrecilla. Guion: Margarita Alexandre, Rafael Torrecilla, José Luis Barbero, de la novela homónima de Mercedes Fórmica. Fotografía: Renato del Frate. Decorados: Enrique Alarcón, Eduardo Comín Colomer. Montaje: Mercedes Alonso. Música: Miguel Asins Arbó. Intérpretes: Fausto Tozzi, Cosetta Greco, María Dolores Pradera, Félix Dafauce, Nani Fernández, Manolo Morán. 69 min / 78 min. Blanco y negro. Formato: Académico (1,37:1).

Carlota (Enrique Cahen Salaberry, 1958). Productora: Bosco Films. Director: Enrique Cahen Salaberry. Guion: Miguel Mihura, de su comedia homónima. Fotografía: Javier Valentín. Decorados: Pierre Schild. Figurines: Vitín Cortezo. Montaje: Pedro del Rey. Música: Isidro B. Maiztegui. Intérpretes: Ana Mariscal, Jorge Rigaud, Juanjo Menéndez, María Dolores Pradera, Julia Caba Alba. 96 min. Blanco y negro. Formato: Académico (1,37:1).

Hay alguien detrás de la puerta (Tulio Demicheli, 1960). Productora: Balcázar P. C. Director: Tulio Demicheli. Guion: Tulio Demicheli, Miguel Cussó, de un argumento de Alfonso Paso. Fotografía: Alfredo Fraile. Decorados: Enrique Alarcón. Montaje: Ramón Biadiú. Música. Guillermo Cases. Intérpretes: Aurora Bautista, Arturo de Córdova, María Dolores Pradera, Manuel Alexandre, Félix Fernández. 89 min. Blanco y negro. Formato: Académico (1,37:1).

Cena de matrimonios (Alfonso Balcázar, 1962). Productora: Balcázar P. C. Director: Alfonso Balcázar. Guion: Alfonso Balcázar, Miguel Cussó, de la comedia homónima de Alfonso Paso. Fotografía: Federico G. Larraya. Decorados: Juan Alberto. Montaje: Teresa Alcocer. Música: Federico Martínez Tudó. Intérpretes: Arturo de Córdova, María Dolores Pradera, Marisa de Leza, Susana Campos, Rafael Alonso. 84 min. Blanco y negro. Formato: Académico (1,37:1).

La orilla (Luis Lucia, 1970). Productoras: PICASA (Producciones Internacionales Cinematográficas Asociadas) / Producciones Benito Perojo. Director: Luis Lucia. Guion: Florentino Soria, de un argumento de Rafael Sánchez Campoy. Fotografía: Antonio L. Ballesteros. Decorados: Eduardo Torre de la Fuente. Montaje: José Antonio Rojo. Música: Alfonso Santisteban. Intérpretes: Julián Mateos, María Dolores Pradera, Dyanik Zurakowska, Antonio Pica, Yelena Samarina. 96 min. Color por Eastmancolor. Formato: Panorámico (1,66:1).

Filmografía - otros cometidos

El Santuario no se rinde (Arturo Ruiz-Castillo, 1949). Productora: Valencia Films. Doblaje de Beatriz de Añara.

Aventuras de Juan Lucas (Rafael Gil, 1949). Productora: Suevia Films. Doblaje de Marie Déa.

Vértigo / Casta andaluza (Eusebio Fernández Ardavín, 1949). Productora: Selecciones Capitolio-S. Huguet. Doblaje de Lola Ramos en las canciones.

Séptima página (Ladislao Vajda, 1950). Productora: Peninsular Films. Doblaje de Anita Dayna.

¡Hombre acosado! (Pedro Lazaga, 1951). Productora: Peninsular Films. Doblaje de Anita Dayna.

Quema el suelo (Luis Marquina, 1952). Productora: Hesperia Films. Doblaje de Annabella.

Patio andaluz (Jorge Griñán, 1952, estrenada en 1958). Productora: Unión Films. Doblaje de Ana Mariscal en las canciones.

Carne de horca / Il terrore dell'Andalusia (Ladislao Vajda, 1953). Productoras: Chamartín (España) / Falco Film (Italia). Canta el «Romance del Lucero».

Los desastres de la guerra (José López Clemente y Manuel Hernández Sanjuán, 1953). Productora: Studio Films. Cortometraje documental. Locución.

Todo es posible en Granada (José Luis Sáenz de Heredia, 1954). Productora: Chapalo Films. Graba la canción «Alhambra y tú», no incluida en la película.

El ángel de la paz (Luis Enrique Torán, 1959). Productora: Cinecorto. Cortometraje documental. Locución.

Federico Martín Bahamontes (Isidoro Martínez Ferry, 1960). Productora: Documento Films. Cortometraje documental. Locución.

A hierro muere (Manuel Mur Oti, 1962). Productoras: Halcón P. C. (España) /Argentina Sono Film (Argentina). Doblaje de Katia Loritz en la canción «Soledad».

Filmografía - como actriz en TVE

Navidad, de Henri Ghéon (Juan Guerrero Zamora, 1958).

El Teatro y sus Intérpretes: Cyrano de Bergerac, de Edmond Rostand (Carlos Guisasola Estelar, 1961).

Gran Teatro: Cui-Ping-Sing, de Agustín de Foxá (Juan Guerrero Zamora, 1961).

Gran Teatro: Crimen y castigo, de Fiódor Dostoievski (Juan Guerrero Zamora, 1962).

Gran Teatro: Anastasia, de Marcelle Maurette y Guy Bolton, adaptada por Luis de Baeza (Juan Guerrero Zamora, 1962).

Primera Fila: La heredera, del guion de Ruth y Augustus Goetz basado en la novela *Washington Square,* de Henry James (Pedro Amalio López, 1963).

Silencio..., ¡vivimos!: El balneario, de Adolfo Marsillach (Adolfo Marsillach, Pedro Amalio López, 1963).

Silencio..., ¡vivimos!: Nuestro amor de esta tarde, de Adolfo Marsillach (Adolfo Marsillach, Pedro Amalio López, 1963).

Primera Fila: Tío Vania, de Anton Chéjov (Alberto González Vergel, 1963).

La noche al habla: Proyecto para matar, de Adolfo Marsillach (Adolfo Marsillach, 1964).

La noche al habla: El pendiente, de Adolfo Marsillach (Adolfo Marsillach, Marcos Reyes, 1964).

Anastasia, de Marcelle Maurette y Guy Bolton (Pedro Amalio López, 1964).

APÉNDICES

Primera Fila: La casa de la noche, de Thierry Maulnier (Alberto González Vergel, 1964).

Novela: Anastasia, de Marcelle Maurette y Guy Bolton (1964).

Primera fila: Proceso a Jesús, de Diego Fabbri (Juan Guerrero Zamora, Pedro Amalio López, 1964).

Conozca usted España: Lección de Toledo (José Luis Borau, 1966).

Teatro

Madre, el drama padre, de Enrique Jardiel Poncela. Estrenada en el Teatro de la Comedia el 12 de diciembre de 1941. Dirección: Enrique Jardiel Poncela.

Los habitantes de la casa deshabitada, de Enrique Jardiel Poncela. Estrenada en el Teatro de la Comedia el 29 de septiembre de 1942. Dirección: Enrique Jardiel Poncela.

Cada cual a su juego, de Luigi Pirandello. Adaptación: Rafael Sánchez Mazas. Estrenada en el Teatro de Ensayo-Istituto Italiano di Cultura el 30 de mayo de 1949. Dirección: Fernando Fernán-Gómez. Intérpretes: María Dolores Pradera, Fernando Fernán-Gómez.

La mandrágora, de Nicolás Maquiavelo. Adaptación: Rafael Cansinos-Assens. Estrenada en el Teatro de Ensayo-Istituto Italiano di Cultura el 3 de diciembre de 1949. Dirección: Fernando Fernán-Gómez y Francisco Tomás Comes. Intérpretes: Fernando Fernán-Gómez, María Dolores Pradera.

Marido y medio, de Fernando Fernán-Gómez. Estrenada en el Teatro Gran Vía el 7 de junio de 1950. Dirección: Fernando Fernán-Gómez. Intérpretes: María Dolores Pradera, Manuel Monroy, María Asquerino.

Todos eran mis hijos, de Arthur Miller. Adaptación: Vicente

289

Balart. Estrenada en el Teatro de la Comedia el 2 de noviembre de 1951. Dirección: José Gordón. Intérpretes: María Dolores Pradera, Carola Fernán-Gómez, Salvador Soler Mari.

Soledad, de Miguel de Unamuno. Estrenada en el Teatro de Cámara-María Guerrero el 16 de noviembre de 1953. Dirección: Carmen Troitiño y José Luis Alonso. Intérpretes: María Dolores Pradera, José María Rodero.

Don Juan Tenorio, de José Zorrilla. Estrenada en el Teatro Español el 30 de octubre de 1954. Dirección: José Tamayo. Intérpretes: María Dolores Pradera, Adolfo Marsillach, Guillermo Marín.

Seis personajes en busca de autor, de Luigi Pirandello. Adaptación: Rafael Sánchez Mazas. Estrenada en el Teatro Español el 26 de abril de 1955. Dirección: José Tamayo. Intérpretes: María Dolores Pradera, María Asquerino, Asunción Sancho.

Julio César, de William Shakespeare. Adaptación: José María Pemán. Estrenada en el Teatro Romano de Mérida el 19 de junio de 1955. Dirección: José Tamayo. Intérpretes: Francisco Rabal, Mary Carrillo, María Dolores Pradera.

Cyrano de Bergerac, de Edmond Rostand. Adaptación: Luis Fernández Ardavín. Estrenada en el Teatro Español el 15 de octubre de 1955. Dirección: José Tamayo. Intérpretes: María Dolores Pradera, Manuel Dicenta. Repuesta en el ciclo Festivales de España, en junio de 1956.

Don Juan Tenorio, de José Zorrilla. Adaptación: Dionisio Ridruejo. Estrenada en el Teatro Español el 28 de octubre de 1955. Dirección: José Tamayo. Intérpretes: María Dolores Pradera, José María Seoane, Félix Navarro.

Proceso a Jesús, de Diego Frabbri. Adaptación: Giuliana Arioli. Estrenada en el Teatro Español el 20 de enero 1956. Dirección: José Tamayo. Intérpretes: María Dolores Pradera, Manuel Dicenta. Repuesta en el Teatro de la Comedia (Barcelona) en marzo de 1956.

Los intereses creados, de Jacinto Benavente. Estrenada en el Teatro Español el 11 de abril de 1956. Dirección: José Tamayo. Intérpretes: María Dolores Pradera, Manuel Dicenta, Andrés Mejuto.

Don Juan Tenorio, de José Zorrilla. Estrenada en el Teatro Español el 27 de octubre de 1956. Dirección: José Tamayo. Intérpretes: María Dolores Pradera, Manuel Dicenta.

Tío Vania, de Anton Chéjov. Adaptación: Elizabeth Gate, Josefina Sánchez Pedreño. Estrenada en Pequeño Teatro Dido-Comedia el 22 de marzo de 1957. Intérpretes: María Dolores Pradera, Antonio Prieto, Adela Carbone.

La Celestina, de Fernando de Rojas. Adaptación: Huberto Pérez de la Ossa. Estrenada en el Teatro Eslava el 9 de mayo de 1957. Dirección: Luis Escobar. Intérpretes: María Dolores Pradera, José María Rodero, Guillermo Marín. Repuesta en Teatro de las Naciones (París) el 10 de abril de 1958.

Anastasia, de Marcelle Maurette. Adaptación: José Luis Alonso. Estrenada en el Teatro Eslava el 9 de julio de 1957. Dirección: Luis Escobar. Intérpretes: María Dolores Pradera, Irene López Heredia, Guillermo Marín.

La gata sobre el tejado de zinc, de Tennessee Williams. Estrenada en el Teatro de la Comedia (Barcelona) el 18 de mayo de 1959. Dirección: José Luis Alonso. Intérpretes: María Dolores Pradera (en sustitución de Aurora Bautista), Antonio Prieto.

Si las mujeres jugaran al mus como los hombres, sketch de Edgar Neville. Estrenada en el Teatro Maravillas el 8 de enero de 1960. Dirección: Edgar Neville. Intérpretes: María Dolores Pradera, Carmen Sevilla, Lola Flores, Marujita Díaz.

La coqueta y don Simón, de José María Pemán. Estrenada en el Teatro Goya el 27 de enero de 1960. Intérpretes: María Dolores Pradera, Guillermo Marín.

Preguntan por Julio César, de Alfonso Paso. Estrenada en el Teatro Goya el 16 de febrero de 1960. Intérpretes: María Dolores Pradera, Guillermo Marín.

El jardín de los cerezos, de Anton Chéjov. Adaptación: Víctor Imbert, Josefina Sánchez-Pedreño. Estrenada en el Teatro María Guerrero el 28 de octubre de 1960. Dirección: José Luis Alonso. Intérpretes: María Dolores Pradera, José Bódalo, Josefina Díaz. Repuesta el 24 de junio de 1963.

El rinoceronte, de Eugène Ionesco. Adaptación: Trino Martínez Trives. Estrenada en el Teatro María Guerrero el 13 de enero de 1961. Dirección: José Luis Alonso. Intérpretes: María Dolores Pradera, José Bódalo.

Anatol, de Arthur Schnitzler. Adaptación: Jaime Vigo. Estrenada en el Teatro Eslava el 1 de marzo de 1961. Dirección: Miguel Narros. Intérpretes: María Dolores Pradera, Carlos Estrada.

Don Juan Tenorio, de José Zorrilla. Estrenada en el Teatro Español el 27 de octubre de 1961. Dirección: José Tamayo. Intérpretes: María Dolores Pradera, Fernando Guillén.

Soledad, de Miguel de Unamuno. Estrenada en el Teatro María Guerrero el 9 de octubre de 1962. Dirección: José Luis Alonso. Intérpretes: María Dolores Pradera, José Bódalo.

La barca sin pescador, de Alejandro Casona. Estrenada en el Teatro Bellas Artes el 16 de febrero de 1963. Dirección: Enrique Diosdado. Intérpretes: María Dolores Pradera, Enrique Diosdado.

El perro del hortelano, de Lope de Vega. Estrenada en el Auditorio Nacional de México D. F. en 1963. Dirección: José González Robles. Intérpretes: María Dolores Pradera, Mayrata O'Wisiedo.

Los verdes campos del Edén, de Antonio Gala. Estrenada en el Teatro María Guerrero el 20 de diciembre de 1963. Dirección: José Luis Alonso. María Dolores Pradera se incorpora al reparto cuando la obra se repone en el Teatro Romea de Barcelona, el 1 de octubre de 1964.

Eloísa está debajo de un almendro, de Enrique Jardiel Poncela. Estrenada en el Teatro María Guerrero el 2 de noviembre de 1964. Dirección: José Luis Alonso. Intérpretes: María Dolores Pradera, José Bódalo, Gabriel Llopart. Repuesta el 28 de diciembre. En Barcelona se había estrenado en el Teatro Romea el 30 de octubre de 1964.

El rey se muere, de Eugène Ionesco. Adaptación: Trino Martínez Trives. Estrenada en el Teatro María Guerrero el 26 de noviembre de 1964. Dirección: José Luis Alonso. Intérpretes: María Dolores Pradera, José Bódalo, Rosario García Ortega. En Barcelona se había estrenado en el Teatro Romea el 16 de noviembre de 1964.

Intermezzo, de Jean Giraudoux. Estrenada en el Teatro María Guerrero el 15 de enero de 1965. Dirección: José Luis Alonso. Intérpretes: María Dolores Pradera, Gabriel Llopart. El 30 de enero se repondrá en el Teatro Romea de Barcelona.

Las tres perfectas casadas, de Alejandro Casona. Estrenada en el Teatro Lara el 10 de septiembre de 1965. Dirección: Cayetano Luca de Tena. Intérpretes: María Dolores Pradera, Ismael Merlo, Rafael Navarro.

Mariana Pineda, de Federico García Lorca. Estrenada en el Teatro Marquina el 25 de marzo de 1967. Dirección: Alfredo Mañas. Intérpretes: María Dolores Pradera, Pastora Peña.

Cándida, de George Bernard Shaw. Estrenada en el Teatro Lara el 8 de febrero de 1985. Dirección: José Luis Alonso. Intérpretes: María Dolores Pradera, Eduardo Fajardo, Juan Ribó.

Discografía

Se recoge en este apartado la discografía española completa de María Dolores Pradera. No se incluyen en ella compilaciones, recopilatorios, reediciones ni publicaciones de estos discos con el mismo o diferente título en otros países. Los editados en el extranjero con temas no publicados anteriormente consignan el país antes del sello discográfico. Los *singles* y EP señalados son los que tienen carácter de inédito en su trabajo; quedan fuera, por lo tanto, los extraídos de sus álbumes de larga duración.

1954 *Alhambra y tú* (*single*, Columbia RG-16218)
Alhambra y tú (con Cisneros y su Orquesta) / Broadway Granada (orquestal)

1956 *Mea culpa / Tengo un pozo en el alma* (*single*, Columbia RMT-75482)
Mea culpa / Tengo un pozo en el alma

1959 *Rancheras* (EP, Columbia ECGE-70954)
Te tengo rabia / Qué difícil eres / Guitarras, lloren guitarras / Y ya

1960 *Festival de la Costa Verde* (EP, Zafiro Z-E-186)
Ojos sin luz / La fuente / Llévame / Mientras tú duermes
Rancheras famosas (EP, Zafiro Z-E-206)
Te agradezco el consejo / Grítenme piedras del campo / Maldito abismo / Amarga Navidad
Ritmo de bolero (EP, Zafiro Z-E-266-A)
Tú me acostumbraste / Y… / Me tendrás / Tuve celos

1961 *La flor de la canela* (EP, Zafiro Z-E-232)
La flor de la canela / Historia de mi vida / Engañada / Que nadie sepa mi sufrir

APÉNDICES

1962 *Facundo* (EP, Zafiro Z-E-366)
Facundo / Negra María / Drume lacho / Tú me acostumbraste
Dos cruces (EP, Zafiro Z-E-367)
Dos cruces / María Dolores / Islas Canarias / Luna de España

1964 *Canta* (LP, Iberofon IB-33-1046)
Islas Canarias / Grítenme piedras del campo / Engañada / Dos cruces / Te agradezco el consejo / Historia de mi vida / Tú me acostumbraste / Luna de España / Que nadie sepa mi sufrir / María Dolores / La flor de la canela / Negra María / Amarga Navidad / Maldito abismo

1965 *María Dolores Pradera acompañada por Los Gemelos* (LP, Iberofon IB-33-1064)
Pa todo el año / El rosario de mi madre / Quisiera amarte menos / Llegando a ti / Fuego lento / El ramilletito / La noche de mi mal / Limeña / Fallaste corazón / Fina estampa / Que si te quiero, júralo / Las barandillas del puente

1966 *Navidad* (EP, Zafiro Z-E-733)
Trala-la-ran / Una pandereta suena / Cholito toca y retoca / Fum, fum, fum
María Dolores Pradera acompañada por Los Gemelos (LP, Zafiro ZL-87)
Amarraditos / No me digas que no / Cuando vivas conmigo / Negra María / Cuando llora mi guitarra / Hace un año / Amanecí en tus brazos / Caballo de paso / Tú que puedes vuélvete / La flor de la canela / Canta, canta, canta / A lo largo del camino

1967 *María Dolores Pradera acompañada por Los Gemelos* (LP, Zafiro ZL-97)
Y ya… / Dueño ausente / Paloma, déjame ir / Calles sin

295

MARÍA DOLORES PRADERA. DÉJAME QUE TE CUENTE

rumbo / Las ciudades / El caballo blanco / En vano / Corazón / Retirada / La enorme distancia / Luna tucumana / Malagueña canaria

1968 *María Dolores Pradera acompañada por Los Gemelos* (LP, Zafiro ZL-111)
Seis años / Sin decirte adiós / Que nadie sepa mi sufrir / No me amenaces / La leyenda de los volcanes / El lagarto está llorando / Gracia / El árbol que tú olvidaste / El Matacuervos / Alto y rubio / Alazán / La hija de Don Juan Alba
Canta a Portugal (EP, Zafiro Z-E-784)
Lisboa não sejas francesa / Mae preta / Primavera / Foi Deus

1969 *María Dolores Pradera acompañada por Los Gemelos* (LP, Zafiro ZL-116)
Cariño malo / Amor se escribe con llanto / María Antonia la ventera / ¿Qué quieres? / Pesares / Señora María Rosa / Tú solo tú / No vuelvo a amar / A la orilla de un palmar / Un viejo amor / Cariño nuevo / Un amor especial

1970 *Canta María Dolores Pradera* (LP, Zafiro ZL-129 S)
El tiempo que te quede libre / ¿Sabes de qué tengo ganas? / El becerro / Las acacias / La ruana / De carne y hueso / Coplas del burrero / Amor a todas horas / El gavilán / Amapolas y espigas / Miradas / La muerte de un gallero

1971 *María Dolores Pradera* (LP, Zafiro ZL-130 S)
Siete y mil veces / Fado Hilario / Ese arar en el mar / Golondrina presumida / Ayes de amor en el río / A medias de la noche / Las dos puntas / La violetera / No me lo tomes a mal / El globero / La ley del monte / Galerón llanero

APÉNDICES

1972 *María Dolores Pradera acompañada por Los Gemelos* (LP, Zafiro ZL-137 S)
No lo llames / Otro amor que se va / Las rejas no matan / Que sea feliz, feliz, feliz / Ni en defensa propia / Bienvenido Chamizal / A qué volver / Paso de vencedores / El andariego / La vaquilla / Coplas toreras / Las vaqueiras
Te solté la rienda (LP, Zafiro ZL-140 S)
Te solté la rienda / Nube blanca / Arrullo de Dios / Nanas asturianas / Folía, triste folía (Folías) / El camisa de fuera / Si un hijo quieren de mí / La Churrasquita / El gallo camarón / Cárcel de papel / Clavel marchito / El ausente
María Dolores Pradera (LP, Columbia C-9150)
Noche de ronda / Ven acá / Rumores de Asunción / El organillero / Añoranza / Estrella de mar / Guitarras, lloren guitarras / Y ya / Colorado / Qué difícil eres / Te tengo rabia / Pájaro campana

1973 *En México* (grabación en directo) (LP, México, Musart EDI-60055)
Seis años / Las ciudades / Canta, canta, canta / A lo largo del camino / Amapolas y espigas / Cuando llora mi guitarra / Sin decirte adiós / Fuego lento / El árbol que tú olvidaste
Fina estampa (grabación en directo) (EP, México, Musart EXI-40056
Fina estampa / No vuelvo a amar / Tú que puedes, vuélvete / De carne y hueso

1974 *María Dolores Pradera* (grabación en directo) (LP, Zafiro ZL-145)
Pozo de arena / El sobre rosa perfumadito / Tiempo l'mama / El parado / Guitarras, lloren guitarras / Yo

297

vendo unos ojos negros / Ave negra / ¡Qué bonito! / Isa canaria / Solo rosas / Volver, volver / Amarga Navidad

1975 *María Dolores Pradera acompañada por Los Gemelos* (LP, Zafiro ZL-159)

El Rey / Me he de guardar / Si se calla el cantor / El son del carretero / El corralero / Dónde estás, juventud / Que te vaya bonito / Luz de luna / Llora / El violín de Becho / Caballo prieto azabache / Tu olvido

María Dolores Pradera (LP, Zafiro ZL-178)

Pajarillo verde / La borrachita / Soledad sola / Pasillaneando / Amor, miedo y soledad / Coplas a Pancho Graña / Mi paloma triste / Dulce Juanita / Canto de ordeño / Me voy a vivir al campo

Canciones de José Alfredo Jiménez (LP, Zafiro ZL-156)

Llegando a ti / La noche de mi mal / Cuando vivas conmigo / Te solté la rienda / La enorme distancia / El caballo blanco / No me amenaces / Amanecí en tus brazos / Corazón / Pa todo el año / Retirada / Las ciudades

1977 *María Dolores Pradera* (LP, Zafiro ZL-202)

Polo margariteño / Viene clareando / Cuánto trabajo / Pasito a paso otra vez / Paloma torcaza / La potranca zaína / Las veredas / Caballo que no galopa / Tiempo / Me dejé el pelo crecer

1978 *Canta* (LP, Novola ZL-216)

Que ya se acabó tu amor / Sapo cancionero / Lagunas de pesares / Amor del alma / Viva la gente morena / Regresa, paloma / El arriero / Gorrioncillo pecho amarillo / Ay, no se puede / La molinera

1979 *María Dolores Pradera canta con Los Gemelos* (LP, Zafiro ZL-259)

Señora hermosura / Mi amigo el tordillo / Cantar eterno / Quiero ser luz / La esperanza, el hombre y la tierra

/ Mi mejor tristeza / El cuervo / Golondrina de ojos negros / Sombras / Pobrecito mi cigarro

1981 *María Dolores Pradera*

Paloma, llévale / Canción de las simples cosas / La Plaza de Garibaldi / Pescador y guitarrero / La casita / Paloma, paloma negra / Para empezar el año / No volveré / Milonga para mi perro

1983 *María Dolores Pradera acompañada por Los Gemelos* (LP, Zafiro ZL-597)

Sin tu amor no valgo nada / Caballo viejo / Callecita encendida / Esa tristeza mía / Milonga sentimental / Primera, segunda y tercera / El sí, que sí / Trasnochados espineles / El ciego / Como la cigarra

1986 *Reverdecer* (LP, Zafiro ZL-668)

Habaneras de Cádiz / Usted / Nana para un niño con suerte / El becerrito / Arrión tira del cordón / Cuando ya no me quieras / Caballo alazán lucero / Mil muertes / El surco / La palma

1988 *A mis amigos* (LP, Zafiro 30312180)

No me fío de la rosa de papel / Habaneras de Sevilla (con Carlos Cano) / Me estás haciendo falta / Tú tenías veinte años / Sufriendo a solas / En un rincón del alma (con Alberto Cortez) / María la Portuguesa (Homenaje a Amália Rodrigues) / El mundo que yo no viva / Xochimilco / Son de la loma

1989 *María Dolores Pradera* (LP doble, Zafiro 30712500)

María Dolores (con Los Sabandeños) / La canción y el poema / Caballo viejo / Cardo o ceniza / No te mires en el río / Cu-cu-rru-cu-cú paloma (con Paloma San Basilio) / Nana del cabrerillo / Ay, cómo quisiera ser / Islas Canarias / Luna de abril / La flor de la canela (con Los Sabandeños) / Corazón prohibido / Milonga sentimental / Nací libre como el sol / Yo también tuve veinte años / Coloma blanca (con Maria del Mar Bonet) / La vida a veces (con José Carreras) / María del Mar / Habanera imposible / Carmen / El credo de Reynaldo Armas

1992   *Por derecho* (grabación en directo) (LP doble, Zafiro 20712770)

Introducción / El tiempo que te quede libre / Fina estampa / Las dos puntas / El ramilletito / El gavilán / Pescador y guitarrero / La hija de don Juan Alba / Luna tucumana / Luna de abril / Caballo prieto azabache / Caballo viejo / Paloma, llévale / Me he de guardar / Negra María / Tú tenías veinte años / Yo también tuve veinte años / María la Portuguesa / Cuando llora mi guitarra / Un tondero peruano - Son colimense - Palmero sube a la palma / La flor de la canela / El Rey / Pa todo el año / Amarraditos

De Madrid al cielo (colaboración) (CD, Zafiro 50412800)

Madrid / Calles sin rumbo

1996   *Caminemos* (CD, Zafiro 74321416722)

Lágrimas negras (con Cachao) / Nube gris (con Caetano Veloso) / Obsesión / Vaya con Dios (con El Consorcio) / Canta, canta (con Flaco Jiménez) / Caminemos / Jugar por jugar (con Joaquín Sabina) / La media vuelta / La piragua / Las mañanitas (con Flaco Jiménez) / Golondrina presumida / Ausencia (con Cachao) / No volveré (con Cachao y Flaco Jiménez)

1999   *As de corazones* (CD, BMG España 74321 709852)

El talismán (con Rosana) / Mi buen amor / Procuro olvidarte / Sevilla tiene un color especial (con Siempre Así) / La gota fría / No sé por qué te quiero (con Víctor Manuel) / Hijo de la luna / El día que se hizo tarde (con Rosana) / Sangre española / Me ha dicho la luna (con Chano Domínguez) / Lía / Se me olvidó otra vez

2001 *A Carlos Cano* (CD, BMG España 74321 896292)
María la Portuguesa / A las 5 de un 5 de junio / Sin ti no puedo vivir / Luna de abril / Rocío / Cántame un pasodoble / Aires de cuna / Abre tu balcón / Romance a Ocaña / En la palma de la mano / Habanera imposible

2003 *Canciones del alma* (con el Mariachi Premier de México) (CD, BMG España 82876 576312)
Tu nombre me sabe a yerba / Amarraditos / A Dios le pido / Cuando sale la luna / El rosario de mi madre / Amanecí en tus brazos / El camisa de fuera / Fina estampa / Gracias a la vida / La flor de la canela / El andariego / El tiempo que te quede libre

2006 *Al cabo del tiempo* (con Los Sabandeños) (CD, Sony BMG 88697050602)
Perfidia / Regresa paloma / Quizás, quizás, quizás / Paloma torcaza / Zamba de mi esperanza / Noche de ronda / Sapo cancionero / El lagarto está llorando / María bonita / Ansiedad / Palmero sube a la palma

2008 *Te canto un bolero* (con Los Sabandeños) (CD, Sony BMG 88697399852)
Cómo han pasado los años / Contigo en la distancia / Camino verde / En un rincón del alma / Cada noche un amor / Amar y vivir / Santa Cruz / Que desespero / No sé por qué te quiero / Me estás haciendo falta / Dos amores

2012 *Gracias a vosotros* (CD, Sony Music 88765429132)
La flor de la canela (con Joaquín Sabina) / La media vuelta (con Ana Belén) / Procuro olvidarte (con Sergio Dalma) / Fina estampa (con Miguel Poveda) / No sé por

qué te quiero (con Pablo Alborán) / Tu nombre me sabe a yerba (con Joan Manuel Serrat) / Lágrimas negras (con Diego el Cigala) / Gracias a la vida (con Raphael) / Habaneras de Cádiz (con Pasión Vega) / No volveré (con Manolo García) / El rosario de mi madre (con Miguel Bosé) / Caminemos (con Luis Eduardo Aute) / Lía (con Diana Navarro) / Amarraditos (con Víctor Manuel)

2013 *Gracias a vosotros, vol. 2* (CD, Sony Music 88843012952)

Se me olvidó otra vez (con Enrique Bunbury) / Contigo en la distancia (con Sole Giménez) / Ausencia (con Carlos Baute) / Habanera imposible (con Estrella Morente) / El talismán (con Rosana) / Amanecí en tus brazos (con Dani Martín) / Cómo han pasado los años (con José Mercé) / Las mañanitas (con Amaia Montero) / El tiempo que te quede libre (con Carmen París) / Hijo de la luna (con Ana Torroja) / Golondrina presumida (con Amaya Uranga) / Esta tarde vi llover (con Armando Manzanero) / Qué tal te fue la vida

Notas

1. Doña Petronila, viuda de Berúlez

1. Programa de Aragón TV *El Reservado*, 22 de mayo de 2007.
2. Julián Cortés-Cavanillas: «Psicoanálisis», en *ABC*, 16 de agosto de 1964.
3. Programa de RTVE *He dicho*, 1 de junio de 2018.
4. Juan Cruz: «María Dolores Pradera: "Me cuento chistes para mantenerme alegre"», en *El País*, 29 de mayo de 2018.
5. *Ibidem.*
6. Programa de RTVE *Cine de barrio*, 9 de abril de 2005.
7. Programa de Aragón TV *El Reservado*, 22 de mayo de 2007.
8. Programa de RTVE *La noche abierta*, 21 de diciembre de 2000.
9. Programa de Aragón TV *El Reservado*, 22 de mayo de 2007.
10. «Mi lectura preferida: María Dolores Pradera», en *ABC*, 8 de enero de 1984.
11. Josep-Vicent Marqués: «María Dolores Pradera», en *El País* (suplemento dominical), 22 de enero de 1989, p. 33.
12. Programa de RTVE *La noche abierta*, 21 de diciembre de 2000.
13. Programa de Canal Sur *Menuda noche*, 7 de octubre de 2005.
14. Programa de RTVE *He dicho*, 1 de junio de 2018.
15. Entrevista para el programa de TVE *La noche del cine español* (Fernando Méndez Leite, 1983).
16. Marta Robles: «María Dolores Pradera: "Sería tremendo que una señora de mi edad fuera tímida"», en *La Razón*, 29 de enero de 2012.

17. Josep-Vicent Marqués: «María Dolores Pradera», en *El País* (suplemento dominical), 22 de enero de 1989, p. 35.

2. Habitantes de una casa deshabitada

1. Entrevista para el programa de TVE *La noche del cine español* (Fernando Méndez Leite, 1983).

2. Archivo General de la Administración, caja 36/04660.

3. Javier: «María Asquerino: "La televisión paga mal"», en *Aragón Exprés*, 8 de octubre de 1981, p. 31.

4. Luis Alegre: «La mujer de oro», en el libro-CD *Gracias a vosotros* (2012).

5. Josep-Vicent Marqués: «María Dolores Pradera», en *El País* (suplemento dominical), 22 de enero de 1989, p. 34.

6. Luis Alegre: «María Dolores Pradera y Fernando Fernán-Gómez, una pareja aparte», en *El País*, 3 de junio de 2018.

7. *Ibidem*.

8. Enrique Jardiel Poncela: *Tres proyectiles del 42*. Madrid: Biblioteca Nueva, 2011, pp. 15-21.

9. Entrevista para el programa de TVE *La noche del cine español* (Fernando Méndez Leite, 1983).

10. Archivo General de la Administración, caja 36/04568.

11. Pepe León: «El cine – En Caderón: *Antes de entrar, dejen salir*», en *Libertad*, 9 de enero de 1944.

12. E. F.: «Cines: Tívoli», en *Hoja del Lunes* (Barcelona), 5 de marzo de 1945, p. 7.

13. José María Folgar de la Calle: «*Inés de Castro*, doble versión de José Leitão de Barros», en Luis Fernández Colorado y Marina Díaz López (eds.): *Los límites de la frontera: La coproducción en el cine español*. Madrid: Academia de las Artes y las Ciencias Cinematográficas de España, mayo de 1999, pp. 187-212; e Isabel

Sempere Serrano: «Las contradicciones de la colaboración cinematográfica hispano-lusa en los años cuarenta: el ejemplo de *Inés de Castro*», en *Hispanic Research Journal*, vol. 13, núm. 4, agosto de 2012, pp. 317-333.

14. E. F.: «Cines: *Las aventuras del Barón de Muchausen*, de Josef von Baky; y *Altar mayor*, de Gonzalo Delgrás, destacan entre los seis estrenos de la última semana», en *Hoja del Lunes* (Barcelona), 1 de mayo de 1944, p. 7.

15. Carolina Virginia: «Cine: *Altar mayor*», en *Imperio*, 18 de abril de 1944, p. 5.

16. Entrevista para el programa de TVE *La noche del cine español* (Fernando Méndez Leite, 1983).

17. Fernando Fernán-Gómez: *El tiempo amarillo. Memorias. 1921-1943. Volumen 1*. Madrid: Debate, 1990, p. 364.

18. *Ibidem*, pp. 364-365.

19. *Ibidem*, p. 365.

20. *Ibidem*, pp. 384-385.

21. *Ibidem*, p. 385.

22. Raquel Piñeiro: «Un esqueleto, una suegra indiscreta y mucha hambre: la boda de María Dolores Pradera y Fernando Fernán-Gómez», en *Vanity Fair*, 28 de agosto de 2021.

23. Fernando Fernán-Gómez: *El tiempo amarillo. Memorias. 1943-1987. Volumen 2*. Madrid: Debate, 1990, p. 21.

24. *Ibidem*, p. 22.

3. Vida en sombras

1. Eugenia Serrano: «Noche y día del Café de las Letras», en *Pueblo*, 30 de julio de 1953, p. 6.

2. Programa de Aragón TV *El Reservado*, 22 de mayo de 2007.

3. Archivo General de la Administración, caja 36/03246.

4. Fernando Fernán-Gómez: *El tiempo amarillo. Memorias. 1943-1987. Volumen 2*. Madrid: Debate, 1990, pp. 26-27.

5. «Informaciones taurinas: La C. N. S. madrileña celebrará el 18 de julio un festival taurino», en *ABC*, 13 de julio de 1945, p. 18.

6. Fernando Fernán-Gómez: *El tiempo amarillo. Memorias. 1943-1987. Volumen 2*. Madrid: Debate, 1990, p. 27.

7. Fernando Fernán Gómez: *Diario de Cinecittà*. Madrid: Altamarea, 2021, pp. 85-86.

8. Fernando Fernán-Gómez: *El tiempo amarillo. Memorias. 1943-1987. Volumen 2*. Madrid: Debate, 1990, p. 27.

9. Asier Aranzubia Cob: *Carlos Serrano de Osma: Historia de una obsesión*. Madrid: Filmoteca Española 2007, p. 76.

10. Carlos Serrano de Osma: «Concepto platónico del cine español», reproducido por Julio Pérez Perucha: *El cinema de Carlos Serrano de Osma*. Valladolid: 28 Semana Internacional de Cine, 1983, pp. 150-159.

11. Enrique Brasó: *Conversaciones con Fernando Fernán-Gómez*. Madrid: Espasa, 2002, p. 44.

12. Asier Aranzubia Cob: *Carlos Serrano de Osma: Historia de una obsesión*. Madrid: Filmoteca Española, 2007, p. 99.

13. *Ibidem*, p. 103.

14. Fernando Fernán-Gómez: *El tiempo amarillo. Memorias. 1943-1987. Volumen 2*. Madrid: Debate, 1990, p. 33.

15. *Ibidem*, p. 30.

16. Visor: «Se rueda *Campo bravo*, de Pedro Lazaga», en *Cámara*, núm. 130, 1 de junio de 1948.

17. Rosa Añover: *La política administrativa en el cine español y su vertiente censora*, tesis doctoral leída en la Universidad Complutense 1992, p. 642. Para más información sobre este proyecto: Santiago Aguilar: *Zoom a Lazaga*. Madrid: La Biblioteca de la Abadía / Vial Books, 2022.

18. Fernando Fernán-Gómez: *El tiempo amarillo. Memorias. 1943-1987. Volumen 2.* Madrid: Debate, 1990, p. 28.

19. Enrique Brasó: *Conversaciones con Fernando Fernán-Gómez.* Madrid: Espasa, 2002, p. 222.

20. Raquel Piñeiro: «Un esqueleto, una suegra indiscreta y mucha hambre: la boda de María Dolores Pradera y Fernando Fernán-Gómez», en *Vanity Fair*, 28 de agosto de 2021.

21. *Ibidem.*

22. José Luis Salado: «Los suburbios de una ciudad de cine: Los negros del *dubbing*», en *La Voz*, 9 de agosto de 1934, pp. 3-4.

23. Sofía Morales: «Pequeña batalla del doblaje», en *Primer Plano*, núm. 589, 27 de enero de 1952.

24. Alfonso Sánchez: «Tres mujeres a las dos», en *ABC*, 11 de febrero de 1954, p. 31.

4. Nuevo rumbo

1. Fernando Fernán-Gómez: *El tiempo amarillo. Memorias 1943-1987. Volumen 2.* Madrid: Debate, 1990, pp. 41-42.

2. Fernando Doménech Rico: «El Teatro de Ensayo de Fernando Fernán-Gómez. Un teatro de cámara en la posguerra española», en *Don Galán, Revista Digital de la Escena*, núm. 11.

3. J[osé] A[ntonio] B[ayona]: «Una comedia de Pirandello en el Instituto de Cultura Italiana», en *Pueblo*, 1 de junio de 1949.

4. Alfredo Marquerie: «Bambalinas madrileñas: *La mandrágora*, de Maquiavelo, en un Teatro de Ensayo», en *La Vanguardia Española*, 3 de diciembre de 1949, p. 12.

5. Fernando Doménech Rico: «El Teatro de Ensayo de Fernando Fernán-Gómez. Un teatro de cámara en la posguerra española», en *Don Galán, Revista Digital de la Escena*, núm. 11.

6. Fernando Fernán-Gómez: *El tiempo amarillo. Memorias 1943-1987. Volumen 2.* Madrid: Debate, 1990, p. 40.

7. Alfredo Marqueríe: «Bambalinas madrileñas: *La Mandrágora*, de Maquiavelo, en un Teatro de Ensayo», en *La Vanguardia Española*, 3 de diciembre de 1949, p. 12.

8. Fernando Fernán-Gómez: *El tiempo amarillo. Memorias 1943-1987. Volumen 2.* Madrid: Debate, 1990, p. 40.

9. Gonzalo Torrente Ballester: «La Carátula: Estreno *de Todos eran mis hijos*», en *Arriba*, 3 de noviembre de 1951.

10. Claudio: «La Carátula estrena la comedia dramática *Todos eran mis hijos*, de Miller», en *Pueblo*, 6 de noviembre de 1951, p. 9.

11. Julio Coll: «El teatro: Discusión y pateo», en *Destino*, núm. 821, 2 de mayo de 1953, p. 26.

12. Alfredo Marqueríe: «Informaciones y noticias teatrales y cinematográficas: Dos estrenos y varias reposiciones», en *ABC*, 8 de junio de 1950, p. 31.

13. Juan Tébar: *Fernando Fernán-Gómez, escritor.* Madrid: Anjana, 1984, p. 89.

14. José Antonio Bayona: «La escena animada: Estreno de *Marido y medio* en el Gran Vía», en *Pueblo*, 8 de junio de 1950.

15. Archivo General de la Administración, caja 36/03384.

16. Archivo General de la Administración, caja 36/03384.

17. Programa de Aragón TV *El Reservado*, 22 de mayo de 2007.

18. Fernando Castán Palomar: «Adiós a María Dolores Pradera», en *Primer Plano*, núm. 547, 8 de abril de 1951.

19. Mar Correa: «María Dolores Pradera, del puente a la alameda», en *ABC*, 6 de agosto de 1989, pp. 94-95.

20. Arturo Marcos Tejedor: *Una vida dedicada al cine: Recuerdos de un productor.* Salamanca: Filmoteca de Castilla y León, 2005, p. 46.

21. «Entrega de premios a los mejores de *Triunfo*», en *Primer Plano*, núm. 522, 5 de octubre de 1950.

NOTAS

22. Fernando Vizcaíno Casas: «Café y copa con María Dolores Pradera», en *Diario de Burgos*, 21 de noviembre de 1970, p. 9.

23. Programa de RTVE *Cine de barrio*, 9 de abril de 2005.

24. J. Hernández Petit: «Un español, Carmelo Larrea, puede ganar por segunda vez un Disco de Oro», en ABC, 25 de noviembre de 1954, p. 53.

25. Diógenes Pi: «Nuestras salas de fiestas - Un poquito de crítica: Alazán», en *Informaciones*, 5 de marzo de 1952, p. 5.

26. Siboney: «Madrid music-hall», en *Madrid*, 11 de octubre de 1955, p. 4.

27. Alfonso Sánchez: «Tres mujeres a las dos», en *ABC*, 11 de febrero de 1954, p. 31.

28. «El festival matinal de ayer en la Zarzuela», en *Hoja del Lunes*, 17 de noviembre de 1952, p. 6.

29. Valentín García: «Desde el Tibidabo: María Dolores Pradera quiere abandonar el cine (para dedicarse al canto)», en *Primer Plano*, núm. 658, 24 de mayo de 1953.

30. «Notas barcelonesas: Mañana Galas de la Prensa en el Poliorama », en *El Mundo Deportivo*, 12 de marzo de 1953, p. 3.

31. Valentín García: «Desde el Tibidabo: María Dolores Pradera quiere abandonar el cine (para dedicarse al canto)», en *Primer Plano*, núm. 658, 24 de mayo de 1953.

32. Fotos, 3 de enero de 1953, p. 33.

33. «Otro triunfo de María Dolores Pradera», en *Informaciones*, 1 de marzo de 1955, p. 9.

5. Inés, Roxana, Silvia, Iñasi

1. Adolfo Marsillach: *Tan lejos, tan cerca. Mi vida*. Barcelona: Tusquets, 2002, p. 110.

2. Julio Checa Puerta: «El teatro Español durante los años cin-

cuenta», en Andrés Peláez (ed.): *Historia de los teatros nacionales, vol. I, 1936-1962*. Madrid: Centro de Documentación Teatral, 1993, p. 109.

3. Francisco García Pavón: «Teatro: *Soledad* y *La difunta*, de Miguel de Unamuno», en *Arriba*, 11 de octubre de 1962, p. 21.

4. D.: «Dio ayer comienzo en el Callao, la Semana de "cine" inglés. En la sala Roxy "B" se estrenó *Fantasía española*, y en el Carlos III y Roxy "A", *Maya*», en *ABC*, 16 de noviembre de 1953, p. 39.

5. Julio Checa Puerta: «El teatro Español durante los años cincuenta», en Andrés Peláez (ed.): *Historia de los teatros nacionales, vol. I, 1936-1962*. Madrid. Centro de Documentación Teatral, 1993, p. 112.

6. Alfredo Marqueríe: «Perspectivas de un Teatro Íntimo», en *Mallorca Deportivo*, 2 de agosto de 1948.

7. Citado por Julio Checa Puerta: «El teatro Español durante los años cincuenta», en Andrés Peláez (ed.): *Historia de los teatros nacionales, vol. I, 1936-1962*. Madrid. Centro de Documentación Teatral, 1993, p. 114.

8. Juan Molina: «María Dolores Pradera será *Mariana Pineda*», en *Diario de Burgos*, 22 de enero de 1967, p. 9.

9. Citado por Lola Santa-Cruz: «Cayetano Luca de Tena, director del teatro Español de 1942 a 1952», en Andrés Peláez (ed.): *Historia de los teatros nacionales, vol. I, 1936-1962*. Madrid. Centro de Documentación Teatral, 1993, p. 78.

10. Alfredo Marqueríe: «Reposición de *Don Juan Tenorio* en el Español», en *ABC*, 31 de octubre de 1954, p. 65.

11. José Camón Aznar: «Representación en el Español de *Don Juan Tenorio* con la colaboración de seis famosos pintores», en *ABC*, 28 de octubre de 1956, p. 83.

12. Manuel Pombo Angulo: «Mundo y mundillo teatral. Ensayo general de *Don Juan Tenorio*», en *La Vanguardia Española*, 28 de octubre de 1956, p. 11.

NOTAS

13. José Antonio Bayona: «*Don Juan Tenorio*, con decoración extraordinaria», en *La Vanguardia*, 28 de octubre de 1956, p. 11.

14. «¿Quién es... María Dolores Pradera?», en *Pueblo*, 10 de noviembre de 1956, p. 20.

15. M. Díez Crespo: «Teatro: Inauguración de la temporada oficial madrileña en el Español, con *Cyrano de Bergerac*», en *Hoja del Lunes* (Madrid), 19 de octubre de 1955, p. 3.

16. Manuel Pombo Angulo: «Mundo y mundillo teatral: Ensayo general de *Cyrano de Bergerac*», en *La Vanguardia Española*, 15 de octubre de 1955, p. 11.

17. Adolfo Prego: «Crítica: *Cyrano de Bergerac*, de Rostand, en el Español», en *Informaciones*, 17 de octubre de 1955.

18. José Téllez Moreno: «Estrenos, noticias, cuentos y chismografía: Visto y oído», en *Hoja del Lunes*, 17 de octubre de 1955, p. 5.

19. Manuel Pombo Angulo: «Mundo y mundillo teatral. Ensayo general de *Seis personajes en busca de autor*», en *La Vanguardia*, 27 de abril de 1955.

20. Elías Gómez Picazo: Español: «Estreno de *Proceso de Jesús*, de Diego Fabbri, en adaptación de Giuliana Ariola», en *Madrid*, 21 de enero de 1956, p. 18.

21. Avelino Esteban Romero: «El drama de Fabbri remueve ahora a Italia», en *Ya*, 31 de enero de 1956.

22. Adolfo Prego: «Teatro: *Los intereses creados*, de Benavente, en el Español», en *Informaciones*, 11 de abril de 1956.

23. Manuel Pombo Angulo: «Mundo y mundillo teatral. Ensayo general de *Los intereses creados* en el Teatro Español», en *La Vanguardia Española*, 11 de abril de 1956, p. 7.

24. Ángel Zuñiga: «En Mérida: Ensayo general de *Julio César*, de Shakespeare», *La Vanguardia Española*, 18 de junio de 1955, p. 28.

25. Juan Emilio Aragonés: «Pesquisa semanal: Los críticos, criticados», en *Informaciones*, 17 de marzo de 1956, p. 18.

26. M. Díez Crespo: «Teatro», en *Imperio*, 14 de diciembre de 1955, p. 5.

27. David Moriente: «La pintura de Goya en el documental español: Construcción y representación del imaginario cultural», en *Iberic@l*, núm. 4, 2013, p. 113.

28. Sofía Morales y Guillermo Linhoff: «Saludo con entrevista: María Dolores Pradera será la hermana de *Zalacaín el aventurero*», en *Primer Plano*, núm. 714, 20 de junio de 1954.

29. Programa de RNE *La entrevista*, 1 de agosto de 2011.

30. Mercedes Fórmica: *La ciudad perdida*. Barcelona: Luis de Caralt, 1951, pp. 68-71 y 153-162.

31. Margarita Alexandre: *La otra cara de la luna*. Madrid: Pre-Textos, 2023, pp. 43-45.

32. «María Dolores Pradera y sus notas», en *Primer Plano*, núm. 865, 12 de mayo de 1957.

6. Escenarios y platós

1. «Tamayo contesta a Dicenta. Durante un ensayo, se violentó de palabra conmigo», en *Imperio*, 20 de enero de 1957, p. 2.

2. Portillo: «Hay crisis teatral: Las empresas poderosas acaparan actores», en *Imperio*, 15 de febrero de 1957, p. 6.

3. *Ibidem*.

4. «Actualidad teatral madrileña», en *La Rioja*, 12 de enero de 1957, p. 6.

5. Portillo: «Hay crisis teatral: Las empresas poderosas acaparan actores», en *Imperio*, 15 de febrero de 1957, p. 6.

6. Barbara Bloin: «Dido Pequeño Teatro de Cámara de Madrid (1.ª parte)», en *Assaig de Teatre*, núm. 54-55, 2006, p. 271.

7. José Téllez Moreno: «Visto y oído», en *Hoja del Lunes* (Madrid), 25 de marzo de 1957, p. 5.

NOTAS

8. Eduardo Marco: «Cuatro teatros de cámara», en *Primer Acto*, núm. 3, verano de 1957, p. 68.

9. Adolfo Prego: «*Tío Vaña*, de Chejof, por el Pequeño Teatro Dido en la Comedia», en *Informaciones*, 23 de marzo de 1957.

10. Luis Escobar: *En cuerpo y alma (Memorias)*. Madrid: Temas de Hoy, 2000, p. 194.

11. *Ibidem*, p. 191.

12. Gonzalo Torrente Ballester: «Teatro: Inauguración del Eslava con *La Celestina*», en *Arriba*, 10 de mayo de 1957, p. 21.

13. Manuel Pombo Angulo: «Mundo y mundillo teatral: Ensayo general de *La Celestina* en el Teatro Eslava», en *La Vanguardia Española*, 10 de mayo de 1957, p. 7.

14. Interino: «En París. *La Celestina*, cuatro siglos después», en *La Vanguardia Española*, 10 de abril de 1958, p. 10.

15. *Ibidem*.

16. Gonzalo Torrente Ballester: «*La Celestina* y su fortuna», en *Arriba*, 17 de abril de 1958, p. 21.

17. Adolfo Prego: «Crítica: *Anastasia*, de Marcelle Maurette, en el Eslava», en *Informaciones*, 17 de julio de 1957.

18. Eugenia Serrano: «Madrid Club», en *Pueblo*, 20 de diciembre de 1957, p. 18.

19. «Madrid, siete días y siete noticas: María Dolores Pradera cambia de nariz», en *Hola*, 10 de mayo de 1958, p. 19.

20. Programa de RTVE *Cine de barrio*, 9 de abril de 2005.

21. Santiago Córdoba: «María Dolores Pradera», en *ABC*, 19 de noviembre de 1960, p. 78.

22. M.T.: «Música, teatro y cinematografía - Comedia: Presentación de María Dolores Pradera en *La gata sobre el tejado de zinc*», en *La Vanguardia Española*, 12 de mayo de 1959.

23. Adolfo Prego: «Crítica: *Juego y danza de la coqueta y don Simón*, de José María Pemán, en el Goya», en *Informaciones*, 28 de enero de 1960, p. 8.

24. «Crónica teatral de Madrid», en *Hoja del Lunes* (Barcelona), 1 de febrero de 1960, p. 22.

25. Adolfo Prego: «Crítica: *Preguntan por Julio César*, de Alfonso Paso, en el Goya», en *Informaciones*, 19 de febrero de 1960, p. 9.

26. *Hoja del Lunes* (Madrid), 22 de febrero de 1960, p. 4.

27. Miguel Mihura: *Teatro completo*. Madrid: Cátedra, 2004, p. 861.

28. Rafael de España y Salvador Juan i Babot: *Balcázar Producciones Cinematográficas: Más allá de Esplugas City*. Barcelona: Universitat de Barcelona, 2005.

29. Guillermo Sánchez: «*Hay alguien detrás de la puerta*», en *El Noticiero Universal*, 2 de febrero de 1961, p. 19.

30. «María Dolores Pradera entrevista a Simón Andreu; Simón Andreu entrevista a María Dolores Pradera», en *Primer Plano*, núm. 1146, 30 de septiembre de 1962.

31. A.D. Galicia: «Ofrenda a García Lorca de María Dolores Pradera, la actriz de la canción», en *Sábado Gráfico*, núm. 549, 8 de abril de 1967, p. 7.

32. Programa de RTVE *Cine de barrio*, 9 de abril de 2005.

33. Fernando Fernán-Gómez: *El tiempo amarillo. Memorias 1943-1987. Volumen 2*. Madrid: Debate, 1990, p. 258.

7. Gran teatro, pequeña pantalla

1. Lorenzo Díaz: *50 años de TVE*. Madrid: Alianza Editorial, 2006, pp. 90-91.

2. J. Francisco de la Fuente: «TV Noticia y Crítica: *El teatro y sus intérpretes*», en *Pueblo*, 13 de junio de 1961, p. 11.

3. Patricia Diego, Elvira Canós y Eduardo Rodríguez Merchán: «Los programas de ficción de producción propia: los inicios y el desarrollo hasta 1975», en Julio Montero Díaz (ed.): *Una televisión con dos cadenas*. Madrid: Cátedra, 2018, p. 90.

NOTAS

4. J. Francisco de la Fuente: «TV Noticia y Crítica: *Cui-Ping-Sing*», en *Pueblo*, 28 de junio de 1961, p. 11.

5. Viriato: «Crítica semanal: Lo más allá en TVE», en *Hoja del Lunes*, 26 de junio de 1961, p. 6.

6. R. R. L.: «Reportaje con los Premios Nacionales del Ministerio de Información y Turismo», en *Tele-Radio*, núm. 153, del 28 al 4 de diciembre de 1960.

7. Diego Ramírez Pastor: «La pantalla pequeña: Visto y oído en 7 jornadas», en *Hoja del Lunes* (Barcelona), 14 de mayo de 1962, p. 24.

8. Viriato: «Crónica de televisión: *Anastasia*», en *Hoja del Lunes* (Madrid), 14 de mayo de 1962, p. 6.

9. Viriato: «Tole-tole de la tele», en *Hoja del Lunes*, 16 de marzo de 1964, p. 16.

10. Matías Escribano: «En casita día a día», en *Primer Plano*, núm. 1161, 13 de enero de 1963.

11. Viriato: «Crítica semanal: Ahora, con el nuevo año...», en *Hoja del Lunes* (Madrid), 7 de enero de 1963, p. 6.

12. «*Primera fila: La heredera*», en *Tele-Radio*, núm. 262, del 31 de diciembre de 1962 al 6 de enero de 1963, p. 42.

13. Viriato: «Crónica de televisión: *Tío Vania*, de Chéjov, en *Primera fila*», en *Hoja del Lunes* (Madrid), 9 de septiembre de 1963, p. 6.

14. «Pasó por TVE... *Tío Vania*, de Anton Chéjov», en *Tele-Radio*, núm. 298, del 9 al 15 de septiembre de 1963, p. 15.

15. Viriato: «Crónica de televisión: Critica semanal - Una obra importante», en *Hoja del Lunes*, 2 de marzo de 1964, p. 6.

16. Rafael Romero Losada: «*Proceso a Jesús*», en *Tele-Radio*, núm. 326, del 23 al 29 de marzo de 1964, p. 16.

17. Viriato: «*Proceso a Jesús*», en *Hoja del Lunes*, 30 de marzo de 1964, p. 6.

18. Adolfo Marsillach: *Tan lejos, tan cerca. Mi vida*. Barcelona: Tusquets, 2022, p. 238.

19. «Madrid: Influencias», en *Imperio*, 30 de abril de 1963, p. 10.

20. Adolfo Marsillach: *Silencio..., ¡vivimos!* Barcelona: Gráficas Templarios, 1963, pp. 324-334.

21. Viriato: «Crónica de televisión: *El pendiente*», en *Hoja del Lunes*, 20 de abril de 1964, p. 6.

22. Pedro Deya: «Repaso a la TVE», en *Baleares*, 30 de diciembre de 1962, p. 13.

23. A. D. Galicia: «Ofrenda a García Lorca de María Dolores Pradera, la actriz de la canción», en *Sábado Gráfico*, núm. 549, 8 de abril de 1967, p. 6.

8. Zafiro

1. José Gómez Figueroa: «La canción premiada en Gijón está dedicada a la infanta Margarita», en *Hoja del Lunes* (Madrid), 1 de agosto de 1960.

2. *ABC*, 2 de abril de 1961.

3. «Las salas de fiestas: Una atracción de fama mundial», en *El Noticiero Universal*, 28 de septiembre de 1961, p. 25.

4. «Salas de fiestas: Triunfal presentación de María Dolores Pradera en el Emporium», en *Hoja del Lunes*, 16 de mayo de 1960, p. 25.

5. *Ritmo*, núm. 331, diciembre de 1962, p. 23.

6. A. D. Galicia: «Ofrenda a García Lorca de María Dolores Pradera, la actriz de la canción», en *Sábado Gráfico*, núm. 549, 8 de abril de 1967, p. 6.

7. E. López: «El mundo del disco: triunfales actuaciones de María Dolores Pradera», en *Sansofe*, 31 de enero de 1970, p. 34.

8. Roberto Cazorla: «María Dolores Pradera: 70 años de juventud», en *Lanza*, 31 de julio de 1994.

9. «María Dolores Pradera entrevista a Simón Andreu; Simón

Andreu entrevista a María Dolores Pradera», en *Primer Plano*, núm. 1146, 30 de septiembre de 1962.

10. «Chabuca Granda, la autora de "La flor de la canela"», en Madrid», en *Mundo Hispánico*, núm. 270, septiembre de 1970, p. 52.

11. Programa de RTVE *He dicho*, 1 de junio de 2018.

12. Julián Cortés-Cavanillas: «Psicoanálisis», en *ABC*, 16 de agosto de 1964.

13. Viriato: «Tole-tole de la tele», en *Hoja del Lunes*, 24 de abril de 1961, p. 6.

14. Lucio del Álamo: «La semana sin lunes», en *Hoja del Lunes* (Madrid), 3 de agosto de 1964, p. 3.

9. José Luis Alonso y alrededores

1. José Luis Alonso: «Autobiografía», en *Triunfo*, 6.ª época, núm. 20, junio de 1982, p. 56.

2. Jesús Rubio Jiménez: «José Luis Alonso: Su presencia en los teatros nacionales», en Andrés Peláez (ed.): *Historia de los teatros nacionales, vol. II, 1960-1985*. Madrid: Centro de Documentación Teatral, 1993, p. 78.

3. Adolfo Marsillach: *Tan lejos, tan cerca. Mi vida*. Barcelona: Tusquets, 2022, pp. 130-131.

4. Alberto Gil: *La censura cinematográfica en España*. Barcelona: Ediciones B, 2009, p. 63.

5. José Luis Alonso: «Autobiografía», en *Triunfo*, 6.ª época, núm. 20, junio de 1982, p. 61.

6. Gabriel Quirós Alpera: *Historia de la dirección escénica en España: José Luis Alonso*. Tesis doctoral presentada en la Facultad de Filología de la Universidad Complutense de Madrid, 2010, p. 139.

7. Anton Chéjov: *La gaviota - El tío Vania - Las Tres hermanas - El jardín de los cerezos*. Madrid: Cátedra, 1997, p. 376.

8. José Luis Alonso: «Testimonios sobre el Teatro de Arte», en *Primer Acto*, núm. 46, agosto de 1963.

9. Julián Cortés-Cavanillas: «Psicoanálisis», en *ABC*, 16 de agosto de 1964.

10. Santiago Córdoba: «María Dolores Pradera», en *ABC*, 19 de noviembre de 1960, p. 78.

11. José Luis Alonso, en el programa *El rinoceronte*, 1961.

12. José Luis Alonso: «Autobiografía», en *Triunfo*, 6.ª época, núm. 20, junio de 1982, p. 61.

13. Adolfo Marsillach: *Tan lejos, tan cerca. Mi vida*. Barcelona: Tusquets, 2022, p. 224.

14. Véanse, por ejemplo: Manuel Pombo Angulo: «Madrid, 24 horas. *Soledad* y *La difunta* en el María Guerrero», en *La Vanguardia Española*, 11 de octubre de 1962, p. 11; M. Díez Crespo: «El teatro en Madrid. *Soledad*, de don Miguel de Unamuno, se representa en el María Guerrero», en *Imperio*, 14 de octubre de 1962, p. 10; o José Téllez Moreno: «Crónica de teatro: Interesantes novedades en el María Guerrero, Bellas Artes y Alcázar», en *Hoja del Lunes* (Madrid), 15 de octubre de 1962.

15. Francisco García Pavón: «Teatro: *Soledad* y *La difunta*, de Miguel de Unamuno», en *Arriba*, 11 de octubre de 1962, p. 21.

16. Alfredo Marquerie: «En el María Guerrero se estrenó *Los verdes campos del Edén*, de Antonio Gala», en *Pueblo*, 21 de diciembre de 1963, p. 18.

17. Jesús Rubio Jiménez: «José Luis Alonso: Su presencia en los teatros nacionales», en Andrés Peláez (ed.): *Historia de los teatros nacionales, vol. II, 1960-1985*. Madrid: Centro de Documentación Teatral, 1993, p. 61.

18. Enrique Jardiel Poncela: «Circunstancias en que se imaginó, se escribió y se estrenó *Eloísa está debajo de un almendro*», en *Eloísa está debajo de un almendro*. Madrid: Centro Dramático Nacional, 1984.

NOTAS

19. Jesús Rubio Jiménez: «José Luis Alonso: Su presencia en los teatros nacionales», en Andrés Peláez (ed.): *Historia de los teatros nacionales, vol. II, 1960-1985.* Madrid: Centro de Documentación Teatral, 1993, p. 35.

20. José Luis Alonso, en el programa de *El rey se muere - El nuevo inquilino*, 1964.

21. Francisco Nieva: «Tres mujeres extraordinarias», en *La Razón*, 31 de agosto de 2014.

22. *Ibidem.*

23. Francisco García Pavón: «María Dolores Pradera», en *Arriba*, 9 de julio de 1967, p. 7.

24. Francisco Nieva, en el programa de *Intermezzo*, 1965.

25. José Monleón: «*Intemezzo*», en *Primer Acto*, núm. 62, marzo de 1965, p. 47.

26. «Hija de Fernán-Gómez y María Dolores Pradera, Elena quiere triunfar por sí misma», en *El Diario de Ávila*, 2 de marzo de 1966, p. 7.

27. Serafín Adame: «Claudio de la Torre sustituye a José Luis Alonso en la dirección del María Guerrero», en *Pueblo*, 16 de enero de 1965, p. 15.

28. Blanca Baltés: *Cayetano Luca de Tena: Itinerarios de un director de escena (1941-1991).* Madrid: Asociación de Directores de Escena de España, 2014, pp. 151-152.

10. Adiós a las tablas

1. Adolfo Prego: «Crítica: *Anatol*, de Arthur Schnitzler, en el Eslava», en *Informaciones*, 4 de julio de 1961.

2. Marcos Ordóñez: *Beberse la vida: Ava Gardner en España.* Madrid: Aguilar, 2004, p. 241.

3. «María Dolores Pradera entrevista a Simón Andreu; Simón

Andreu entrevista a María Dolores Pradera», en *Primer Plano*, núm. 1146, 30 de septiembre de 1962.

4. A.R .: Teatro: «En Perpiñán, *La barca sin pescador*», en *Solidaridad Obrera*, 24 de febrero de 1955, p. 3.

5. Del programa de *La barca sin pescador*.

6. Francisco García Pavón: «Teatro: *La barca sin pescador*, de Alejandro Casona», en *Arriba*, 17 de febrero de 1963.

7. José Téllez Moreno: «Crónica de teatro», en *Hoja del Lunes* (Madrid), 27 de mayo de 1963, p. 5.

8. José Téllez Moreno: «Crónica de teatro: Notas breves», en *Hoja del Lunes* (Madrid), 24 de junio de 1963, p. 5.

9. Federico Carlos Sainz de Robles: *Teatro Español 1962-63*. Madrid: Aguilar, 1964, p. XVI.

10. Enrique Llovet: «Estreno de *Las tres perfectas casadas*, de Casona, en el Lara», en *ABC*, 12 de septiembre de 1965, p. 93.

11. José Téllez Moreno: «Crónica de teatro: Inauguran su nueva temporada, con interesantes obras de estreno, Goya, Lara y Valle Inclán», en *Hoja del Lunes*, 13 de septiembre de 1965, p. 5.

12. «Ha muerto Alejandro Casona», en *Diario de Burgos*, 18 de septiembre de 1965, p. 5.

13. «Comentario de Calvo Sotelo», en *Baleares*, 18 de septiembre de 1965, p. 2.

14. José Téllez Moreno: «Crónica de teatro», en *Hoja del Lunes* (Madrid), 31 de enero de 1966, p. 5.

15. José Antonio de las Heras: «Tito Mora en la televisión de Nueva York», en *Diario de Burgos*, 2 de septiembre de 1966, p. 5.

16. «Televisión», en *Hoja del Lunes* (La Coruña), 5 de diciembre de 1966, p. 4.

17. Raúl del Pozo: «María Dolores Pradera: Recital a micrófono limpio en un teatro», en *Pueblo*, 6 de julio de 1966, p. 15.

18. Mar Correa: «María Dolores Pradera, del puente a la alameda», en *ABC*, 6 de agosto de 1989, p. 94.

19. Catalina Buezo: «Jaime de Armiñán y los medios de comunicación social como difusores de ideas reformistas», en Carlos Tejeda (ed.): *El pulso del narrador: Los contrapuntos de Jaime de Armiñán*. Madrid: Notorius, 2009, p. 171.

20. Diego Ramírez Pastor: «Visto y oído en 7 jornadas: ¿Es así?», en *Hoja del Lunes* (Barcelona), 13 de abril de 1964, p. 18.

21. Viriato: «Crónica de televisión: *Confidencias*», en *Hoja del Lunes* (Madrid), 3 de agosto de 1964, p. 6.

22. Julián Cortés-Cavanillas: «Psicoanálisis», en *ABC*, 16 de agosto de 1964.

23. Raúl del Pozo: «María Dolores Pradera: Recital a micrófono limpio en un teatro», en *Pueblo*, 6 de julio de 1966, p. 15.

24. Viriato: «Tole-tole de la tele», en *Hoja del Lunes*, 14 de noviembre de 1966, p. 6.

25. «María Dolores Pradera será *Mariana Pineda*», en *Diario de Burgos*, 22 de enero de 1967, p. 9.

26. Archivo General de la Administración, caja 73/09572.

27. Juan Emilio Aragonés: «De lo pseudopoético a lo pseudopolítico», en *La Estafeta Literaria*, núm. 366, 25 de marzo de 1967, p. 16.

28. «La Censure interdit une pièce de Federico García Lorca», en *Le Monde*, 26 de enero de 1967, p. 6.

29. Archivo General de la Administración, caja 73/09572.

30. *Arriba*, 1 de febrero de 1967.

31. José Téllez Moreno: «Reposición de *Mariana Pineda*, de García Lorca, en el Marquina», en *Hoja del Lunes* (Madrid), 13 de marzo de 1967, p. 5.

32. Juan Emilio Aragonés: «De lo pseudopoético a lo pseudopolítico», en *La Estafeta Literaria*, núm. 366, 25 de marzo de 1967, p. 16.

33. Raúl del Pozo: «Los mismos ojos de navaja de García Lorca», en *El Noticiero Universal*, 8 de febrero de 1985.

MARÍA DOLORES PRADERA. DÉJAME QUE TE CUENTE

34. José Monleón: «Teatro: *Mariana Pineda*», en *Triunfo*, núm. 254, 15 de abril de 1967, p. 13.

35. *Carta de España, núm. 55*. Instituto de Cultura Hispánica, 1963. Biblioteca AECID: 5SON-1356.

36. Manuel María: «María Dolores Pradera, la auténtica intérprete de *Mariana Pineda*», en *Baleares*, 22 de abril de 1967, p. 15.

11. Santiago y Julián

1. Ángel Laborda: «Esta noche, en la Zarzuela - Recital de María Dolores Pradera», en *ABC*, 2 de noviembre de 1972, p. 83.

2. Del Arco: «Mano a mano: María Dolores Pradera», en *La Vanguardia*, 15 de junio de 1969, p. 31.

3. Juan Molina: «María Dolores Pradera será *Mariana Pineda*», en *Diario de Burgos*, 22 de enero de 1967, p. 9.

4. Francisco de la Fuente: «Prácticamente bajan los precios; Zafiro lanza el disco *single*», en *Pueblo*, 4 de julio de 1964, p. 15.

5. «Gacetillas: Gala hispanoamericana de Festivales de España», en *Pueblo*, 22 de febrero de 1966, p. 14.

6. «Festivales de España: Gala hispanoamericana en la Zarzuela», en *Pueblo*, 2 de marzo de 1966, p. 15.

7. Francisco García Pavón: «María Dolores Pradera», en *Arriba*, 9 de julio de 1967, p. 7.

8. Viriato: «Tole-tole de la tele», en *Hoja del Lunes* (Madrid), 5 de junio de 1967, p. 6.; y «Así está mejor», en *Hoja del Lunes*, 14 de agosto de 1967, p. 6.

9. Marino Rodríguez: «Entrevista a María Dolores Pradera, cantante», en *La Vanguardia*, 24 de diciembre de 2004, p. 57.

10. José Palau: «María Dolores Pradera: Magnífico recital en la Zarzuela», en *Pueblo*, 29 de noviembre de 1967.

NOTAS

11. *Ibidem.*

12. Pilar Urbano: «María Dolores Pradera, homenajeada en México», en *El Diario de Ávila*, 17 de agosto de 1968, p. 7.

13. Antonio Losada: «María Dolores Pradera, la señora de la canción», en *Vanidades*, vol. 27, núm. 2, 20 de enero de 1987, p. 6.

14. Javier de Montini: «El personal», en *El Eco de Canarias*, 7 de junio de 1979, p. 12.

15. «Recital de folklore español e iberoamericano: Ha sido presentado en Colombia por María Dolores Pradera», en *Hoja del Lunes*, 16 de diciembre de 1968, p. 8.

16. Marisol Ayala: «Preposiciones en noticias», en *El Eco de Canarias*, 8 de enero de 1969, p. 18.

17. Raúl del Pozo: «María Dolores Pradera, recital a pura voz», en *Pueblo*, 8 de noviembre de 1969.

18. E. López: «El mundo del disco: triunfales actuaciones de María Dolores Pradera», en *Sansofe*, 31 de enero de 1970, p. 34.

19. Albino Mallo: «María Dolores Pradera, de actriz a cantante», en *Mediterráneo*, 5 de septiembre de 1974, p. 10.

20. «Spain», en *Cash Box*, 8 de agosto de 1970, p. 48.

21. Manuel Hernández: «María Dolores Pradera se encuentra muy a gusto en el ambiente musical de la canción», en *Hoja del Lunes* (La Coruña), 3 de agosto de 1970.

22. Programa de RTVE *A fondo: Chabuca Granda* (Joaquín Soler Serrano, 1977).

23. Ángel Laborda: «María Dolores Pradera, en la Zarzuela», en *ABC*, 25 de octubre de 1970, p. 74.

24. *Hola*, 19 de mayo de 1973, p. 82.

25. Programa de Aragón TV *El Reservado*, 22 de mayo de 2007.

12. Giras, galas, discos

1. Fernando Vizcaíno Casas: «Café y copa con María Dolores Pradera», en *Diario de Burgos*, 21 de noviembre de 1970, p. 9.

2. Álvaro Retana: *Historia de la canción española*. Madrid: Tesoro, 1967, p. 337.

3. Manuel Hernández: «María Dolores Pradera se encuentra muy a gusto en el ambiente musical de la canción», en *Hoja del Lunes* (La Coruña), 3 de agosto de 1970.

4. Andrés Moncayo: «Recital de María Dolores Pradera en la Zarzuela», en *Hoja del Lunes* (Madrid), 10 de noviembre de 1969, p. 5.

5. A.D . Galicia: «Ofrenda a García Lorca de María Dolores Pradera, la actriz de la canción», en *Sábado Gráfico,* núm. 549, 8 de abril de 1967, pp. 5-6.

6. Ángel Casas: «Exquisita María Dolores Pradera», en *Fotogramas*, núm. 1211, 31 de diciembre de 1971.

7. Gaytán: «Reloj de los días: Buen gusto», en *El Eco de Canarias*, 13 de enero de 1973, p. 6.

8. «La Coruña: Los príncipes de España asistieron a un recital de María Dolores Pradera», en *La Vanguardia Española*, 11 de agosto de 1972, p. 6.

9. Manuel de Sanhernán: «Desde mi butaca», en *Hoja del Lunes (La Coruña)*, 14 de agosto de 1972, p. 2.

10. María E. Díaz: «En Calderón, presentación de María Dolores Pradera», en *Libertad*, 6 de noviembre de 1972, p. 3.

11. Marino Rodríguez: «Entrevista a María Dolores Pradera, cantante», en *La Vanguardia*, 24 de diciembre de 2004, p. 57.

12. Andrés Moncayo: «María Dolores Pradera», en *Hoja del Lunes* (Madrid), 22 de marzo de 1972, p. 40.

13. Ángeles Masó: «Palacio de la Música: Recital de María Dolores Pradera», en *La Vanguardia Española*, 7 de diciembre de 1972, p. 68.

14. A. Marín: «Nueva York fue escenario de una brillantísima fiesta con motivo de la aparición de *ABC de las Américas*», en *ABC*, octubre de 1972.

15. «Tele-chismes», en *7 Fechas*, 18 de enero de 1972, p. 8.

16. «El lunes, recital Serrat-María Dolores Pradera», en *ABC*, edición Andalucía, 2 de julio de 1969, p. 51.

17. «Hoy se celebrará el aplazado festival a beneficio de la barriada de la Liebre», en *ABC*, edición Andalucía, 9 de julio de 1969, p. 48.

18. Zatbel: «Pentagrama musical», en *El Informador*, 21 de octubre de 1973, p. 7.

19. «Los cantantes aumentan sus tarifas», en *Diario de Burgos*, 5 de julio de 1973, p. 6.

20. «María Dolores Pradera: Canciones para todos», en *Hoja del Lunes* (Madrid), 19 de noviembre de 1973, p. 26.

21. Javier Castro Rey: «Nuestras féminas pop», en *Ritmo*, núm. 443, julio de 1974, p. 44.

22. «Casi telegráfico», en *Hoja del Lunes* (Madrid), 12 de abril de 1971, p. 42.

23. «Punto y aparte», en *Mediterráneo*, 20 de enero de 1972, p. 9.

24. Amilibia: «Indiscreto Amilibia», en *Pueblo*, 19 de febrero de 1972, p. 11; Ángel Casas: «Exquisita María Dolores Pradera», en *Fotogramas*, núm. 1211, 31 de diciembre de 1971.

25. Antonio Romero: «María Dolores Pradera o la sencillez», en *Arriba*, 10 de julio de 1974, p. 19.

26. Manuel Hernández: «María Dolores Pradera se encuentra muy a gusto en el ambiente musical de la canción», en *Hoja del Lunes* (La Coruña), 3 de agosto de 1970, p. 8.

27. Isaías: «Spots», en *Diario de Burgos*, 18 de abril de 1975, p. 12.

28. Programa de RTVE *Cine de barrio*, 9 de abril de 2005.

29. Juan José Porto: «María Dolores Pradera, sincera: "El cine no me interesa"», en *La Rioja*, 21 de octubre de 1970, p. 14.

30. Román Gubern: *1936-1939: La guerra de España en la pantalla*. Madrid: Filmoteca Española, 1986, pp. 151-152.

31. Antonio Castro: *El cine español en el banquillo*. Valencia: Fernando Torres Editor, 1974, p. 255.

32. Programa de Aragón TV *El Reservado*, 22 de mayo de 2007.

33. Programa de RTVE *Cine de barrio*, 9 de abril de 2005.

34. Fernando Vizcaíno Casas: «Café y copa con María Dolores Pradera», en *Diario de Burgos*, 21 de noviembre de 1970, p. 9.

35. Isaías: «Spots: María Dolores Pradera quiere hacer TVE», en *Diario de Burgos*, 28 de junio de 1974, p. 12.

36. Albino Mallo: «María Dolores Pradera, de actriz a cantante», en *Mediterráneo*, 5 de septiembre de 1974, p. 10.

37. Programa de RTVE *He dicho*, 1 de junio de 2018; Manuel Hernández: «María Dolores Pradera se encuentra muy a gusto en el ambiente musical de la canción», en *Hoja del Lunes* (La Coruña), 3 de agosto de 1970; y Marisol Colmenero: «Elegante María Dolores Pradera», en *El Eco de Canarias*, 5 de mayo de 1979, p. 20.

13. La gran dama de la canción

1. Del Arco: «Mano a mano: María Dolores Pradera», en *La Vanguardia*, 15 de junio de 1969, p. 31.

2. «María Dolores Pradera: Canciones para todos», en *Hoja del Lunes* (Madrid), 19 de noviembre de 1973, p. 26.

3. Miguel Delibes: *El disputado voto del señor Cayo*. Barcelona: Destino, 1979, pp. 72-73.

4. Lola Santa-Cruz: «La dama: María Dolores Pradera, Cándida, suave y cadenciosa», en *El Público*, marzo de 1985, pp. 33-34.

5. Ángel Laborda: «Hoy, en el Monumental: María Dolores Pradera ofrece un nuevo recital», en *ABC*, 17 de marzo de 1976.

NOTAS

6. Herminio Pérez Fernández: «Triunfal reaparición de María Dolores Pradera en el Monumental», en *ABC*, 7 de abril de 1975. Otras críticas de los conciertos: Luis Carlos Buraya: «Recitales de María Dolores Pradera en el Monumental», en *Ya*, 20 de marzo de 1976; Serafín Adame: «Monumental triunfo de María Dolores Pradera», en *Pueblo*, 17 de marzo de 1976; y Teresa de José: «Extraordinario recital de María Dolores Pradera», en *Amanecer*, 3 de abril de 1976.

7. Andrés Moncayo: «María Dolores Pradera: Otro triunfo», en *Hoja del Lunes*, 22 de marzo de 1976, p. 38.

8. Pura Mauricio: «María Dolores Pradera», en *El Eco de Canarias*, 7 de junio de 1979, p. 33.

9. Marisol Colmenero: «Elegante María Dolores Pradera», en *El Eco de Canarias*, 5 de mayo de 1979, p. 20.

10. «María Dolores Pradera, primer Disco de Oro», en *El Eco de Canarias*, 25 de abril de 1976, p. 14.

11. «*Travestíssimo* en el Español», en *El Mundo Deportivo*, 11 de julio de 1979, p. 32.

12. «Los autores de *El día que perdí aquello* recurren al Supremo», en *El País*, 16 de enero de 1981.

13. Yale y Jesús María Amilibia: *El día que perdí... aquello*. Madrid: Sedmay, 1975, pp. 69-70.

14. «Fernán-Gómez y María Dolores Pradera, reencuentro», en *La Vanguardia*, 1 de octubre de 1981, p. 53.

15. Fernando Fernán-Gómez: *El tiempo amarillo. Memorias 1943-1987. Volumen 2*. Madrid: Debate, 1990, pp. 257-258.

16. Maruja Torres: «María Dolores Pradera define su canción como un modo de viajar», en *El País*, 23 de marzo de 1983.

17. Javier Ángel Preciado: «María Dolores Pradera estrena piso en Madrid», en *Hola*, 22 de diciembre de 1979, p. 36.

18. Manuel Hernández: «María Dolores Pradera se encuentra muy a gusto en el ambiente musical de la canción», en *Hoja del Lunes* (La Coruña), 3 de agosto de 1970.

19. «*Fina estampa*, María Dolores (¡Qué bien canta la Pradera!)», en *ABC*, 27 de mayo de 1982.

20. Luis Alegre: «La mujer de oro», en el libro-CD *Gracias a vosotros* (2012).

21. Josep-Vicent Marqués: «María Dolores Pradera», en *El País* (suplemento dominical), 22 de enero de 1989, p. 33.

22. María Rosa Pereda: «María Dolores Pradera, señora y clase», en *El País*, 6 de junio de 1979, p. 32.

23. Andrés Moncayo: «La vuelta de María Dolores Pradera», en *Hoja del Lunes*, 19 de noviembre de 1979, p. 41.

24. Andrés Moncayo: «Otro éxito de María Dolores Pradera», en *Hoja del Lunes*, 26 de noviembre de 1979, p. 40.

25. «Con María Dolores Pradera, la dama de la canción: "Yo no conozco la crisis"», en *Aragón Exprés*, 14 de septiembre de 1979, p. 22.

26. Agustín Romero Rosas: «María Dolores Pradera en la isla», en *El Eco de Canarias*, 7 de septiembre de 1980, p. 31.

27. Salvador Toquero: «La noria», en *Flores y Abejas*, 3 de octubre de 1979, pp. 3 y 13.

28. Javier Ángel Preciado: «María Dolores Pradera estrena piso en Madrid», en *Hola*, 22 de diciembre de 1979, p. 36.

29. *El Informador*, 1 de septiembre de 1980, p. 12.

30. José Miguel Ullán: «María Dolores Pradera: dueña ausente», en *El País*, 29 de mayo de 1982.

31. Luis Antonio de Villena: «María Dolores Pradera: corona americana», en *El País*, 7 de julio de 1983.

32. Maruja Torres: «María Dolores Pradera define su canción como un modo de viajar», en *El País*, 23 de marzo de 1983.

33. Luis Antonio de Villena: «María Dolores Pradera: El oro alquímico», en *El País*, 25 de marzo de 1983.

34. Antonio Losada: «María Dolores Pradera, la señora de la canción», en *Vanidades*, vol. 27, núm. 2, 20 de enero de 1987, p. 6.

NOTAS

35. Fietta Jarque: «María Dolores Pradera vuelve a ser actriz tras 17 años», en *El País*, 8 de febrero de 1985.

36. «María Dolores Pradera reaparece con *Cándida*, de Shaw, en el Lara», en *Ya*, 8 de febrero de 1985.

37. «María Dolores Pradera vuelve al teatro», en *ABC*, 22 de mayo de 1982; y «*Fina estampa*, María Dolores (¡Qué bien canta la Pradera!)», en *ABC*, 27 de mayo de 1982.

38. Fetta Jarque: «María Dolores Pradera regresa a los escenarios con el estreno de *Cándida*», en *El País*, 8 de febrero de 1985.

39. Lola Santa-Cruz: «La dama. María Dolores Pradera, Cándida, suave y cadenciosa», en *El Público*, marzo de 1985, p. 32.

40. Fietta Jarque: «María Dolores Pradera vuelve a ser actriz tras 17 años», en *El País*, 8 de febrero de 1985.

41. *Ibidem*.

42. «María Dolores Pradera vuelve a los escenarios como actriz», en *El Día*, 8 de febrero de 1985.

43. Lorenzo López Sancho, en *ABC*, 10 de febrero de 1985.

44. Julia Arroyo, en *Ya*, 10 de febrero de 1985.

45. Amilibia: «María Dolores Pradera: "Me siento rejuvenecer"», en *ABC*, 11 de febrero de 1985.

46. Lola Santa-Cruz: «La dama. María Dolores Pradera, Cándida, suave y cadenciosa», en *El Público*, marzo de 1985, p. 32.

47. Concha Inza: «María Dolores Pradera vuelve al teatro tras 17 años de ausencia», en *El Periódico*, 18 de febrero de 1985.

48. Vicente Molina Foix: «La renuncia», en *El País*, 20 de mayo de 1997.

49. Amilibia: «María Dolores Pradera: Me quedé completamente sorda», en *ABC*, 19 de junio de 1985.

50. Javier López de los Mozos: «Helena Fernán-Gómez: No utilizo mi apellido para buscar trabajo», en *Aragón Exprés*, 10 de octubre de 1982, p. 36.

51. «Personas», en *El País*, 23 de marzo de 1983.

52. «Mi lectura preferida: María Dolores Pradera», en *Los Domingos de ABC*, 8 de enero de 1984, p. 3.

14. Amarraditos

1. Programa de RTVE *La Luna*, 21 de noviembre de 1989.

2. Guillermo Guerrero: «La pasión según María Dolores Pradera», en *Milenio*, 31 de mayo de 2018.

3. Julio Bravo: «Me hubiera gustado grabar con Sinatra; pero en plan cadáver, no», en *ABC*, 14 de noviembre de 2013.

4. Juan Cruz: «María Dolores Pradera: "Me cuento chistes para mantenerme alegre"», en *El País*, 29 de mayo de 2018.

5. Vicente Molina Foix: «Los males de la patria», en *El País*, 4 de febrero de 1987.

6. Ricardo Cantalapiedra: «Fuego en la "Pradera"», en *El País*, 9 de abril de 1988.

7. Marta Robles: «María Dolores Pradera: "Sería tremendo que una señora de mi edad fuera tímida"», en *La Razón*, 29 de enero de 2012.

8. Juanele Zafra: *Directamente Encarna Sánchez*. Almuzara, 2021.

9. Josep-Vicent Marqués: «María Dolores Pradera», en *El País* (suplemento dominical), 22 de enero de 1989, p. 34.

10. *Ibidem*.

11. Programa de RTVE *Querido Pirulí*, 4 de mayo de 1988.

12. Programa de RTVE *La Luna*, 21 de noviembre de 1989.

13. Adolfo Marsillach: *Tan lejos, tan cerca. Mi vida*. Barcelona: Tusquets, 2022, pp. 163-164.

14. *Ibidem*, p. 144.

15. Francisco Umbral: *Días felices en Argüelles*. Barcelona: Planeta, 2005, p. 22.

NOTAS

16. María Dolores Pradera: «Querido Luis», en *ABC*, 3 de diciembre de 1991.

17. Programa de RTVE *He dicho*, 1 de junio de 2018.

18. José Arenas: «En un rincón del alma, María Dolores Pradera», en *ABC*, edición Sevilla, 13 de diciembre de 1994, p. 92.

19. Programa de RTVE *Cine de barrio*, 9 de abril de 2005.

20. Albert Mallofré: «Crítica de canción. Un auténtico fenómeno del espectáculo», en *La Vanguardia*, 3 de agosto de 1994, p. 32.

21. José Monleón: «Editorial: Cumpleaños en la Comedia», en *Primer Acto*, núm. 442, 1992, p. 3.

22. Arcángel: «Cuando el telón no es de acero», en *La Codorniz*, núm. 1280, 29 de mayo de 1966, p. 15.

23. Fito Páez: *Diario de viaje (Algunas confesiones y anexos)*. Barcelona: Planeta, 2016.

24. Julio Valdeón: *Sabina, sol y sombra*. Valencia: Efe Eme, 2017, p. 342.

25. Diego A. Manrique: «Camina otra vez», en *El País*, 7 de octubre de 1996.

26. Jesús Arias: «Era un hijo bueno», en *El País*, edición Andalucía, 22 de diciembre de 2001.

27. Programa de RNE *Siluetas*, 15 de septiembre de 2008.

28. Rosana Torres: «María Dolores Pradera presenta en Granada su disco homenaje a Carlos Cano», en *El País*, 20 de diciembre de 2001.

29. Jesús Arias: «Era un hijo bueno», en *El País*, edición Andalucía, 22 de diciembre de 2001; y Omar Jurado y Juan Miguel Morales (eds.): *Carlos Cano. Voces para una biografía*. Carlos Cano Producciones, 2021, p. 227.

30. Entrevista de Carmen Rigalt a María Dolores Pradera, en *La Revista de El Mundo*, núm. 1963, noviembre de 1998.

31. Omar Jurado y Juan Miguel Morales (eds.): *Carlos Cano. Voces para una biografía*. Carlos Cano Producciones, 2021, p. 288.

32. Rosana Torres: «María Dolores Pradera presenta en Granada su disco homenaje a Carlos Cano», en *El País*, 20 de diciembre de 2001.

33. Omar Jurado y Juan Miguel Morales (eds.): *Carlos Cano. Voces para una biografía*. Carlos Cano Producciones, 2021, p. 141.

34. Rosana Torres: «María Dolores Pradera reúne sus mejores temas cantados en cuatro décadas», en *El País*, 30 de noviembre de 2000.

35. Programa de RTVE *Cine de Barrio*, 30 de noviembre de 2013.

36. Luis Martín: «María Dolores Pradera, convertida en faraona de la canción», en *ABC*, 28 de diciembre de 1997, p. 70.

37. Donat Putx: «Crítica de canción. Una saludable costumbre», en *La Vanguardia*, 31 de diciembre de 2001, p. 46.

38. Begoña Piña: «María Dolores Pradera recuerda en un disco a su "hijo" Carlos Cano», en *La Vanguardia*, 16 de octubre de 2001, p. 45.

39. Arancha Moreno: *Coque Malla: Sueños, gigantes y astronautas*. Valencia: Efe Eme, 2017, p. 193.

40. Arancha Moreno: *Quique González: Conversaciones*. Valencia: Efe Eme, 2022.

41. Julio Bravo: «Me hubiera gustado grabar con Sinatra; pero en plan cadáver, no», en *ABC*, 14 de noviembre de 2013.

42. Programa de RTVE *Cine de barrio*, 9 de abril de 2005.

43. Luis Alegre: «María Dolores Pradera y Fernando Fernán-Gómez, una pareja aparte», en *El País*, 3 de junio de 2018.

44. «María Dolores Pradera, cantante», en *La Razón*, 24 de diciembre de 1999.

45. Elsa Fernández-Santos: «Lo de ahora es más tremendo que la posguerra», en *El País*, 6 de diciembre de 2012.

46. Programa de RNE *Documentos RNE*, 25 de junio de 2023.

47. Programa de RTVE *He dicho*, 1 de junio de 2018.

48. Juan Cruz: «María Dolores Pradera: "Me cuento chistes para mantenerme alegre"», en *El País*, 29 de mayo de 2018.

49. Juan Cruz: «La energía de los veteranos», en *El País*, 19 de junio de 2011.

50. Juan Cruz: «María Dolores Pradera: "Me cuento chistes para mantenerme alegre"», en *El País*, 29 de mayo de 2018.

51. Elsa Fernández-Santos: «Lo de ahora es más tremendo que la posguerra», en *El País*, 6 de diciembre de 2012.

«Para viajar lejos no hay mejor nave que un libro».

EMILY DICKINSON

Gracias por tu lectura de este libro.

En **penguinlibros.club** encontrarás las mejores recomendaciones de lectura.

Únete a nuestra comunidad y viaja con nosotros.

penguinlibros.club

penguinlibros